変化の中の国民生活と
社会政策の課題

鷲谷　徹　編著

中央大学経済研究所
研究叢書 62

中央大学出版部

は し が き

　中央大学経済研究所では，3 年単位で研究部会という名称のプロジェクトを設置し，研究期間終了後その研究成果を「研究叢書」として公刊することになっている。

　本書は 2011〜2013 年度を研究期間とする「国民生活問題研究部会」の研究成果をまとめたものである。国民生活問題研究部会が発足したのは 2011 年度すなわち，2011 年 4 月 1 日であるが，実際には，経済研究所のなかでは国民生活問題研究のグループは，かなり長い歴史をもっている。研究部会の主査であったがゆえに本書の編者をつとめることになった筆者が中央大学に赴任したのは 1995 年 4 月であるが，すでに「国民生活問題研究会」が 1993 年度に発足しており，その最終年度に中途入会したのである。同研究会はその後 3 年ごとに更新しつつ活動を継続し，2011 年度から「国民生活問題研究部会」として，本書の刊行にいたったわけである。研究会または研究部会の構成員は 2013 年度末時点で 21 名を数えるが，1993 年度の発足時から継続して加入している研究員も 5 名おり，国民生活の諸問題の総括的考察と政策的対応に関する研究を継続してきた。研究成果の多くは経済研究所年報に掲載されているが，研究グループとして単独の著作物のかたちで発表するのは今回がはじめてである。

　ただし，歴史をもう少し遡ると，実は，国民生活問題研究会あるいは研究部会の前身は「社会保障部会」(1977〜1992 年度) にあり，同部会が「農業問題部会」と統合・合体するかたちで 1993 年度に「国民生活問題研究会」が発足した。「社会保障部会」は故江口英一教授さらには故工藤恒夫教授を中心に活発な活動を展開しており，その研究成果は『兼業農家の労働と生活・社会保障』(研究叢書 12，1981 年) や『社会保障と生活最低限』(研究叢書 30，1997 年) にまとめられている。それらの著書を本書と比較していただければ理解していただけると思うが，われわれの研究グループの問題意識，研究方法は一貫している

のではないかと自負している。すなわち，実証的研究にもとづく現状批判と，歴史的検討を踏まえた政策研究である。そうした研究姿勢は，新自由主義的政策がメインストリームとなり，社会政策の空洞化が企図されつつある今日においてこそ重要な意味をもつのではないか。国民生活の丹念な把握を進めれば，その困難は「アベノミクス」の喧伝とは裏腹に深まっており，貧困や格差の深刻化が浮かび上がり，逆に対応すべき政策の空洞化が進み，あるいは，むしろ現状を悪化させるごとき政策すら登場している。

「国民生活問題研究部会」が発足したのは前述のとおり2011年4月であったが，その直前に東日本大震災がおき，福島第一原発事故がおきた。東日本大震災および福島第一原発事故は国民生活に直接・間接的に大きな影響を与えた。また，大震災・原発事故は，政治経済の枠組みにも大きな影響を与えた。社会政策の立場からみれば，大震災・原発事故は，危機における社会政策の有効性を検証したといってもよい。本書第1章「東日本大震災後の沿岸被災地における生活問題の変遷過程」は，東日本大震災を正面からとらえた論文であるが，被災者の生活問題を人口流出と関連づけながら分析し，著しい人口流出を食い止めるためには被災者の生活再建がなくてはならないこと，そしてそのためには，被災地域の個別事情に即した復興政策が必要であると主張する。

　以下，続けて各章の論旨を簡単に紹介しておきたい。

　第2章「障害者福祉と高齢者福祉の近接政策における課題と展望」は，障害者福祉と介護保険制度との比較検討を通じて，利用者負担の問題性，とりわけ応益負担原則の問題性を指摘する。たとえば，障害者が65歳になったとき，障害者総合支援法か介護保険法のどちらかが適用されるかというと，法的には介護保険法が優先適用されることになっており，65歳未満のときには受けられた介護等のサービスが受けられなくなったり，利用者負担が大幅に増加するケースがある。それは，もともと，障害者自立支援法は成立時には応益負担としての利用者負担を導入したものの，その後の障害者およびその家族を中心とする厳しい反対運動の結果，応能負担原則への転換等，法改正がおこなわれたことの結果でもあるが，介護保険優先原則こそが改められるべきであるとの主

張がなされる。

　第3章「2012年公的年金改革における高齢低所得者対策」では，2012年に公的年金改革の一環としておこなわれた高齢低所得者対策に注目し，そのなかでも年金生活者支援給付金制度を中心に取り上げ，それが高齢低所得層にどのような影響を与えるのか，分析している。同制度は，高齢者の貧困が深刻化するなかで，限定的ではあるものの，価値のあるものと評価されるが，その他の社会保障施策をあわせて，総合的な高齢者の貧困対策が必要であると結論づける。

　第4章「フランス家族給付の重層的制度体系」は，フランスの社会保障を取り上げている。日本では，少子化問題が焦点となる一方で子どもの貧困化も進んでいることが指摘されている。これに対し，フランスでは，逆に高い出生率と，低い子どもの貧困率に示されるように，家族給付を中心に子育て環境の充実が歴史的に進められてきた。19世紀後半から官民両部門において個別賃金への上乗せのかたちではじまった家族手当は徐々に拡大し，1932年には家族手当法の成立によって，全労働者を対象とする義務的制度となった。その後も家族手当以外のさまざまな子どものための社会的給付が整備され，給付対象も広げられている。今日，フランスの家族給付はGDPの約1.46％にのぼっており，日本の児童手当等「家族手当」の対GDP比0.68％をはるかに上回っている。さらに，その財源の特徴は，雇主負担率が高いことであり，家族給付財源の64％は雇主拠出によっている。

　第5章と第6章では中国の最近の社会保障制度の変化が分析される。まず，第5章「中国における最低生活保障制度の統合について」では，1980年代の経済体制改革にともない，貧困問題を含む国民生活の諸問題が発生したが，それに対処するため，地方政府がパイロット方式で都市部・農村部別に最低生活保障制度を創設した。しかし，扶助基準の算定方式や調整方法，資格条件等が地域によって異なり，ナショナルミニマムの実現にはいたっていない。問題の解決のために，中央政府がイニシアティブをとった制度の統合が必要であり，無差別平等原則，補足性原則および必要最低限原則にもとづく制度整備が必要

iv

であると説く。

第6章「中国の基本医療保障システムの特徴」では中国の医療保障制度に関する考察がなされる。中国の社会保障は1986年から大きな改革がはじまったが，医療保険制度は21世紀に入ってから急速な整備が進められ，2007年には皆保険体制ができあがった。その特徴は社会保険としての医療保険と公的扶助としての医療扶助の融合にある。その意義は，とくに低所得層において発揮され，病気になった場合，医療保険による給付を受けることができるが，自己負担が困難な場合，医療扶助による給付を受けることもできるという。

第7章「個人単位化からディーセント・ワークへ」では税制や社会保障の対象をめぐって，現状の世帯単位から個人単位に変えようとする主張をめぐる議論が展開される。所得税の配偶者控除や国民年金の第3号被保険者制度に関して，現行の世帯単位主義が女性の社会進出を抑制するとの批判があり，個人単位に転換すべきだとの主張がある。ここでは，労働組合サイドから出された「個人単位化」にかかわる2つの文書の検討を通じて個人単位化の展望が検討される。そこで，もうひとつのキーワードであるILOのディーセント・ワークについて，その原点は「自立した個人」にあり，それは個人単位化の先に展望されるという。それを実現するための当面の課題は，非正規雇用問題の解決にあり，非正規雇用の最低基準や均等待遇の実現を重視すべきだというのが著者の主張である。

第8章「カテゴリカルな判断情報にみる企業行動の特性」では，現状分析の方法論の検討がおこなわれる。企業の活動状況や景気動向を把握する方法として景況調査がある。それは企業を対象とするアンケート調査であって，カテゴリカルな少数の選択肢で実績判断や今後の見通しを問うものであるが，DI（ディフュージョン・インデックス）などのかたちで活用されている。本章では，財務省法人企業景気予測調査の個票データを用いた分析がおこなわれる。具体的には，2004年から2012年にかけての，すなわち，リーマン・ショックや東日本大震災期を含む36四半期分のデータであり，そのうち，同一対象企業で一定期間の連続的分析が可能なデータを抽出し，景況感や労働にかかわる企業行

動の実像が調査票情報にどのように反映しているのか，分析を試みたものである。

　第9章「今日の日本農業で新規就農支援制度がもつ意味について」は農業政策を取り上げた論文である。今日の日本農業の諸問題のうち，後継者問題に焦点をあて，新規就農支援制度の意義について，現地聞き取り調査にもとづく実証分析をおこなっている。著者は長野県上伊那地域で，いわば定点観察をおこなってきた。早くから農業インターン制度を導入したJA上伊那で，2003年以降，インターン研修生から多数の聞き取り調査をおこなってきたが，そのうち，この10年間に2回の聞き取り調査をおこなうことができた8つのケースの分析結果にもとづく論文である。農協の指導の評価，設備投資と借金の問題，作目・経営に関する問題，労働力問題，等々，全体として困難に直面する農家の実像が浮かび上がってくる。

　第10章「建設産業における生活保護基準以下の一人親方世帯の世帯員就業の動向」は建設業における一人親方の収入・生活水準に関する調査研究の成果である。研究の基礎は建設業の一人親方が加入する労働組合の生活実態調査のデータの分析にもとづいている。生活保護基準以下の一人親方世帯の割合は43.1％，家族賃金を含めても32.4％が生活保護基準以下であった。家族賃金についていえば，もともと，家族就業率が低いこと，また，家族就業の多数を占める女性（妻）の主な就業形態はパートタイマーであり，その賃金は低位にあり，それが生活水準の低位性を規定している。一人親方の所得水準を引き上げるためには，たとえば公契約条例を制定することが当面非常に有効であると述べる。

　第11章「職務内容からみる保育士の知識と技能」は保育士の職務内容に関する実証的研究である。著者は保育園で継続的な観察・聞き取りそしてアンケート調査をおこない，保育士の職務内容を整理，分類して独自のリストをつくり上げた。子どもと直接接する場面での職務としては大きく分けると，身体的動作，言葉かけを通じた指導や行動の方向づけ，観察にもとづく情報の獲得の3つ。直接接しない場面での主な職務内容は会議や家庭とのやり取りを通じた

情報把握と共有，課題や方針の共有，課題の設定と各種計画の作成の3つに分けられる。また，以上のような職務内容に照らして保育士に必要な知識，技能を整理すると，直接子どもと接する場面においては，経験によってえられる知識が活用され，接しない場面においては体系化された理論的知識と経験的知識の両方が活用される。さらに，保育士に必要な技能は，身体的技能，コミュニケーション技能，分析力と判断力，マネジメント力の4つに整理されるが，直接子どもと接する場面ではすべての技能が，接しない場面においては，分析力と判断力が主に求められる。全体として保育士自身の行為の意味について振り返る機会を保障することが知識技能獲得にとって重要である。

第12章「日本の労働時間制度と国民生活」では長時間労働の問題を取り上げ，その実態，背景そして解決のための方策について検討している。いわゆるブラック企業に典型的にみられる異常な労働時間が日本に存在する背景を，法的規制の弱点，経営者のモラルの低さ，労使関係の問題性の3点から解明し，さらに，今日安倍政権のもとで進められている日本型ホワイトカラー・エグゼンプションの導入等，新自由主義的規制緩和が問題をいっそう困難なものとする可能性を指摘する。問題解決のためには，規制の強化が必要であり，それは本来労働組合の規制力によってなされるべきであるが，今日の労働組合の姿勢，力量から当面それは困難であり，当面，労働基準法の遵守およびいくつかの改定が必要である。なかでも，時間外労働の上限時間の法定化，EUの労働時間規則（directive）で定められているRest（勤務間隔時間）の法定（EUでは11時間）が必要であることを強調する。

以上，みてきたように，国民生活にかかる今日の問題点をさまざまな視点から，広く分析することができたと考える。前述したように，本研究グループの伝統にもとづき，実証的な分析を踏まえた，実践的な研究を積み重ねることができたのではないかと思う。読者の皆さんの率直なご意見をお聞きしたいと願っている。

また，「国民生活問題研究部会」は2014年3月をもって研究期間を終了したが，2014年4月から「国民生活問題研究会」として，ほぼ同様のメンバーで

新たな研究活動をはじめている。本書に引き続く新しい研究成果をさらに世に問うことができるよう，努力を重ねていきたいと考えているところである。

最後に，本書の刊行に際して，中央大学経済研究所の宮岡朋子氏，中央大学出版部の中沢希実子氏にはたいへんお世話になったことをここに記して感謝の意を表したい。

2014 年 9 月 9 日

国民生活問題研究部会主査　鷲　谷　　徹

目　　次

はしがき

第1章　東日本大震災後の沿岸被災地における
　　　　生活問題の変遷過程
　　　　　──岩手県の状況を踏まえて──………………………宮 寺 良 光…　1
　1.　は じ め に…………………………………………………………………　1
　2.　震災による人口変動と生活問題…………………………………………　3
　3.　震災にともなう住宅問題…………………………………………………　7
　4.　震災にともなう雇用・就業問題…………………………………………　11
　5.　震災にともなう貧困問題…………………………………………………　15
　6.　お わ り に…………………………………………………………………　20

第2章　障害者福祉と高齢者福祉の近接政策における課題と展望
　　　　　──利用者負担と社会保険，政府間関係に
　　　　　　　関する考察を中心に──　……………………荻 原 康 一…　23
　1.　は じ め に…………………………………………………………………　23
　2.　介護保険制度と障害者福祉制度との関係の経緯………………………　26
　3.　介護保険優先原則とその課題……………………………………………　33
　4.　新たな接合の試み
　　　　──あるべき高齢者と障害者の福祉政策を求めて──………………　43
　5.　お わ り に…………………………………………………………………　51

第3章　2012年公的年金改革における高齢低所得者対策
　　　　——年金生活者支援給付金法を中心に—— ………… 畠中　亨… 57

　1.　は じ め に ………………………………………………………… 57

　2.　年金生活者支援給付金法の成立過程 …………………………… 58

　3.　年金生活者支援給付金法の性質 ………………………………… 67

　4.　年金生活者支援給付金法の問題点 ……………………………… 74

　5.　お わ り に ………………………………………………………… 79

第4章　フランス家族給付の重層的制度体系 ……………… 宮本　悟… 83

　1.　は じ め に ………………………………………………………… 83

　2.　家族手当の生成から国家制度化への軌跡 ……………………… 84

　3.　社会保障制度の枠組みへの再編

　　　——家族給付部門としての展開—— …………………………… 89

　4.　現行家族給付制度（レジーム）の概要 ………………………… 96

　5.　お わ り に ………………………………………………………… 102

第5章　中国における最低生活保障制度の統合について

　　　　…………………………………………………… 焦　培欣… 109

　1.　は じ め に ………………………………………………………… 109

　2.　最低生活保障制度統合の必要性 ………………………………… 110

　3.　最低生活保障制度統合の原則について ………………………… 113

　4.　最低生活保障制度の統合について ……………………………… 115

　5.　お わ り に ………………………………………………………… 123

第6章　中国の基本医療保障システムの特徴

　　　　——医療保険と医療扶助の関連性から—— ………… 朱　珉… 127

　1.　は じ め に ………………………………………………………… 127

　2.　「皆保険」体制の成立 …………………………………………… 128

3.　都市部および農村部医療扶助制度の形成と統合……………… 132

　　4.　中国基本医療保障システムのとらえ方 ………………………… 138

　　5.　お わ り に……………………………………………………… 142

第7章　個人単位化からディーセント・ワークへ……… 中 澤 秀 一… 147

　　1.　は じ め に……………………………………………………… 147

　　2.　全労連「個人単位化」プロジェクト「素案」（2002 年）………… 149

　　3.　「素案」後の変化……………………………………………… 153

　　4.　労働総研プロジェクト「提言」（2012 年）…………………… 157

　　5.　おわりに──個人が自立するためには ……………………… 163

第8章　カテゴリカルな判断情報にみる企業行動の特性

　　　　──リーマン・ショック，東日本大震災の

　　　　　影響を探って──…………………………… 坂 田 幸 繁… 167

　　1.　は じ め に……………………………………………………… 167

　　2.　先行研究と課題………………………………………………… 168

　　3.　データのパネル化と解析モデル …………………………… 170

　　4.　結 果 概 要……………………………………………………… 176

　　5.　おわりに──ミクロ予測 DI の計測………………………… 193

第9章　今日の日本農業で新規就農支援制度が

　　　　もつ意味について …………………… 大 須 眞 治・小 澤　　薫… 199

　　1.　は じ め に……………………………………………………… 199

　　2.　農業基本法以後の日本農業の変貌 ………………………… 200

　　3.　新規就農者の新しい動向への対応 ………………………… 207

　　4.　農業インターン研修経験者の就農の実態 ………………… 217

　　5.　研修経験者が抱える課題 …………………………………… 236

　　6.　お わ り に……………………………………………………… 238

第10章　建設産業における生活保護基準以下の

　　　　一人親方世帯の世帯員就業の動向 ……………… 柴 田 徹 平 … 241

　1．は じ め に ………………………………………………………… 241

　2．建設産業における一人親方とは ……………………………… 243

　3．先行研究と本研究の構成 ……………………………………… 244

　4．用いる資料 ……………………………………………………… 246

　5．生活保護基準以下の一人親方世帯割合の推計 ……………… 247

　6．一人親方世帯における家族就業による生活防衛機能の

　　　弱さの要因 ……………………………………………………… 251

　7．お わ り に ……………………………………………………… 255

第11章　職務内容からみる保育士の知識と技能 ……… 小 尾 晴 美 … 259

　1．は じ め に ………………………………………………………… 259

　2．調査対象のプロフィールと調査方法 ………………………… 261

　3．保育士の職務内容と労働過程 ………………………………… 263

　4．保育士に必要な知識と技能の特徴 …………………………… 277

　5．お わ り に ……………………………………………………… 287

第12章　日本の労働時間制度と国民生活 ………………… 鷲 谷　　徹 … 291

　1．は じ め に ………………………………………………………… 291

　2．労働者の権利とは何か ………………………………………… 292

　3．長時間労働は何をもたらすのか ……………………………… 302

　4．労働のブラック化の原因は何か ……………………………… 308

　5．労働「再規制」から労働「再緩和」へ ……………………… 313

　6．ディーセント・ワークの展望 ………………………………… 325

　7．おわりに──問題解決の政策的展望 ………………………… 329

第 1 章

東日本大震災後の沿岸被災地における
生活問題の変遷過程
——岩手県の状況を踏まえて——

1. はじめに

　2011 年 3 月 11 日に発生した「東日本大震災」（以下，震災）は，「複合災害」といわれるように，津波被害や原発事故を引き起こし，公私の財産を大量に消失させたうえ，多くの行方不明者を含む犠牲者と避難生活者を生み出した[1]。震災発生から 4 年が経過したが，産業の再生や生活の再建といった被災地の復興が必ずしも順調になされてきたとはいえない状況にある。なぜならば，被災地からの人口流出が顕著に進んでいるからである。

　直接的な被災者[2]については，震災発生後に一時的な避難のために居住地を

---

1)　警察庁緊急災害警備本部が 2014 年 3 月 11 日に発表した資料（「平成 23 年（2011 年）東北地方太平洋沖地震の被害状況と警察措置」）によると，震災による死者は全国で 1 万 5,884 人，行方不明者が 2,633 人となっている。このうち，津波で大きな被害を受けた東北地方の内訳をみると，岩手県の死者が 4,673 人で行方不明者が 1,142 人，宮城県の死者が 9,537 人で行方不明者が 1,280 人，福島県の死者が 1,607 人で行方不明者が 207 人にのぼっている。また，復興庁が 2013 年 12 月 24 日に発表した資料（「東日本大震災における震災関連死の死者数（平成 25 年 9 月 30 日現在調査結果）」）によると，震災関連死の死者数は全国で 2,916 人となっている。このうち，岩手県が 417 人，宮城県が 873 人，福島県が 1,572 人となっている。

2

離れることがあることはやむをえないにしても，居住地への帰還が困難になる
ということは，元の居住地での生活再建が困難な条件にあるか，精神的な苦痛
によって帰還が困難な状態にあることを意味するものといえる。また，間接的
な被災者[3]についても，居住地などの生活空間は維持されたものの，就業の場
や消費生活の場といった生活資源を喪失し，他の地域への移住が余儀なくされ
ることを意味するものといえる。いずれの場合においても，人口の流出は，地
域社会の存続を困難にするものであり，インフラの整備のみならず，生活資源
も同時に復興につなげていく必要があるものと考える。

　以上の問題意識から，本章では，沿岸被災地における生活問題と人口流出と
の関連性に着目し，生活問題の変遷過程を概観することで今後の復興課題を検
討することを目的とする。そこで，第1に，岩手県の沿岸被災地における人口
動態について把握するとともに，震災にともなって生じた生活問題を先行研究
からレビューする。第2に，生活問題について概観する。生活問題について
は，①住宅問題，②雇用・就業問題，③貧困問題について諸機関が公表してい
る統計資料と若干の調査資料等を用いて分析を試みる。

　論考に先立ち，いくつかの前提および限界について示しておきたい。第1
に，本研究で研究対象とした地域が岩手県であるということである。それは，
震災の規模が大きく，被災地が広範囲におよぶこと，また，福島県のように原
発事故をともなう複合災害に直面している地域もあるなかで，このような特殊
な地域を同様に扱うことが難しいからである。第2に，本研究において対象と
した岩手県においても，被災者の心情を考慮するなど，研究倫理上の制約か
ら，踏み込んだ調査ができていないという点である。そのため，考察にあたっ
ては，既存の統計や支援団体から提供していただいた資料と，筆者が実施した

---

2)　本章では，沿岸被災地において津波によって個人（経営者の場合には，法人所有
　　を含む）が所有する居住地や従業地などの生活または就業の場を全壊または著しい
　　損壊によって喪失した人々を「直接的被災者」と呼ぶこととする。
3)　本章では，沿岸被災地において津波によって，直接的な被災をしていないものの，
　　従業地や施設（例：商業施設，医療や福祉など）が被災し，就業機会や生活資源を
　　喪失した人々を「間接的被災者」と呼ぶこととする。

いくつかの調査結果を織り交ぜて考察を進めるものとする。

2. 震災による人口変動と生活問題

2-1 震災後の人口変動

わが国ではこれまでも地震にともなう災害には何度も見舞われてきたが，今回の震災は「千年に一度」[4]といわれるように，大津波が太平洋側の沿岸地域に広範囲にわたって押し寄せ，甚大な被害をもたらした。被災地の現在については，地域による差異はあるものの，復興に向けた基盤整備の段階にあり，「復興した」と呼べる段階には到達していない。現に，仮設住宅等での避難生活を余儀なくされる被災者は，2014年3月時点で全国に26万3,958人いる。被害の大きかった東北地方では，岩手県が3万4,494人，宮城県が8万8,575人，福島県が8万4,221人となっており，依然として生活の再建ができていない被災者が多数存在する（表1-1）。これには，用地の買収やかさ上げといった住宅建設のための準備が整っていないことや復興公営住宅建設の遅れといった問題がある。その一方で，避難者数は2012年3月時点の34万4,290人から2年間で8万332人減少（率としては−23.3%）しており，生活再建が徐々に進んでいるものの，被災地での生活再建を断念し，他地域に移住している被災者が少なくないことをうかがわせる数値となっている。

表1-2は，岩手県沿岸12市町村の人口動態（震災後）について半期ごとに示したものである。2011年3月から2014年3月の人口動態をみると，「沿岸計」では，2万1,247人が減少している。内訳をみると，震災の津波による被害の大きかった沿岸南部の市町村（陸前高田市，大船渡市，釜石市，大槌町，山田町）の人口減少が著しく，「自然増減」の数値から震災の犠牲者が多数におよんだことがわかる。一方で，「社会増減」をみても，津波による被害の大きかった市町村では減少数が多くなっており，震災による生活基盤の喪失がうかがえ

---

4) これは，『日本三代実録』（901年）の記録に由来し，平安時代の869年（貞観11年）に東北地方を襲った大地震と大津波から2011年の東日本大震災の発生までおよそ1,000年が経過したことによる。

る。このような人口流出の背景には，居住地や就業機会を喪失したことなど，いわゆる「生活問題」による影響が考えられる。

表 1-1　避難者数の推移（所在都道府県別）

（単位：人）

		2012 年				2013 年				2014 年
		3 月	6 月	9 月	12 月	3 月	6 月	9 月	12 月	3 月
北海道		3,075	3,057	3,011	2,981	2,947	2,839	2,798	2,728	2,695
東北	青森県	1,413	1,324	1,268	1,198	1,149	919	825	798	763
	岩手県	42,789	43,096	42,263	41,626	40,304	38,780	37,370	35,925	34,494
	宮城県	127,792	128,197	115,856	112,008	108,357	101,328	96,330	92,290	88,575
	秋田県	1,544	1,408	1,346	1,307	1,281	1,179	1,138	1,113	1,084
	山形県	13,730	13,036	11,751	10,693	9,982	9,083	7,325	6,356	5,982
	福島県	97,946	101,320	99,521	98,235	97,072	93,915	91,392	87,712	84,221
	新潟県	7,091	6,784	6,452	6,199	5,905	5,223	5,022	4,863	4,726
関　東		35,545	35,303	35,140	34,086	33,279	32,154	31,447	30,191	29,549
東海北陸		3,026	2,903	2,960	2,898	2,870	2,792	2,742	2,699	2,688
近　畿		4,580	4,679	4,337	4,215	4,193	3,995	3,904	3,752	3,610
中　国		1,739	1,933	1,907	1,967	1,997	2,021	1,980	1,983	1,978
四　国		639	554	539	536	516	493	480	480	458
九州・沖縄		3,381	3,393	3,426	3,484	3,477	3,312	3,253	3,198	3,135
合　計		344,290	346,987	329,777	321,433	313,329	298,033	286,006	274,088	263,958

（出所）復興庁（http://www.reconstruction.go.jp/topics/main-cat2/sub-cat2-1/20140328_hinansha_suii.pdf）。

表 1-2　岩手県沿岸 12 市町村の人口動態（震災後）

（単位：人）

市町村	項目	2011 年		2012 年		2013 年		2014	増減数累計
		3 月	9 月	3 月	9 月	3 月	9 月	3 月	
宮古市	人口	59,229	57,965	57,880	57,231	57,032	56,503	56,293	−2,936
	社会増減	—	−291	−247	−130	−338	74	−302	−1,234
	自然増減	—	−466	−234	−182	−255	−165	−237	−1,539
大船渡市	人口	40,579	39,114	39,047	38,912	38,865	38,674	38,587	−1,992
	社会増減	—	−418	−50	85	−133	109	−150	−557
	自然増減	—	−301	−177	−93	−168	−143	−162	−1,044
久慈市	人口	36,789	36,540	36,427	36,244	36,141	35,916	35,786	−1,003
	社会増減	—	−85	−245	76	−164	95	−222	−545
	自然増減	—	−59	−70	−57	−107	−97	−142	−532

陸前高田市	人口	23,221	20,361	19,998	19,725	19,615	19,513	19,436	−3,785
	社会増減	—	−1,164	−194	−70	−33	4	−24	−1,481
	自然増減	—	−1,739	−217	−83	−101	−83	−111	−2,334
釜石市	人口	39,399	37,326	37,211	36,866	36,643	36,271	36,105	−3,294
	社会増減	—	−618	−89	31	−192	−35	−178	−1,081
	自然増減	—	−749	−223	−168	−207	−180	−205	−1,732
大槌町	人口	15,222	12,834	12,445	12,231	12,097	11,923	11,807	−3,415
	社会増減	—	−1,236	−168	−121	−141	−81	−86	−1,833
	自然増減	—	−1,262	−120	−54	−55	−39	−57	−1,587
山田町	人口	18,506	16,923	16,726	16,413	16,291	16,131	16,025	−2,481
	社会増減	—	−586	−211	−111	−104	−43	−80	−1,135
	自然増減	—	−493	−112	−61	−85	−55	−79	−885
岩泉町	人口	10,708	10,593	10,483	10,354	10,269	10,102	9,984	−724
	社会増減	—	39	−91	−6	−54	−43	−88	−243
	自然増減	—	−83	−80	−69	−87	−61	−108	−488
田野畑村	人口	3,838	3,750	3,714	3,689	3,652	3,605	3,577	−261
	社会増減	—	−28	−10	14	−39	−23	−28	−114
	自然増減	—	−27	−28	−25	−17	−16	−10	−123
普代村	人口	3,065	3,016	3,007	2,985	2,976	2,948	2,935	−130
	社会増減	—	−12	−6	−2	7	−12	3	−22
	自然増減	—	−17	−14	−7	−25	−11	−21	−95
野田村	人口	4,606	4,448	4,440	4,383	4,362	4,335	4,282	−324
	社会増減	—	−68	−20	−26	−5	−12	−22	−153
	自然増減	—	−15	−16	−9	−17	−16	−37	−110
洋野町	人口	17,775	17,560	17,481	17,291	17,224	16,975	16,873	−902
	社会増減	—	−48	−83	−60	−87	−112	−128	−518
	自然増減	—	−70	−81	−55	−54	−81	−79	−420
沿岸計	人口	272,937	260,430	258,859	256,324	255,167	252,896	251,690	−21,247
	社会増減	—	−4,515	−1,414	−320	−1,283	−79	−1,305	−8,916
	自然増減	—	−5,281	−1,372	−863	−1,178	−947	−1,248	−10,889

(注) 1：陸前高田市の 2011 年 3 月から同年 8 月までの移動のデータは同年 9 月に，大槌町の 2011 年 3 月から同年 7 月までの移動のデータは同年 8 月に計上している。
2：数値は各月 1 日時点の人口である。
3：「社会増減」および「自然増減」について，「外国人増減」および「帰化」の数値は除外している。
(出所) 岩手県「岩手県毎月人口推計速報」より作成。

6

2-2　震災にともなう生活問題

　大規模な自然災害が発生した際に生じる生活問題については，広い視点からアプローチをするとさまざまなものがみえてくる。震災に起因する心身上の健康問題やより困難さを増長させる要援護者の福祉的問題[5]などが生じたものの，人口変動の直接的要因になるのは，居住条件や所得の源泉となる雇用・就業条件になるものと考えられる。

　居住条件については，2011年8～9月に陸前高田市が実施した「今後の居住に関する意向調査」（被災した3,842世帯すべてを対象とし，2,714世帯73.5%から回収）によれば，「希望の場所」については，「被災前と同じ場所」が14.3%，「市内の高台等」が53.0%，「市外」が4.0%，「未定・わからない」が17.4%となっている（「その他」「無回答」を除く）。また，「お住まいの再建，入居に重要と思うことは」（複数回答）については，「津波による浸水がない」が56.9%でもっとも高くなっていることなど，居住条件については「安全性」に対する意識が被災者のなかに高まっていることがうかがえる。

　雇用・就業条件については，菅野（2012）の調査によれば，就労による収入に関して，被災前から同じ仕事を継続している人でも21.9%が収入減となっている。また，被災時に失業していて，その後に新たな仕事に就いた人でも37.9%が収入減となっており，失業以前の就労による収入以上の収入をえられている人や失業中の収入であった失業給付や生活保護などの給付額以上に収入をえられている人の方が少ない現状が示されている。

　被災地においては，住宅問題に加えて，雇用・就業問題の蓄積が貧困問題へと発展し，さらに人口移動への動機づけにもなるものと考えられる。岩田（2012）が，「貧困は，今のところ被災地で『あぶり出され』ないまま，（中略）

---

5)　筆者が社会福祉系の学会や研究会，あるいは，被災地を訪問した際に目や耳にした問題のなかには，高齢者の介護，障害者の孤立，児童の養育，主に女性が暴力の被害者となったり差別されたりしているといったジェンダー問題など，社会的に弱い立場の人々が震災によってより生きにくさを露呈した側面がある。とりわけ，今回の震災では，支援する側の人々も被災者になっている場合が少なくなく，初期の段階ではかなり深刻な人手不足が生じた。

広範な地域移動のなかに拡散していく気配を見せている。集団避難のような形を取らない場合，それらは災害による貧困ではなく，個別的なものとして沈下していく可能性がある」と述べているように，生活再建が困難な状態にある被災者ほど，他地域への移動を余儀なくされている可能性が考えられる。

以上の問題意識を踏まえて，以下では，被災地における生活問題の変遷過程を概観する。

3．震災にともなう住宅問題

居住条件に関しては，いくつかの段階が考えられる。以下では，①住宅等の被災状況，②避難生活における問題，③生活再建における住宅問題についてそれぞれ整理していくこととする。

3-1　住宅等の被災状況

図1-1は，岩手県沿岸12市町村における家屋倒壊数と人的被害者数の状況を散布図に示したものである。相関係数(R)は0.823194となっており，津波に

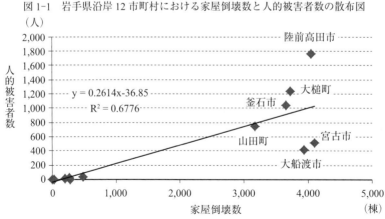

図1-1　岩手県沿岸12市町村における家屋倒壊数と人的被害者数の散布図

(注)「人的被害者数」については，把握されている死者数と行方不明者数の和を指すものとする。
(出所) 岩手県総務部総合防災室「東北地方太平洋地震に係る人的・建物被害状況一覧」(平成26年3月31日現在)

よる物的被害の大きかった地域ほど人的被害が大きかったことを示している。しかし,「陸前高田市」のように,回帰線から大きく上に外れている地域がある一方で,「大船渡市」や「宮古市」のようにやや下に外れている地域がある。

　平地面積の割合が高い「陸前高田市」(図1-2参照)のように,高台などの避難場所が限られている地域に被害が集中していることが考えられるが,家屋倒壊棟数が多かったにもかかわらず,人的被害者数が他の市町村に比べて少なかったところもあり,今後,復興計画において居住地としての位置づけをどのようにするか,また,被災者がどのような選択をするのか,この結果がひとつの指標になるものと考えられる。

　一方,家屋倒壊数が多かったにもかかわらず人的被害者数が少なかった「宮古市」のなかでも,田老地区[6]についてはやや状況が異なる。宮古市の発表(2012年1月25日17時時点)によると,家屋倒壊数(全壊+半壊)4,675棟のうち田老地区が1,668棟で35.7%を占めている。この地区では高さ10mの防潮堤が整備されていた。住民の話[7]によると,三重に整備された防潮堤と防潮堤

図1-2　陸前高田市(高田街道:海岸から1kmほど内陸の地点)

(出所) 2011年4月17日撮影。

---

6)　2005年に宮古市との合併によって消滅するまでは,下閉伊郡田老町であった。宮古市の沿岸北部に位置し,岩泉町と隣接する地域で,以前から津波被害に悩まされてきた地域である。
7)　2011年4月23日に岩泉町内で地域住民との懇談会に参加した際に,田老地区に居住していた方から聞いた話である。

図 1-3　宮古市田老地区（左：第 3 防潮堤の海岸側，右：第 3 防潮堤の内陸側）

（出所）2011 年 4 月 17 日撮影。

の間には住宅が建設されており，公営住宅も設営されていたという。しかし，この防潮堤を乗り越えた津波が，この地域に壊滅的な被害をもたらしたのである（図 1-3 参照）。

3-2　避難生活における問題

　震災直後は，避難所での生活を余儀なくされた被災者が多かったが，避難所での生活は衛生面でもプライバシーの面でも厳しい条件を強いられた。すべての避難所が閉鎖されたのは，震災発生から 7 か月が過ぎた 2011 年 10 月（岩手県は 8 月末に完了）であったが，その後も被災者は応急仮設住宅を中心とした避難生活を余儀なくされることとなる。復興庁によると，2014 年 3 月現在，「住宅等（公営，仮設，民間，病院含む）」での避難生活者は 26 万 3,958 人中 24 万 9,825 人となっており，とりわけプレハブ型の応急仮設住宅については建築基準を満たしているわけではなく，住環境としては十分なものとはいえない。加えて，避難生活からの再建には，持家を再建しようとすれば一定の資産（貯蓄含む）や所得がなければ難しく，この点が従前の経済格差を顕在化させる要因になるものと考える。くわえて，今回の震災では，建物の倒壊数の多さがその規模を象徴しているが，再度同規模の震災が発生する可能性があることを考えれば，震災前に居住していた土地での生活再建を進めることには消極的にならざるをえない。仮に，すべての被災者の生活再建の見通しが立ったとしても，

10

リアス式海岸が特徴である岩手県沿岸部の高台に居住地を確保するためにかさ上げや山間部の切り崩しを進めるか，他地域への移住を促すかどちらかの選択を迫られる地域が出てくることも否めない。

3-3　生活再建における住宅問題——避難生活から生活再建へ——

　生活再建における住宅問題については，2012年12月10日に実施した気仙沼市応急仮設住宅入居者等サポートセンター（以下，サポートセンター）[8]の所長への聞き取り調査結果から整理していくこととする。

　入居者からのもっとも多い相談は，住環境への適応問題と近隣住民間の些細なトラブルといったものであるという。応急仮設住宅は，あくまでも「仮設」であるため，壁の薄さからプライバシーが守られないといった相談は，どこの仮設住宅でもおこっている。しかし，独居で孤立感が強まっている高齢者のなかには，近隣住民の生活音が聞こえることで孤立感を軽減させ，情緒的な安定をえている入居者もいるという。この問題については，さまざまな側面があり，その都度対応することで大きなトラブルへの発展を防がざるをえない側面があるといえる。

　次に，入居者が抱えている不安のなかでもっとも大きいのが，気仙沼市の復興状況であるという。仮設住宅の入居期限が延長されたとはいえ，いずれ転居しなければならなくなるわけであるが，転居先がどこになるか，この点も入居者の階層性が左右しているものとうかがえた。なかにはすでに，新天地を求めて住宅を購入し，転居を済ませている人もいるという。しかし，こうしたかたちに移行できない入居者は，復興公営住宅への転居を希望している場合が多く，いつ頃，どの地域に転居できるのか，先行きへの不安を抱いている人が多

---

8)　サポートセンターでは，岩手県一関市千厩町内（旧千厩中学校跡）に設置されている応急仮設住宅において，宮城県気仙沼市から避難してきた被災者へのサポートに取り組んでいる。調査時点での応急仮設住宅への入居者（気仙沼市からの避難者）は，144世帯218人であった。同センターは，「特定非営利活動法人なごみ」が受託し，支援活動に取り組んでいる。

いという。

震災の発生から3年が経過し，被災者は生活再建の段階へ移行することが求められている。それには，被災者の居住地をどのように確保するかが重要な問題であるが，仮設住宅において家賃等の経費がかからないにしても，一定の収入が保障されなければ生活の維持が難しくなる。この点は，年金等を受給している高齢者にとっては，定期的に収入があるために急速な生活困窮化は緩和されるものの，現役世代についてはそうはいかない。就業の場がなければ就業の場を求めて他地域へ移住するか，生活保護等の所得保障を求めるかの選択を迫られる。すでに，義援金等の支援は停滞しており，被災者の生活再建は「自力」の段階に入っている。居住地の問題が生活再建の障壁のひとつになっているといえる。

4. 震災にともなう雇用・就業問題

4-1 岩手県沿岸被災地の雇用動向

図1-4は，岩手県沿岸4職安における求人数・求職者数・求人倍率の推移を示したものである。震災直後の2011年4～5月には求職者数が急激に増加し，その後減少するも求人倍率は0.5前後で推移している。2012年8月に求人数が求職者数を上回ったものの，同年10月には再び求職者数が求人数を上回り，労働需要（求人数）不足が生じている。さらに，2013年央以降求人数と求職者数との間に開きが生じており，沿岸部の労働市場が厳しい状況にあることを示している。

このような背景には，震災により沿岸部の多くの企業が被災したこと，また，直接的な被災はしていなくても関連業者が被災したことで事業の継続が難しくなった企業など，産業の再生が十分に進んでいないことが要因であると考えられる。とりわけ，緊急雇用対策による雇用創出やがれき処理などの一時的な労働需要があったものの，これらの需要が減少するなかで求人数が低迷しているものと考えられる。一方，求職者数については，雇用保険や義援金等の給付によって潜在化していた失業者が，諸給付の終了によって再び労働市場に戻

図1-4　岩手県沿岸4職安における求人数・求職者数・求人倍率の推移

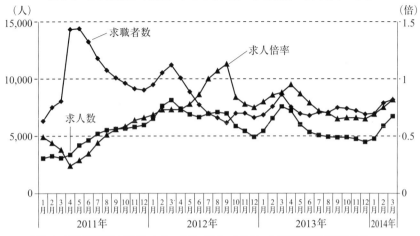

（注）1：「岩手県沿岸4職安」とは，釜石，宮古，大船渡，久慈の職業安定所を指す。
　　　2：「求人倍率」については，「求人数／求職者数」で計算している。
　　　3：各年度末（1～3月）にかけて求人数と求職者数が増加している背景には，被災地の求人に有期契約のものが多く，契約の切り替わりの時期にあたることがその要因と考えられる。
　　　4：左目盛りは求職者数と求人数，右目盛りは求人倍率をあらわす。
（出所）岩手労働局「一般職業紹介状況」より作成。

ってきていることが考えられる。しかし，求人数が伸び悩むなかで，求職のために他地域への人口移動がおこっている可能性が否めない。既述のサポートセンターの調査においても，入居者のなかには，仕事を求めて内陸の一関市内へ転居していくケースがあるなど，自立生活につながるほど，被災地からの人口流出が進む可能性があることがうかがえた。

4-2　あすくらの相談事例

　表1-3は，あすくら[9]の相談事例を示したものであるが，あすくらから提供

9）「特定非営利活動法人くらしのサポーターズ」が運営する事業で，正式名称は，「あすからのくらし仕事支援室」である。あすくらは，モデル事業として岩手県が受託した「パーソナルサポートサービス事業」にもとづき2011年4月から盛岡市ではじまった「これからのくらし仕事支援室（通称，これくら）」の初代室長（吉田直美氏）が2012年4月から宮古市ではじめた事業である。いわゆる「寄り添い型支援」あるいは「伴走型支援」と呼ばれるように，相談者に寄り添った支援を展開するこ

第 1 章　東日本大震災後の沿岸被災地における生活問題の変遷過程　13

表 1-3　あすくらの相談事例

年	月	性別	年代	相談内容	摘要
	4	男性	50代	就職先が見つからず不安。 津波で自宅と仕事道具を失い仮設住宅で生活。 頂いた義援金と短期の仕事で生活をしてきたが，期待していた新年度からの仕事にもれ急に不安になった。	失業（自営業者）
	5	男性	50代	被災をして仮設住居で独居生活。 1月からアルバイトも無くなり無収入に。出稼ぎに行こうにも行く資金もない。 義援金も食べるものも底をついてきた。この先どう生活をしていったらよいかわからない。	失業
	6	男性	60代	震災で被災して仮設住宅で独居生活。 自営業で生計を立ててきたが震災以降お客さんも減り生活が成り立たなくなってきた。 今は義援金を切り崩して生活しているが預金残高が減るのを見ていると大変不安になる。 どうしたらよいか悩んでいる。	就業不安（自営業者）
	6	男性	50代	津波で住居と職場を失い，仮設住宅に入居。被災直後に糖尿病が発覚。現在は合併症も併発，仕事にも就けない体調になった。義援金・支援金もほとんど底をつき，残金10万円。今後の生活をどうしたらよいかと困っている。	失業
2012	7	女性	50代	母と2人暮らし，母の年金は月1.5万円。痴ほう症が進行していて今後も医療費が増える見込み。自分の失業保険で生活してきたが9月で切れることを知りどう生活をしていったらよいかわからない。 聞き取りで母の貯金があることがわかる。 9月の山田の出張相談に来てもらう約束をする。	失業（雇用保険給付の終了による生活不安）
	9	女性	40代	何年も仕事をせず親の年金で生活をしてきた。 被災して家を失い親が貯金と義援金で中古住宅を購入したため親の貯金も尽き働かなくてはならなくなり勇気をもってあすくらに来た。 単純で短時間の仕事からでいいので無理せず続けていくことを勧める。ハローワークとの連携。 弟も無職のようなので同じくあすくらにつなげてもらう。	失業（新規求職者）
	9	男性	30代	県外で被災して仕事を失った。東京で仕事を見つけ就職したが突然の倒産で仕事と住居を失う。被災地なら仕事があるだろうと岩手に来たがお金も尽き泊まる場所もなく役所に助けを求めた。 役所よりあすくらに支援要請があり協力する。まずは住居の確保が必要なので松山荘のシェルターを利用し今後の計画を立てる。就労支援など必要に応じ支援を継続する。	失業（震災失業）
	10	女性	30代	夫が震災の影響で仕事を失った。妻の収入と夫のアルバイトで今までつないできたが家賃の滞納も増え困窮している。夫は以前，脳梗塞で倒れた経緯があり障がいの疑いがある。 →ハローワークも把握しており障害手帳や障害者雇用の説明をしてもらった。同時に食糧支援と就職支援を行う。	失業（震災失業）

| 2013 | 4 | 男性 | 60 | 被災して自宅が半壊し百数十万円の見舞金を貰ったが仕事道具と倉庫を直す費用に使ってしまいすべて使ってしまった。思っていたとおりに仕事が入って来ず収入を得られなくどうしたらよいかわからない。→生活保護の申請と並行にハローワークと連携し就職支援を行うも生活保護は受けたくないとの本人の意向があり親戚など協力者へのアプローチを行う。また自動車等財産の売却など当面の資金作り。1週間分の食糧支援など。 | 就業不安（自営業者） |
| | 8 | 男性 | 50 | 被災し，仮設住宅に1人暮らし。仕事がなく，経済困窮。ひきこもり，アルコール依存気味。保健師と連携しながら生活保護に繋いだ。依存症については，保健師が対応することとし，その他の課題が見えてきた都度，対応することとしている。 | 失業 |

（出所）筆者作成。

を受けた事例のうち，震災との関連性があり，かつ，雇用・就業に関連するもののみを抽出した。

　事例の特徴的なところをあげると，第1に，直接的被災者は義援金等の寄付金が生活を保障する役割を果たしてきたものの，このことが失業問題を潜在化させてきた側面があるという点である。また，義援金等の寄付金が生活費に回されている場合には，生活再建資金としての役割が低減し，仮設住宅からの自力での転居が難しくなることも示唆される。

　第2に，ケースとしては少ないが，自営業者の事業再建が難しいという点である。筆者は，岩手県沿岸南部の地域で開設されているいくつかの仮設商店街を継続的に視察してきたが，震災直後には被災者の生活基盤を支えてきた側面があるものの，中規模以上の店舗が数多く出店するなかで徐々に客足が減り，すでに空き店舗ができているところも出てきている。被災地の復興を急ぐ必要はあるが，そのことが逆に既存の営みを妨げる結果にもつながっている可能性がうかがえる。

　とに特徴がある。なお，同機関が公表している利用状況（支援対象者数）は，2012年度が251件，2013年度が205件となっている。

第 1 章　東日本大震災後の沿岸被災地における生活問題の変遷過程　15

5.　震災にともなう貧困問題

5-1　生活保護の受給動向[10)]

　前出の岩田（2012）が「広範な地域移動のなかに拡散していく気配を見せて
いる」と指摘しているように，被災地における貧困問題の潜在化が地域移動と

表 1-4　岩手県沿岸 12 市町村の生活保護受給動向（震災前後，年度平均）

	保護率（‰）			被保護人員（人）			被保護世帯数（世帯）		
	2010 年度	2011 年度	2012 年度	2010 年度	2011 年度	2012 年度	2010 年度	2011 年度	2012 年度
宮古市	16.31	16.16	15.79	976	956	915	721	710	690
	—	−0.15	−0.37	—	−2.0%	−4.3%	—	−1.5%	−2.8%
大船渡市	5.11	4.37	4.19	211	178	164	158	138	128
	—	−0.74	−0.18	—	−15.6%	−7.9%	—	−12.7%	−7.2%
釜石市	15.34	13.49	12.31	460	455	459	114	92	88
	—	−1.85	−1.18	—	−1.1%	0.9%	—	−19.3%	−4.3%
陸前高田市	6.96	5.35	5.67	163	124	115	432	378	336
	—	−1.61	0.32	—	−23.9%	−7.3%	—	−12.5%	−11.1%
久慈市	12.42	12.41	11.92	613	530	435	342	346	333
	—	−0.01	−0.49	—	−13.5%	−17.9%	—	1.2%	−3.8%
大槌町	18.62	10.33	7.01	290	158	89	191	111	68
	—	−8.29	−3.32	—	−45.5%	−43.7%	—	−41.9%	−38.7%
山田町	15.92	13.55	11.88	328	254	201	219	167	130
	—	−2.37	−1.67	—	−22.6%	−20.9%	—	−23.7%	−22.2%
岩泉町	27.99	27.42	28.39	302	293	300	202	209	217
	—	−0.57	0.97	—	−3.0%	2.4%	—	3.5%	3.8%
田野畑村	10.20	12.97	13.86	39	50	52	33	35	37
	—	2.77	0.89	—	28.2%	4.0%	—	6.1%	5.7%
野田村	11.25	9.62	7.44	35	30	33	28	24	24
	—	−1.63	−2.18	—	−14.3%	10.0%	—	−14.3%	0.0%
普代村	9.13	7.81	9.43	43	36	28	30	26	23
	—	−1.32	1.62	—	−16.3%	−22.2%	—	−13.3%	−11.5%
洋野町	12.80	12.92	13.49	234	232	237	164	165	173
	—	0.12	0.57	—	−0.9%	2.2%	—	0.6%	4.8%
沿岸計	13.50	12.20	11.78	3,694	3,296	3,028	2,634	2,401	2,247
	—	−1.30	−0.42	—	−10.8%	−8.1%	—	−8.8%	−6.4%

（注）　下段は，「保護率」が増減ポイント（‰）で，「被保護人員」および「被保護世帯数」は増
　　　　減率（%）となっている。
（出所）　岩手県保健福祉部地域福祉課「岩手県の生活保護」より作成。

16

いうかたちで拡散している一方で，地域内に潜在化している可能性も否定できない。表 1-4 に示したとおり，沿岸部全体では保護率が下がっており，被保護人員も被保護世帯数も減少しているが，その背景には保護「廃止」数が保護「開始」数を上回ったことにある。しかし，それが一時的であることを受給動向からみてとれる。

　表 1-5-1 および表 1-5-2 は，岩手県沿岸 12 市町村の生活保護の開始状況および廃止状況（震災前後）について示したものである。まず，開始状況と廃止状況の「総数」についてみてみると，「沿岸計」では，2010 年度から 2011 年度にかけて，「開始」が 340 件から 253 件に減少しているのに対して，「廃止」が 270 件から 671 件に増加している。しかし，2011 年度から 2012 年度にかけて，「沿岸計」では，「開始」が 253 件から 322 件に増加し，「廃止」が 671 件から 287 件に減少している。保護率は低下傾向を示しているが，2011 年度に「開始」を「廃止」が一時的に上回ったのであるとするならば，今後は保護率の上昇に転換していくものと予測される。

　次に，保護の開始状況と廃止状況の内訳（2010～2012 年度）についてみてみると，「開始」について特徴的な変動をしているのが，「不労収入の減等」と「その他」であるといえる。「沿岸計」でみると，「不労収入の減等」は 13.8％から 17.4％にやや上昇し，さらに 23.0％に上昇している。これには，雇用保険の給付や義援金等の給付[11]が関係しているものと考えられる。また，「その他」については，33.2％から 26.5％に低下した後に 37.3％に上昇しているが，

10）　捕捉率の問題などを考慮すると，生活保護の受給動向が必ずしも貧困を測定する指標にはならないが，被災地における貧困の程度を計るひとつの指標として用いることとする。

11）　2011 年 5 月に厚生労働省が示した「東日本大震災による被災者の生活保護の取扱いについて（その 3）」（社援保発 0502 第 2 号）によって「自立更生計画書」の策定と，第 1 次義援金にみられる緊急的な配分は，当座の生活基盤の回復に充てられることなどを考慮するように通知された。よって，一定額までは「自立更生費」と認定したうえで，さらに上回る義援金等の配分がなされた場合に限って，保護の停止や廃止の措置が取られることとなった。齋藤（2012）は，「義援金等収入の取り扱い」について岩手県一関市における 17 件の事例を用いて説明している。

理由は明確でないものの，転入によるところが大きいものと考えられる。一方，「廃止」について特徴的な変動を示しているのが，「勤労収入の増加」と「不労収入の増加」，「その他」であるといえる。「沿岸計」でみると，「勤労収入の増加」は，8.1％から7.3％にやや低下した後に23.3％に上昇している。また，「不労収入の増加」は13.7％から28.5％に上昇した後に11.1％に低下している。さらに，「その他」は29.3％から38.6％に上昇した後に34.1％に低下しているが，転出によるところが大きいものと考えられる。

これらを総括すると，保護の開始にいたった理由の多くは，震災による産業への影響から間接的被災者を中心に一時的な失業や事業不振等にともなう収入減によるところが大きく，復興が進み雇用・就業機会が増加するなかで少しずつ保護の廃止にいたっているものと考えられる。一方，保護の廃止にいたった理由の多くは，直接的な被災者を中心に義援金等の給付によって収入が増加し

表 1-5-1　岩手県沿岸 12 市町村の生活保護の開始状況（震災前後）

実施機関	開始状況	2010 年度		2011 年度		2012 年度	
宮古市	総数	87	100.0%	59	100.0%	71	100.0%
	傷病	26	29.9%	21	35.6%	22	31.0%
	勤労収入の減等	13	14.9%	15	25.4%	15	21.1%
	不労収入の減等	2	2.3%	11	18.6%	6	8.5%
	主の死別離別等	3	3.4%	1	1.7%	2	2.8%
	その他	43	49.4%	11	18.6%	26	36.6%
大船渡市	総数	14	100.0%	14	100.0%	29	100.0%
	傷病	5	35.7%	2	14.3%	6	20.7%
	勤労収入の減等	5	35.7%	8	57.1%	3	10.3%
	不労収入の減等	3	21.4%	4	28.6%	8	27.6%
	主の死別離別等	0	0.0%	0	0.0%	0	0.0%
	その他	1	7.1%	0	0.0%	12	41.4%
陸前高田市	総数	20	100.0%	8	100.0%	11	100.0%
	傷病	5	25.0%	1	12.5%	3	27.3%
	勤労収入の減等	8	40.0%	2	25.0%	0	0.0%
	不労収入の減等	0	0.0%	1	12.5%	1	9.1%
	主の死別離別等	2	10.0%	1	12.5%	0	0.0%
	その他	5	25.0%	3	37.5%	7	63.6%

18

釜石市	総数	63	100.0%	55	100.0%	72	100.0%
	傷病	16	25.4%	17	30.9%	14	19.4%
	勤労収入の減等	16	25.4%	15	27.3%	12	16.7%
	不労収入の減等	11	17.5%	4	7.3%	5	6.9%
	主の死別離別等	4	6.3%	6	10.9%	0	0.0%
	その他	16	25.4%	13	23.6%	41	56.9%
久慈市	総数	44	100.0%	33	100.0%	28	100.0%
	傷病	20	45.5%	16	48.5%	11	39.3%
	勤労収入の減等	5	11.4%	4	12.1%	2	7.1%
	不労収入の減等	12	27.3%	7	21.2%	12	42.9%
	主の死別離別等	3	6.8%	1	3.0%	2	7.1%
	その他	4	9.1%	5	15.2%	1	3.6%
釜石局（大槌町・住田町）	総数	28	100.0%	10	100.0%	30	100.0%
	傷病	11	39.3%	2	20.0%	4	13.3%
	勤労収入の減等	8	28.6%	0	0.0%	3	10.0%
	不労収入の減等	1	3.6%	5	50.0%	20	66.7%
	主の死別離別等	2	7.1%	1	10.0%	0	0.0%
	その他	6	21.4%	2	20.0%	3	10.0%
宮古局（山田町・岩泉町・田野畑村）	総数	47	100.0%	44	100.0%	56	100.0%
	傷病	12	25.5%	8	18.2%	6	10.7%
	勤労収入の減等	4	8.5%	4	9.1%	10	17.9%
	不労収入の減等	4	8.5%	6	13.6%	13	23.2%
	主の死別離別等	2	4.3%	0	0.0%	1	1.8%
	その他	25	53.2%	26	59.1%	26	46.4%
久慈局（野田村・普代村・洋野町）	総数	37	100.0%	30	100.0%	25	100.0%
	傷病	6	16.2%	13	43.3%	10	40.0%
	勤労収入の減等	4	10.8%	2	6.7%	1	4.0%
	不労収入の減等	14	37.8%	6	20.0%	9	36.0%
	主の死別離別等	0	0.0%	2	6.7%	1	4.0%
	その他	13	35.1%	7	23.3%	4	16.0%
沿岸計	総数	340	100.0%	253	100.0%	322	100.0%
	傷病	101	29.7%	80	31.6%	76	23.6%
	勤労収入の減等	63	18.5%	50	19.8%	46	14.3%
	不労収入の減等	47	13.8%	44	17.4%	74	23.0%
	主の死別離別等	16	4.7%	12	4.7%	6	1.9%
	その他	113	33.2%	67	26.5%	120	37.3%

（出所）岩手県保健福祉部地域福祉課「岩手県の生活保護」より作成。

第1章　東日本大震災後の沿岸被災地における生活問題の変遷過程　19

表 1-5-2　岩手県沿岸 12 市町村の生活保護の廃止状況（震災前後）

実施機関	廃止状況	2010 年度		2011 年度		2012 年度	
宮古市	総数	63	100.0%	95	100.0%	79	100.0%
	傷病の治癒	0	0.0%	0	0.0%	0	0.0%
	勤労収入の増加	2	3.2%	6	6.3%	16	20.3%
	不労収入の増加	5	7.9%	14	14.7%	3	3.8%
	死亡	30	47.6%	38	40.0%	25	31.6%
	その他	26	41.3%	37	38.9%	35	44.3%
大船渡市	総数	19	100.0%	45	100.0%	26	100.0%
	傷病の治癒	0	0.0%	0	0.0%	0	0.0%
	勤労収入の増加	0	0.0%	2	4.4%	4	15.4%
	不労収入の増加	4	21.1%	6	13.3%	7	26.9%
	死亡	11	57.9%	10	22.2%	8	30.8%
	その他	4	21.1%	27	60.0%	7	26.9%
陸前高田市	総数	16	100.0%	35	100.0%	16	100.0%
	傷病の治癒	0	0.0%	0	0.0%	0	0.0%
	勤労収入の増加	2	12.5%	2	5.7%	3	18.8%
	不労収入の増加	1	6.3%	3	8.6%	1	6.3%
	死亡	12	75.0%	11	31.4%	4	25.0%
	その他	1	6.3%	19	54.3%	8	50.0%
釜石市	総数	50	100.0%	158	100.0%	57	100.0%
	傷病の治癒	0	0.0%	0	0.0%	0	0.0%
	勤労収入の増加	9	18.0%	24	15.2%	14	24.6%
	不労収入の増加	9	18.0%	40	25.3%	9	15.8%
	死亡	20	40.0%	36	22.8%	17	29.8%
	その他	12	24.0%	58	36.7%	17	29.8%
久慈市	総数	22	100.0%	42	100.0%	34	100.0%
	傷病の治癒	1	4.5%	1	2.4%	1	2.9%
	勤労収入の増加	2	9.1%	3	7.1%	9	26.5%
	不労収入の増加	3	13.6%	9	21.4%	1	2.9%
	死亡	8	36.4%	17	40.5%	14	41.2%
	その他	8	36.4%	12	28.6%	9	26.5%
釜石局 （大槌町・ 住田町）	総数	28	100.0%	142	100.0%	15	100.0%
	傷病の治癒	0	0.0%	0	0.0%	0	0.0%
	勤労収入の増加	1	3.6%	5	3.5%	9	60.0%
	不労収入の増加	7	25.0%	68	47.9%	2	13.3%
	死亡	14	50.0%	12	8.5%	0	0.0%

20

	その他	6	21.4%	57	40.1%	4	26.7%
宮古局 （山田町・ 岩泉町・ 田野畑村）	総数	48	100.0%	115	100.0%	43	100.0%
	傷病の治癒	0	0.0%	0	0.0%	0	0.0%
	勤労収入の増加	5	10.4%	5	4.3%	11	25.6%
	不労収入の増加	4	8.3%	45	39.1%	5	11.6%
	死亡	27	56.3%	40	34.8%	15	34.9%
	その他	12	25.0%	25	21.7%	12	27.9%
久慈局 （野田村・ 普代村・ 洋野町）	総数	24	100.0%	39	100.0%	17	100.0%
	傷病の治癒	0	0.0%	0	0.0%	0	0.0%
	勤労収入の増加	1	4.2%	2	5.1%	1	5.9%
	不労収入の増加	4	16.7%	6	15.4%	4	23.5%
	死亡	9	37.5%	7	17.9%	6	35.3%
	その他	10	41.7%	24	61.5%	6	35.3%
沿岸計	総数	270	100.0%	671	100.0%	287	100.0%
	傷病の治癒	1	0.4%	1	0.1%	1	0.3%
	勤労収入の増加	22	8.1%	49	7.3%	67	23.3%
	不労収入の増加	37	13.7%	191	28.5%	32	11.1%
	死亡	131	48.5%	171	25.5%	89	31.0%
	その他	79	29.3%	259	38.6%	98	34.1%

（出所）岩手県保健福祉部地域福祉課「岩手県の生活保護」より作成。

たほか，義援金等の給付を原資に他地域への移住にいたったことによるところが大きく，義援金等の枯渇が進むなかで再び生活保護にいたっているものと考えられる。

6. おわりに

　詳細な分析にはいたらなかったものの，震災による沿岸被災地の人口流出と生活問題との因果関係がないとはいえない。居住地，雇用・就業の機会や貧困といった生活問題がそれぞれ被災者の個別生活において複雑に絡み合い，その結果として人口流出を招いているものと推察される。

　震災発生から4年が経過し，「震災の風化」を懸念する声が聞こえてくる。たとえば，民間レベルでは，ボランティア等のインフォーマルな支援に対するさまざまな寄付金の終了とこれに起因したボランティアの減少，義援金の減少

といったことが現実におこっている。その一方で，政策レベルでは，一定規模の予算措置がとられるものの，「使い勝手の悪さ」なども加わり，必ずしも被災地域の個別事情に即したかたちで施策につながっていない状況にある。こうした諸課題が「復興の遅れ」に対する懸念を増長させていることは否めない。なぜならば，「復興の遅れ」が被災地域の存続を阻害する要因になっているからである。つまり，被災地での生活再建を断念して他地域への移住を余儀なくされている住民があとを絶たず，地域社会の存続を危ぶませる状況にあるということである。

　本章では，被災地における生活問題の変遷過程について概観したが，岩手県の沿岸部は震災前から過疎・高齢化が懸念されてきた地域でもあり，震災によりさらに地域社会の衰退を促すことへの懸念も深まっている。ある意味では，地域社会の基盤が揺らいでいるところに自然災害が発生し，地域社会の消滅を促す契機になったひとつの例ともとらえられる。いいかえれば，地域社会を存続させるためには，生活問題とその芽を摘んでいかなければ，今後，同じような現象が他の地域でも簡単におこりうるということを警告しているものと受け止められる。

　被災者の生活再建には，これからが本格的な正念場になるが，その動向を分析することを今後の研究課題として，むすびにかえたい。

参　考　文　献

岩田正美（2012）「基調報告：震災と貧困への基本資格─貧困は「あぶり出され」たのか？─」貧困研究会編集『貧困研究 Vol.8』明石書店。

齋藤昭彦（2012）「沿岸被災地の後背地一関市の問題状況」貧困研究会編集『貧困研究 Vol.8』明石書店。

菅野拓（2012）「東日本大震災避難世帯の被災1年後の状態と生活再建への障壁─仙台市の応急仮設住宅入居者へのアンケートから読み解く生活・居住・就労─」貧困研究会編集『貧困研究 Vol.9』明石書店。

宮寺良光（2012）「自然災害の発生にみる「想定」と生活保障の課題─岩手県沿岸部の被災地を視察して─」日本社会福祉系学会連合・東日本大震災復興対応委員会『研究活動報告書』。

宮寺良光（2013）「被災地における貧困・生活問題の現状分析」日本社会福祉系学会連合・東日本大震災復興対応委員会『研究活動報告書』。

第 2 章

障害者福祉と高齢者福祉の近接政策における課題と展望
——利用者負担と社会保険，政府間関係に関する考察を中心に——

1. は じ め に

　障害者自立支援法は，介護保険制度と関連づけられて成立した。この法は，障害者にとっては，「生存権」や「幸福追求権」「平等権」などの人権を侵害するものとされ，違憲訴訟まで提起された。その最大の論拠が，利用者負担にあった。すでに介護保険制度では 2000 年の施行時に採用されていた「応益負担」を，この法制度にも採用したのである。福祉サービス利用額の 1 割を負担額として要求する負担方法である。多くの人が低所得である障害者・家族にとっては重すぎる負担であったし，障害が重ければ重いほど多くの負担額を要求する，障害の自己責任化をはかるものであった。そして，利用者負担の軽減を中心に，数度の法改正と当時の政権との「基本合意」によって，違憲訴訟は和解された。その合意にもとづいて，住民税非課税世帯に利用者負担が生じなくなるなどの法改正がなされ，法律上は「応能負担」であるとされた。その後，現実には主要な法制度の体系や内容を維持・継続しながら，障害者自立支援法は「障害者総合支援法」への名称変更をもって廃止したとされた。

　しかし，現在，障害者は，65 歳になることで，あるいは 65 歳未満でも介護保険法上の「特定疾病」[1]を罹患することで，生活や生命が左右される事態が

生じている。それは，障害者総合支援法第7条（介護保険優先原則）とその運用によるものである。この第7条は，障害者自立支援法の制定時から存在し，障害者総合支援法と名称を変えても，一度も改訂されることはなかった。この規定は，障害者総合支援法における自立支援給付と同様のサービスが，介護保険法においても提供される場合には，介護保険法優先を要請するというものである。これにより，障害者は，65歳になることで，あるいは「特定疾病」に該当した場合には，法制度上原則的には障害者ではなくなり，まずは要介護高齢者としての性格をもち，介護保険制度によるサービス給付が優先適用される。その結果，再び「応益負担」による利用者負担が要求される，またこれまでの障害福祉サービスが継続利用できないなど，多くの弊害が生じている。とくに，岡山では，この利用者負担の問題を中心に，生活や生命が脅かされ人権が侵害されているとして，訴訟にまでいたっている。

　このように，障害者福祉制度（障害者総合支援法）と介護保険制度（介護保険法）の2つの法制度が存在して，その内容に差異があることで（当然に両制度ともに欠陥があることも前提であるが），さまざまな問題点が生じている。これを克服する方法としては，2つの考え方がある。ひとつは，現行介護保険制度には手をつけずに，障害者福祉制度を改定することで，克服しようとする考え方である。つまり，障害者総合支援法のみを改正して，介護保険優先原則の廃止をめざす考え方である。これは，日本障害者協議会の「障害と高齢」ワーキンググループ（以下，障害と高齢WG）が政策提言したもの（以下，「政策提言」）である[2]。そして，もうひとつは，介護保険制度が，障害者福祉制度以上に，「応

---

1)　介護保険法上の「特定疾病」は，16の疾病ないしは疾病群からなり，がん末期，筋萎縮性側索硬化症，骨折を伴う骨粗しょう症，初老期における認知症（アルツハイマー病，脳血管性認知症等），早老症（ウェルナー症候群等），脳血管疾患（脳出血，脳梗塞等），大脳皮質基底核変性症およびパーキンソン病などがある。

2)　筆者は日本障害者協議会の障害と高齢WGでは，共同責任者として「政策提言」の策定にかかわった。なお，他の共同責任者は，磯野博氏，山崎光弘氏であり，執筆に関しては，山崎氏と筆者とが担当した。また，策定のための議論は，当WGを中心としたが，日本障害者協議会の政策委員会でもおこなった。「政策提言」の詳細については，山崎・荻原（2013），7-18ページを参照されたい。

益負担」を採用することや社会保険方式であることなどの多くの制度的欠陥を
もつことも問題視して，介護保険制度を廃止し，現行障害者福祉制度の問題点
をも克服するように，2つの制度を昇華させるように統合して，新たな福祉制
度の創設をめざす考え方である。大阪障害者センター・障害者生活支援システ
ム研究会が提起したもの（以下「提言法案」）である[3]。

　そこで，本章では，まず，利用者負担と社会保険化に着目して，介護保険制
度と障害者福祉制度との関係の経緯について説明する。具体的には，障害者自
立支援法が，介護保険制度との関係においていかに成立して，その後どのよう
に乖離したのか，その過程と現状を詳述する。つぎに，その結果乖離してもな
お，障害者総合支援法第7条（介護保険優先原則）とその運用によって介護保険
制度が優先適用されることで，岡山浅田訴訟などを事例に，障害者に生じた問
題を明示する。そして，その背後にある国と市町村の政府間関係にも言及し
て，日本障害者協議会の「政策提言」を前提に，その克服方法について考察す
る。最後に，大阪障害者センター・障害者生活支援システム研究会の「提言法
案」の意義，および市町村の実施責任と国の財政責任を重課した理由などを示
す。さらに，この「提言法案」が，なぜ社会保険方式を廃止して公費負担方式
を採用するとともに，現物給付（利用者負担を無償）としたのか，その理由を考
察する。すなわち，現行介護保険制度のもつ社会保険方式の問題点を指摘し，
あわせて両制度のもつ利用者負担の問題点を示すことで，このような結論が導
かれた理由を明らかにする。

　したがって，本章の目的は，2つの法制度の史的関係とともに，これによっ
て生じた問題点に言及し，段階論的に，解決方法を明示することにある。ま

3）　本文のなかで詳述するが，この提言は「障害者・高齢者総合福祉法」という新た
　な「法律」として策定されている。瀧澤仁唱氏を座長，鈴木勉氏を副座長，井上泰
　司氏を事務局責任者として，伊藤周平氏を中心に，障害者生活支援システム研究会
　のメンバーで議論が重ねられた。瀧澤ほか（2013），井上ほか（2013）を参照された
　い。なお，筆者も当研究会の構成員であり，利用者負担のあり方や社会保険方式と
　しての介護保険制度の問題点のほか，本章ではほとんど触れることができなかった
　が，日本の社会保障の財源課題なども担当した（荻原（2013））。

ず，介護保険制度に変更をもたらすことなく，障害者福祉の視点から介護保険優先原則のみを克服し，その後に，政府間関係や利用者負担などの問題を題材に，それでも存在しつづける障害者福祉制度の欠陥を修正するとともに，介護保険制度の廃止も含め高齢者福祉の進展をも考慮に入れた制度のあり方を示すことにある。つまり，現行障害者福祉制度のもつ問題点を早急に解決する方法を模索したのちに，終局的には，障害をもった（要介護状態になった）年齢や原因疾病によって利用できる福祉制度が異なることで生じる社会的・経済的な差別を打ち消して，福祉の「必要性」にもとづいてのみ福祉が給付される，障害者福祉と高齢者福祉の新たな接合による福祉政策を展望することにある。同時に，現在推進・模索されている保険主義の徹底や利用者負担の強化など，受給抑制的な社会保障政策の過ちをも示唆するものでありたい。

2. 介護保険制度と障害者福祉制度との関係の経緯

2-1 介護保険統合問題と障害者自立支援法の制定

1997 年に高齢者福祉領域に介護保険法が制定され，2000 年に施行された。「介護の社会化」や「利用者本位」をスローガンに，戦後一貫してつづいてきた措置制度を解体して，福祉の受給者が事業者と直接契約する利用契約制度を採用した。また，この制度変更は，財政的視点に立てば，これまでの公費負担方式を廃止して社会保険方式を採用することで，財源としての公費の抑制を図るとともに，給付と負担を連動させ，給付の増加が保険料の上昇と結びつくことから，給付抑制効果をも期待したものと考えられる[4]。さらに，福祉の受給

4）横山（2003）は，介護保険制度における社会保険方式の導入を「高齢者福祉のみならず，社会保障全体を構造的に変える突破口としての役割」を担わせる選択であったと位置づけている。具体的には，「社会保険方式は給付と負担の関係が明確であるという論法が使えることから負担増への支持が得やすい」こと，この方式の導入によって「措置制度を解体できる」こと，「利用者の選択の自由」を強調することで「救貧的イメージを変え，新中間層負担増にも支持」を得られること，「選択の自由とセット」になった福祉供給の多元化を主張することで「営利企業の参入」を可能にすることなどである。横山（2003），90・91 ページ。

を「利益」ととらえて、サービスの利用量に応じた負担を求める「応益負担」の採用という利用者負担の強化にあった。くわえて、2005 年には、在宅と施設の間でサービス利用者の負担の公平をはかるとして、食費や光熱水費等の居住費用が原則自己負担化される。さらなる利用者負担の強化がなされたのである。

　一方、障害者福祉領域では、2000 年の社会福祉基礎構造改革によって、2003 年には支援費制度を採用する。障害者福祉領域にも、高齢者福祉領域と同様に、措置制度を解体して利用契約制度が導入された。しかし、この制度では、介護保険制度とは異なり、利用者負担は、本人および扶養義務者の負担能力に応じた自己負担額を支払う「応能負担」が継続されていた。ただし、制度施行前の 2003 年 1 月には、ホームヘルプサービスの利用時間の上限設定を画策したものの、障害者、家族、関係団体などから地域福祉に反する、自立への逆行、重度障害者の生命軽視などの批判のもとに、この施策をあきらめたということがあった（毎日新聞（2003）など）。その結果、地域間格差という問題をもちながらも、ホームヘルプサービスを中心とした利用者の増加を背景として、1 年目（2003 年度）で 128 億円の「予算不足」が生じ、2 年目（2004 年度）には 250 億円になると予想された。また、2005 年は、介護保険制度の 5 年ごとの大改訂にあたる年であった。そこで、2004 年 1 月には、厚生労働省は、障害者福祉制度を介護保険制度に吸収することを提案する。障害者福祉領域の介護保険統合問題である。その目的は、保険主義と利用者負担の強化という視点から、以下のように推察できる。

　まず、厚生労働省は、若者といえども障害者となる可能性は存在するために保険原理が成立するとして、40 歳以上の者からの保険料徴収を、20 歳以上の者へと対象年齢を引き下げる。そうすれば、被保険者数が拡大して、介護保険財政の安定化をはかることができる。くわえて、公費負担方式を採用していた障害福祉制度を解体することができ、給付と負担（保険料）が連動することで受給抑制効果を期待する介護保険制度が、若者から高齢者までを対象とする全世代的な社会保険制度となって、保険主義を徹底化することができる。また、

28

すでに「応益負担」を採用し、2005年改正で食費等居住費用の原則自己負担化の導入が予定されていたことから、相対的に経済的負担が重い介護保険制度に、障害福祉領域を組み込めば、財政支出の削減につながるなどと考えたためであろう。

しかし、この統合は、障害者やその家族、関係団体のみならず、保険料（事業主負担）の増大を避けようとする財界からも反対された[5]。その結果、統合は「時期尚早」として見送られながら、障害者自立支援法を制定した。その目

表2-1　介護保険制度の上限月額と障害福祉制度の上限月額の変遷

(単位：円)

区分	世帯の収入状況	介護保険制度 2000年〜(改正なし)	障害者自立支援法 (2013年4月以降は、障害者総合支援法)			
			施行時 2006年 4月〜	特別対策 2007年 4月〜	緊急措置 2008年 7月〜	基本合意による法改正2010年4月〜
低所得1	世帯全員が住民税非課税で、かつ合計所得金額と課税対象年金の合計金額が80万円以下*、または老齢福祉年金の受給者	15,000	15,000	3,750	1,500	0
低所得2	世帯全員が住民税非課税で、上記以外	24,600	24,600	6,150 (通所 3,750)	3,000 (通所 1,500)	0
一般1	市町村民税課税世帯（所得割16万円未満）*	37,200	37,200	9,300	9,300	9,300
一般2	上記以外	37,200	37,200	37,200	37,200	37,200

(注) 比較しやすくするために、入所の場合の社会福祉法人減免や個別減免、また障害児の場合の負担上限額については、捨象している。

＊：入所施設利用者（20歳以上）、グループホーム・ケアホーム利用者を除く。入所施設利用者（20歳以上）、グループホーム、ケアホーム利用者は、市町村民税課税世帯の場合、「一般2」となる。

(出所) 厚生労働省資料「障害者自立支援法の円滑な運営のための改善策について」2006年12月や「障害者自立支援法の抜本的な見直しに向けた緊急措置」2008年1月などを参照して、筆者作成。

5) 井上・塩見（2005）、60-66ページ、荻原（2005）、14ページ、白沢（2005）、156ページなど参照。

的は，財界が拒絶した社会保険方式の採用は回避して，つまり公費負担方式を継続しながらも，「応益負担」の採用，食費等居住費用の原則自己負担化，同額の利用者負担上限額の設定（表2-1参照）など，介護保険制度と同様の費用負担システムを採用することにあった。財政支出の削減をはかるとともに，将来の統合に備えた地ならしをおこなったのである。もちろん，障害者自立支援法の「障害程度区分」と介護保険制度の「要介護度」認定との調査項目の類似性，保険主義の徹底化のための介護保険優先原則もまた，今後の介護保険制度との統合を前提に採用されたといえよう。

　介護保険統合問題から障害者自立支援法制定までの経緯は，高齢者福祉領域と障害者福祉領域とがもっとも接近した時期であった。障害者福祉領域もまた，2005年の介護保険制度改革と連動し，2000年代半ばに実施された社会保障構造改革の対象であったといえる。

2-2　障害者福祉制度の介護保険制度との乖離

　障害者自立支援法は，2005年10月，自公連立政権による強行採決によって制定された。障害者・家族，関係団体の猛反対を無視して，押し切ったのである。とくに問題視されたのは，利用者負担，つまり「応益負担」と食費等居住費用の原則自己負担化であった。在宅サービスや施設利用を減らすなどの受給抑制者が続出し，また受給継続のために生活の質を低下せざるをえない者が生じた[6]。ただし，この費用負担システムは，現行介護保険制度ではいまだに継

---

6)　山本（2006）によれば，たとえばホームヘルプサービスの利用において，20.3％の人々に時間削減が生じ，年収「80万（円）未満」の低収入階層では，平均値以上である22.6％の人々に時間削減がおきている。また，デイサービスの利用では，19.7％の人々に時間削減が生じて，とくに「80万（円）未満」の階層で31.4％と著しい時間削減がおきたことがわかった。「今後の制度利用の見通し・展望」については，「利用制限で本人の状態悪化が不安」が30.5％，「縮小せざるを得ない」が29.0％，「厳しいが制限したら生活できない」が26.7％，「もうやっていけないかどうかわからない」が14.0％，「家族としてはこれ以上負担できない」が15.5％など，切実な内容となっている。さらに，日本障害者協議会（2008）では，知的障害をもつ若者とその家族が，過重な利用者負担を回避するために，意に反しながらも「世

30

続している問題である。

　厚生労働省は，「改革に伴う軋み」に対応するとして，2006 年 12 月に国費
1,200 億円の「障害者自立支援法円滑施行特別対策」（以下，「特別対策」）を決
定し，住民税非課税世帯と課税世帯のうち相対的に低所得の世帯に対して，在
宅・通所サービス利用の負担上限額を 4 分の 1 にする軽減措置などを実施する
（表 2-1 参照）。くわえて，2008 年 7 月には「特別対策」で造成した基金の活用
を含め，満年度ベースで総額 310 億円の「障害者自立支援法の抜本的な見直し
に向けた緊急措置」（以下，「緊急措置」）を実施して，さらなる利用者負担の軽
減などをはかることになる（同表参照）。この利用者負担の軽減は，市町村民税
非課税世帯に対して集中的におこなわれたものである。しかし，その背景に
は，「障害者自立支援法施行前には低所得者の居宅・通所サービスに利用者負
担がほとんど無かったことなどに比べると，なお負担感が存在するとの指摘」
（「緊急措置」）があり，その対応としている。

　さらに，「緊急措置」では，利用者負担上限額を算定する際の所得段階区分
において，これまでの「住民票上の世帯全体の所得」から，「個人単位」を基
本として見直し，「本人と配偶者のみの所得」をもって判断することとした。
「障害者本人の自立に対する父母等の意向が強いこと」を踏まえた改正である
としている。純粋な「個人単位」化が果たせなかったことは，たとえば配偶者
の所得が一定所得以上の場合には，本人の利用者負担を配偶者が負担すること
になりかねず，家族依存型福祉を継続させるという問題は残る。しかし，この
改正もまた，介護保険制度では，現段階でも「住民票上の世帯全体の所得」に
よって，負担上限の算定基準としていることに鑑みれば，大きな乖離を生み出
したといえるであろう（表 2-2 参照）。

　低所得者を中心に利用者負担は軽減されたが，「応益負担」は堅持された。
そのため，障害者・家族の国（厚生労働省）への怒りは収まることはなく，

帯分離」の手続きをおこなった（198-200 ページ），利用者負担額の増額によって，
外出の回数を 2 か月に 1 回程度まで減らす（211 ページ），「以前は買えた CD も今は
買いたくても買えなくなった」（213 ページ）などの事例があげられている。

表 2-2 利用者負担上限額の算定の際に用いる所得合算の範囲

種別	世帯の範囲
18 歳以上（65 歳未満）の障害者 （施設に入所する 18, 19 歳を除く） （40 歳以上 65 歳未満の特定疾病の患者を除く） ［⇒障害福祉制度のサービス利用の場合］	障害者本人とその配偶者
65 歳以上の要介護（要支援）高齢者 または 40 歳以上 65 歳未満の特定疾病の患者 ［⇒介護保険制度のサービス利用の場合］	住民票上の世帯全体
（参考） 障害児 （施設に入所する 18, 19 歳を含む）	保護者の属する住民基本台帳での世帯

（出所）筆者作成。

2008 年 10 月には障害者自立支援法違憲訴訟が提起される。最終的には，14 か所の地裁で訴訟になる。提起理由は，「応益負担」を採用した障害者自立支援法は，障害者の生存権や幸福追求権などを侵害するものであり，憲法に違反するというものであった。政治的にも，当時野党であった民主党は，「政権政策──マニフェスト 2009」で，「『障害者自立支援法』は廃止し，『制度の谷間』がなく，サービスの利用者負担を応能負担とする障がい者総合福祉法（仮称）を制定する。」と明示する。そして，2009 年 9 月の総選挙後，政権交代が生じて，2010 年 1 月には，国と障害者自立支援法違憲訴訟の原告団・弁護団との間で「基本合意」が締結され，訴訟が提起されたすべての地裁で，この合意にもとづいて和解が成立した。

　この「基本合意」について，まず「応益負担」に関する特徴的な意義・見解を示す。「一　障害者自立支援法廃止の確約と新法の制定」のなかで，「国（厚生労働省）は，速やかに応益負担（定率負担）制度を廃止し，遅くとも平成 25 年 8 月までに，障害者自立支援法を廃止し新たな総合的な福祉法制を実施する」ことを約束する。そして，「二　障害者自立支援法制定の総括と反省」のなかでは，「国（厚生労働省）は，障害者自立支援法を，立法過程において十分な実態調査の実施や，障害者の意見を十分に踏まえることなく，拙速に制度を施行するとともに，応益負担（定率負担）の導入等を行ったことにより，障害

者，家族，関係者に対する多大な混乱と生活への悪影響を招き，障害者の人間としての尊厳を深く傷つけたことに対し，原告らをはじめとする障害者及びその家族に心から反省の意を表明するとともに，この反省を踏まえ，今後の施策の立案・実施に当たる」として，拙速な制度施行と「応益負担」の採用という政策上の欠陥を認め，謝罪するのである。

さらに，「四　利用者負担における当面の措置」では，「国（厚生労働省）は，障害者自立支援法廃止までの間，応益負担（定率負担）制度の速やかな廃止のため，平成 22 年 4 月から，低所得（市町村民税非課税）の障害者及び障害児の保護者につき，障害者自立支援法及び児童福祉法による障害福祉サービス及び補装具に係る利用者負担を無料とする措置を講じる」として，現に 2010 年 4 月からは，住民税非課税世帯は，障害福祉サービスと補装具に関しては，利用者負担が無料となった（表 2-1 参照）。

くわえて，この「基本合意」では，介護保険との関係についても合意している。それは，「三　新法制定に当たっての論点」のなかで，いくつかの論点をあげた後，「国（厚生労働省）は，……新たな福祉制度の構築に当たっては，現行の介護保険制度との統合を前提とはせず，上記に示した本訴訟における原告らから指摘された障害者自立支援法の問題点を踏まえ」検討すべきことを約束したのである。

2012 年 4 月には，「障がい者制度改革推進本部等における検討を踏まえて障害保健福祉施策を見直すまでの間において障害者等の地域生活を支援するための関係法律の整備に関する法律」（2010 年 12 月公布）による法改正がなされた。これにより，障害福祉サービスと補装具の利用者負担を合算して負担を軽減するとした。そのうえで，利用者負担額は，負担上限額までは（1 割の）「応益負担」を残しながらも，つまり，実際にはこれまでの利用者負担システムをほとんど変えずに，法律上は「応能負担」を原則とすると明記したのである。

2012 年 12 月の総選挙後，再び自公連立政権へ移行がなされる。しかし，2013 年 4 月には，前述の「障がい者総合福祉法（仮称）」は，障害者総合支援法（正式名称は「障害者の日常生活及び社会生活を総合的に支援するための法律」）と

名を変えて施行された。この法は,「平成 17 年 11 月 7 日法律第 123 号」と変わらず,法律上は障害者自立支援法の単なる改正であった。そして,内容的にみても,法律の骨格をなす,利用者負担,サービス体系,そして介護保険優先原則に変更が加えられることはなかった。したがって,「障害者自立支援法を廃止し新たな総合的な福祉法制を実施する」とした「基本合意」に反する可能性が高い。ただし,障害者自立支援法制定時には,介護保険制度の要介護認定に模倣して「障害程度区分」を設定したことから,知的障害者・精神障害者の特性に合致しないとの批判が多かった。この法律ではそれらの特性も踏まえて「障害支援区分」に改めることとしたが,介護保険制度における要介護認定との類似性の維持を延命するために,部分的な修正をおこなったともいえる。

これまでみてきたように,運動や訴訟,政治的要因などが密接に結びつきながら,2 つの制度は別個に存在している。また,利用者負担に関しては,障害者福祉制度は介護保険制度と著しく乖離した。とはいえ,障害者総合支援法は,介護保険制度との類似性を維持しながら,とくに介護保険優先原則が継続されたことで,新たな訴訟が提起されるほどの矛盾を内包したのである。

3. 介護保険優先原則とその課題

3-1 介護保険優先原則とそれをめぐる政府間関係

障害者が 65 歳以上になった場合,あるいは介護保険法上の「特定疾病」に該当した場合には,障害者総合支援法第 7 条[7]によって介護保険制度が優先適用されることで,さまざまな問題が生じている。ここでは,前述したように,

---

7) 障害者総合支援法第 7 条は,具体的には「自立支援給付は,当該障害の状態につき,介護保険法の規定による介護給付……に基づく給付であって政令で定めるもののうち自立支援給付に相当するものを受けることができるときは政令で定める限度において,当該政令で定める給付以外の給付であって国又は地方公共団体の負担において自立支援給付に相当するものが行われたときはその限度において,行わない。」と規定している。よって,法 7 条では,「自立支援給付」に関する規定であって,のちに自治体の運用で問題になる「地域生活支援事業」の介護保険優先に関しては規定していない。

34

著者が共同責任者として策定・執筆にかかわった日本障害者協議会・障害と高齢 WG の「政策提言」を踏まえて，介護保険優先原則の問題について考察する。

障害者総合支援法は，他の法令による給付との調整規定（法第7条）によって，自立支援給付については，介護保険法でそれに相応するサービスが提供されている場合には，保険給付を優先適用する。しかし，厚労省の通知「障害者自立支援法に基づく自立支援給付と介護保険制度との適用関係等について」（厚生労働省（2007），以下「2007 年通知」）では，①障害者の希望するサービスと同様のサービスが，介護保険法で提供されている場合であっても，「その心身の状況やサービス利用を必要とする理由は多様であり，介護保険サービスを一律に優先させ，これにより必要な支援を受けることができるか否かを一概に判断することは困難であることから，……一律に当該介護保険サービスを優先的に利用するものとはしないこととする」として，市町村には，利用意向を聴き取りによって把握したうえで判断すべきことを求めている。また，②介護保険サービスにない障害福祉サービス固有のもの（行動援護，自立訓練（生活訓練），就労移行支援，就労継続支援等）については，自立支援給付によるサービスが利用でき，介護給付費等が支給されるとする。さらに，③介護保険サービスによって必要な支援が受けられると判断できる場合でも，たとえば，利用可能な事業所・施設が身近にない，あっても空きがない，または要介護認定の結果「非該当」とされたなど，現実に介護保険サービスが利用できないときは，自立支援給付によるサービスが利用できるとしている。

このように，介護保険制度の適用に該当する障害者には，法においては介護保険制度が原則として優先適用されるが，「2007 年通知」において例外的な取り扱いが存在する。ところが，介護保険制度と障害福祉制度について，「選択」や「併用」[8]ができるか否かの実態は，市町村による運用の相違によるところ

8）「選択」とは，障害者福祉制度あるいは介護保険制度のどちらか一方を選んで利用することであり，「併用」とは，障害者福祉制度と介護保険制度の双方を用いることである。「選択」の場合には，利用者負担の関係からは，相対的に負担額が少なくて

第 2 章　障害者福祉と高齢者福祉の近接政策における課題と展望　35

が大きい[9]。なぜなら，この「2007 年通知」の法的性格は，あくまで地方自治法上の「技術的助言」にすぎず，法的拘束力はないと解されるからである。

　ところで，2010 年に国（厚生労働省）と障害者自立支援法違憲訴訟原告団・弁護団と交わした「基本合意」のなかでも，介護保険優先原則についての記述がある。「三　新法制定に当たっての論点」で，「介護保険優先原則（障害者自立支援法第 7 条）を廃止し，障害の特性を配慮した選択制等の導入をはかること」を提言している。

　また，障がい者制度改革推進会議・総合福祉部会（2011）の『障害者総合福祉法の骨格に関する総合福祉部会の提言──新法の制定をめざして──』（以下，「骨格提言」）では，「これは若いときからの障害者の特性を重視し，生活の継続性の確保をすることを主眼においた提言」であるとしながら，65 歳以上となった後であっても「地域生活の継続が保障」されるべきこと，また 40 歳以上の特定疾病者については「本人が希望する場合には，障害者福祉による支援が利用可能となるようにすべき」ことという観点から，障害福祉制度と介護保険制度の選択・併用を可能にすることも含めた検討が必要であるとした。同時に，「65 歳以上で要介護状態となった高齢者についても，平等な選択権が保障されるべきであるという意見もあることから，更に慎重な議論が必要である」としている（障がい者制度改革推進会議・総合福祉部会（2011）16・17 ページ）。したがって，2014 年の障害者総合支援法制定にあたって，第 7 条に改訂がないことを考慮すれば，国は「骨格提言」はいうまでもなく，「基本合意」でさえ軽んじたことになる。

　　済む障害者福祉制度が選ばれると考えられる。ただし，地域によっては障害者福祉制度にかかわる施設・サービスなどの社会資源が乏しく，介護保険制度にかかわる社会資源しか存在しない場合などでは，例外的に「やむを得ず」介護保険制度が選択されることも考えられる。また，「併用」の場合には，たとえば住民税非課税世帯であれば，障害者福祉制度に利用者負担は生じないので，介護保険制度の利用者負担上限額が，負担額となる。しかし，多くの自治体で，「併用」を認めず，介護保険制度のみを利用させる実態があることを本文で述べた。
9)　障害と高齢 WG の会議では，同一の市町村であっても，相対的に発言力の弱い障害者が，介護保険制度のみに向けられ，併用を阻止されているという意見もあった。

つぎに，「選択」「併用」の実態については，独立行政法人国立重度知的障害者総合施設のぞみの園がおこなった「全国自治体を対象とした 65 歳以上の知的障害者の実態調査」（回収率 69.0%，回答自治体数 1,198 件，2013 年 2 月 1 日時点）によれば，高齢知的障害者に対して併用を実施した自治体は 31.8%（381件）であった。そのうち，介護保険制度には存在しない福祉サービスである「就労継続支援」との併用が 30.0%（359 件）を占める。介護保険制度と障害者福祉制度に共通するサービスに関しては，訪問介護と居宅介護の併用が最多だが，わずか 2.3%（28 件）しかない（「政策提言」山崎・荻原（2013）7・8 ページ）。

なお，日本障害者協議会が主催した厚生労働省との懇談会（2013 年 2 月 26日）で，国は，公的責任の一環として，全自治体に対して，介護保険制度と障害者福祉制度の「選択」「併用」の実態に関して，のぞみの園がおこなったような調査を実施し，「2007 年通知」運用の自治体間格差を明確にすべきではないかとの質問（要求）があった。これに対しては，市町村の判断で実施すべき内容であり，市町村が適切に運用していることを期待しているため，調査は考えていないと答えた[10]。

さらに，障害者総合支援法第 7 条は「自立支援給付」に該当するサービスの介護保険優先原則を規定したものであるが，WG 共同責任者である山崎光弘氏がおこなった東京 23 区を対象とした調査（2013 年 3 月時点）によれば，法第 7条で優先適用が規定されていない「地域生活支援事業」（「訪問（巡回）入浴サービス」や「日常生活用具」を対象とした調査）で，23 区のほとんどの自治体で，介護保険制度が優先適用される実態まで明示された（「政策提言」山崎・荻原（2013）18 ページ）。また，筆者が埼玉県 K 市に対しておこなったヒアリング調査でも，「地域生活支援事業」にまで優先適用される実態が判明し，その理由

10）　しかし，2014 年 10 月 30 日の参議院厚生労働委員会における，小池晃氏の質問への厚労省の回答によって，2014 年 8 月には厚労省が調査を実施していたことが明らかになった。ただし，9 月 10 日が締切となっていたが市町村からの回答が少なく，また回答があっても数字の整合性に問題があるため，まだ結果を報告できる状況にないとも言及した。本章の校正段階で明確になったため，脚注に付加した。なお，2014 年 12 月 1 日現在でも，結果は公表されていない。

を聞いたところ，そもそも法律上の規定がないので，市の判断で実施しているとの回答を得た。

　なお，「2007年通知」は，「地域生活支援事業」における介護保険優先関係についても触れている。「法施行前の身体障害者福祉法等による日常生活用具の給付・貸与事業」は，介護保険法による貸与や購入費の支給が優先適用されていた。しかし，「地域生活支援事業」は「自立支援給付とは異なり，地域の実情に応じて行われるものであり，法令上，給付調整に関する規定は適用がない」ことは認めながらも，「日常生活用具に係る従来の取り扱いや本通知の趣旨を踏まえ，地域生活支援事業に係る補助金の効率的な執行の観点も考慮しつつ，その適切な運用に努められたい」と述べている。

　それでは，なぜ，国は，法的拘束力のないと解される「通知」をもって，介護保険優先原則に修正を加えるのみで，「基本合意」や「骨格提言」を無視して，過去には実態調査まで拒んだのであろうか。また，自治体もまた，一方で「2007年通知」を無視して「併用」をも避けるとともに，一方ではこの「通知」が推奨するとおりに，法規定上優先原則の適用のない「地域生活支援事業」に介護保険を優先適用するのであろうか。それは，当該「通知」における前述の「地域生活支援事業に係る補助金の効率的な執行」が示すとおり，介護保険制度のもつ相対的な財政的性格によるものであり，当然に保険主義の徹底化や給付抑制的性格の強い利用者負担の採用などもあるが，それぞれの政府が負う公費負担水準が障害者福祉制度と明確に相違するからであろう。

　介護保険制度の介護給付費は，社会保険方式を採用するため，保険料負担割合が50％，公費負担割合が50％である。そこに，政府間関係も考慮すると，国が25％，都道府県が12.5％，市町村が12.5％となる。これに対して，障害者福祉制度の「自立支援給付」は，公費負担方式を採用するため，保険料負担がないことから，公費負担割合は100％となって，国が50％，都道府県は25％，市町村は25％となる。さらに，「地域生活支援事業」にいたっては，公費負担方式を採用するが，裁量的経費であるために，国が50％以下，都道府県が25％以下を補助するという規定なので，自動的に市町村が25％以上を負

担することになる。したがって，国，自治体ともに，介護保険制度は障害者福祉制度に比して，「安価」な制度であり財政責任を縮減できることから，介護保険優先原則を推進する大きな誘因となっている。なお，介護保険優先原則とその運用をめぐる国と市町村の政府間関係の問題については，介護保険優先原則や介護保険制度そのものの問題点を示したのち，本節の最後に言及したい。

3-2 介護保険優先原則の問題点と政策提言

「はじめに」で示したように，岡山では，介護保険優先原則とその自治体運用によって，介護保険制度の過重な利用者負担が足かせとなり，生活や生命が脅かされているとして訴訟にまでいたっている。ここでは，まず，岡山市を被告とした浅田訴訟を例に考える。

岡山市に住む浅田達雄氏[11]は，重い障害をもちながらも，1980年代初頭からひとり暮らしをおこなってきた。2006年に障害者自立支援法が施行されたときには，食事・入浴介助などで，月に120時間サービスを利用し，利用者負担額は約2万円で，就労支援事業所の工賃で賄ったという。2010年4月には住民税非課税世帯の利用者負担が無料化され，そのころから障害が重くなり，それに相応してサービス支給量を年々増加させたが，2011年8月にはついに

---

11) 「意見陳述書」には，浅田氏の半生が述べられている。1948年に生まれ，学齢期になっても入学できず，学校側の事情で5年遅れて入学している。母や叔母の付き添いで登校する。中学2年のときに，担任からは高校への進学は可能であるといわれたが，入学を許可する高校が見つからず，将来の進路先を確保するために，養護学校へ転校する。20歳で養護学校中等部を卒業して，2年間機能訓練を受ける。直後母を交通事故で亡くす。縫製の事業所でアイロン掛けの仕事をするが，「作業が遅れ気味」という理由で，半年で辞める。その後，2年間は割箸入れの内職をおこない，1973年に重度障害者療護施設に入所する。そこでは，自治会をつくり，金銭の自己管理などの要求を実現していく。1980年には，地域で暮らしたいという希望から，施設を退所して，ボランティアの協力を得て仲間とふたり暮らしをはじめる。2年が経過して，アパートでひとり暮らしをはじめる。85年には自動車運転免許を取得したことで（「大冒険」であったと表現），行動範囲も広がり，就職した。しかし，「毎年少しずつ身体も次第に思うように動かなくなって仕事も辞めざるを得なく」なったという（浅田（2013））。

第2章 障害者福祉と高齢者福祉の近接政策における課題と展望 39

就労支援事業所にも通えなくなるほどになった。しかし，2013年2月14日
（65歳の誕生日の2日前）まで，移動支援26時間を含めて重度訪問介護249時間
のサービスを受給することで，「やっと落ち着いて安心しながら，生活できる
ように」なったという[12]。

　しかし，65歳の誕生日前日，岡山市によって，すべてのサービスを打ち切
られた。岡山市では，重度訪問介護の支給要件として，「障害程度区分6かつ
要介護5」が必要であるが，浅田氏は介護保険が未申請で要介護認定を受けて
いないという理由であった。ただし，浅田氏もまた，3か月前から数回にわた
って，岡山市に支給停止の回避を訴えていたという。介護保険の申請をしなか
った理由は，介護保険制度は「メニュー単位で行われるため，重度訪問介護と
比べてニーズに応えられない」こと，そして何よりも利用者負担が過重である
ことをあげている。要介護5の利用者負担額（上限額）は3万5,800円である
が，住民税非課税世帯の場合には軽減規定によって1万5,000円となる（表
2-1参照）。この1万5,000円の負担は，彼の生活水準では，「市は介護のため
に……一日2食にしろと言っているに等しい」と言及している（「政策提言」山
崎・荻原（2013）9ページ）。その後，審査請求を行ったが却下されて，提訴に踏
み切ったのである。

　浅田氏は，「意見陳述書」の最後に，つぎのように述べている。「全国の仲間
たちが，障害者自立支援法訴訟を起こして低所得者の1割個人負担を撤廃させ
ました。なのに，65歳になると無理やり介護保険に切り替えられるのは不平
等です。差別です。せっかく，71人の仲間ががんばって勝ち取ったことを無

12）「意見陳述書」のなかには，岡山市によって支給が打ち切られる前の浅田氏の生活
　　状況が詳細に述べられている。引用すると，以下のとおりである。「ヘルパーさんが
　　朝，7時に来てベッドから私を起こし，着替えさせてくれ，洗面介助，朝食作りと食
　　事介助，歯磨き・洗濯・掃除，パソコン室への移動等2時間支援してもらい，昼は
　　12時から13時30分まで昼食づくりと食事介助・部屋の片付け，パソコン室への移
　　動等，夜は17時30分から21時まで夕食作りと食事介助・入浴・歯磨き・就寝準
　　備・就寝等の介助，戸締まりをしてもらっていました。また，月26時間の移動介護
　　時間は，買い物・通院・散髪，時には障害者の仲間との集い等に利用していました。
　　介護時間数も余裕があり，救急時に対応してもらっていました。」（浅田（2013））。

駄にはしたくはありません。65歳になっても、64歳までと同じように負担な
く介護が使えて安心して生活できるように強く願っています。裁判所におかれ
ましては、上記の私の生活の実態を十分にご理解してくださり、私の願いを分
かっていただきますよう要望いたします。」

　浅田氏の言及は、障害者自立支援法違憲訴訟で勝ち取った「障害者としての
権利」が、65歳になって介護保険制度を優先適用されることで失われたこと
を、「不平等」、「差別」としているのである。訴訟としては、介護保険優先原
則の運用上の問題から、岡山市が被告となっている。しかし、国（厚生労働省）
は、当時とは政権が異なるとはいえ、「拙速」な制度施行とともに「応益負担
（定率負担）の導入等を行ったこと」で、「障害者、家族、関係者」に「多大な
混乱と生活への悪影響を招き、障害者の人間としての尊厳を深く傷つけた」と
して表明した「反省の意」は何であったのであろうか。また「基本合意」によ
って住民税非課税世帯の障害者に利用者負担を廃止しておきながら、障害者総
合支援法に介護保険優先原則を規定して、65歳になることで利用者負担が再
び発生すると十分に予測できたことは間違いない。したがって、国（厚生労働
省）の責任もきわめて大きいといわざるをえない。

　介護保険優先原則の問題は、利用者負担ばかりではない。「政策提言」では、
以下のような事例をあげている。知的障害者（69歳）が、要介護認定で要支援
1となり、生活介護関連事業所への通所日数を週5日から週3日に削減され、
知的能力の低下が懸念されている。また、精神障害者（65歳）が、65歳にな
って30年間通所した近隣市の障害者関連施設から市内の介護保険関連施設へ
の移行を要求され、その後に市の行政担当者が障害特性を考慮して移行は困難
であると判断したにもかかわらず、市の上層部が認めない。さらに、高次脳機
能障害と内部障害の重複障害者（58歳）は、当初障害福祉制度の対象であった
が、社会資源の乏しい地域に住み、「後に介護保険制度の対象となったことで
サービス選択の幅が広まり、一時自宅で穏やかな生活が送れるまで症状が緩和
した」。だが、家庭の事情から一時的に介護保険関連の入所施設を利用したと
ころ、そこで他の要介護高齢者と同様に扱われ「新しい環境で知らない職員か

ら大声で指示を出され続けた」ことで,「感情失禁が再発,徘徊も始まり,もはや在宅生活が困難」になったなどである。これらは,「認定基準の違い」,「障害への配慮の欠如,サービスの質の問題から,症状悪化,家庭生活の崩壊」などが生じているといえる(「政策提言」山崎・荻原(2013)8-11 ページ)。

　障害者・家族もまた「選択」「併用」にかかわる知識が乏しく,たとえ問題が生じても自治体との争いを回避する傾向にある。また複数の介護支援専門員に対するヒアリングから明らかになったことは,「併用」可能な自治体であっても,そもそも障害者福祉制度を理解する介護支援専門員は少ない。そればかりか,「選択」や「併用」に関する知識も不足している。さらに,「併用を用いたケアプランの作成能力」も欠如している。障害者福祉制度や「選択」「併用」に精通する介護支援専門員でも,それを自治体に働きかけるには相応の労力が必要になり,対応ができないなどの問題があることもわかった。その背景としては,介護支援専門員の試験制度の内容や厳しい労働条件があることも判明した。また,「両制度の『併用』も『選択』も可能性がない自治体」では,専門職員や行政担当者が自ら進んで情報を提供することはなく,その結果「障害者・家族は介護保険への移行は当然」と思い込まされると推定された。

　これらの介護保険優先原則がもたらした弊害やその背景を踏まえて,「介護保険の対象となった/対象となっている障害者が適切なサービスを利用して安心した生活を送るためは,状況の改善が急務」である。そこで,障害福祉制度と介護保険制度が並存する状態を前提に,障害と高齢 WG は,国に対して,つぎのような提言をおこなった。以下に,その全文を示す。

・介護保険優先原則は,問題の重大性に鑑みて,法改正により廃止し,どの自治体でも障害者福祉制度と介護保険制度のサービスの「選択」・「併用」ができるようにしてください。
・法改正までの経過措置として,「2007 年通知」で認めている両制度のサービスの「選択」・「併用」が適切に運用されるように政令を定めてください。

・法改正・政令の制定に際して，要介護度や障害支援区分ではなく，個々人の状況とニーズに応じて障害者・家族が，行政担当者・介護支援専門員からの公正な情報提供に基づいて，協議調整のうえ「選択」・「併用」ができる基準を定めてください。

・介護保険制度を選択せざるを得ない場合は，個々人のこれまでの費用負担の継続（もちろん無償も含めて），すでに利用している事業所・施設の継続利用など経済的・社会的生活に変化をもたらさないような制度的取り組みを行ってください。

・「選択」・「併用」に関して自治体の担当課を明確にしてください。各自治体で担当課を決める場合は，責任の所在を明らかにし，障害者・家族に情報開示してください。

・介護支援専門員や相談支援専門員など関係職員が，個々人の障害への配慮ができるよう，労働環境を改善し，知識・能力の向上を図るための教育的支援も実施してください。

　ただし，障害と高齢 WG では，65歳以降に要介護状態になった者や特定疾病に罹患した者に対しても，年齢と原因疾病による制度的差別を否定して，「選択」「併用」を認めるべきであると結論づけた。しかし，時間的制約により「実態から課題を十分に明確化」できなかったことで，政策提言からは除外している。さらに，次節で扱う大阪障害者センター・障害者生活支援システム研究会の「提言法案」を，「つぎの段階」とみなして「今後の課題」とした。「介護保険制度の問題点を特に重視しながらも，その廃止まで踏み込むことはやめて，2つの制度が並存することを前提に議論をすすめ，提言」をおこなったのである（「政策提言」山崎・荻原12・13ページ）。

　ところで，この「政策提言」は，国に対するものである。たしかに，国は「法律」で介護保険優先原則を定めておきながら，地方自治法上の「技術的助言」にすぎない「通知」のみをもって，「地方分権」の名のもとに自治体に責任を押し付けている。障害者（要介護高齢者も含めて）の基本的人権を守る公的

責任の不徹底，回避であると断罪することもできよう。この「政策提言」が指摘するように，最終的には介護保険優先原則を廃止して，「選択」「併用」が認められることを「法律」に明文化すべきである。しかし，自治体もまた，「地方分権」や「地域福祉」の進展に注視すれば，住民にもっとも身近な政府として，住民の生活や生命を守る責任を自ら破棄している。障害者基本法の規定にもとづいて[13]，個々人の心身の状態や社会的・経済的な生活実態に応じて，2つの制度の「選択」「併用」を認めるべきであろう。

4. 新たな接合の試み
――あるべき高齢者と障害者の福祉政策を求めて――

4-1 「障害者・高齢者総合福祉法」と政府間関係などの特徴

大阪障害者センター・障害者生活支援システム研究会では，このような課題を踏まえて，高齢者・障害者に憲法的諸規定（生活権，幸福追求権，平等権）にもとづく生活を保障するために，市町村の実施責任を明確化して，年齢の区別なく「福祉の必要性」にもとづいて福祉が給付されることを目的として，前文と全32条からなる「障害者・高齢者総合福祉法」を提言した。この「提言法案」では，高齢者・障害者のもつ具体的権利の内容，対象者範囲の拡大と「谷間」を生み出さないための工夫，障害特性による相違を反映する福祉サービス等の内容，福祉の実施の方法，権利保障のための手続きと設置機関など，多くの特徴ある内容をもつが，本章では捨象した。詳細については，瀧澤ほか(2013)，そのうちとくに伊藤（2013），あるいは井上ほか(2013)を参照されたい。

---

13) 障害者福祉の「憲法」ともいうべき「障害者基本法」の第10条（施策の基本方針）では，まず第1項で，「障害者の自立及び社会参加の支援等のための施策は，障害者の性別，年齢，障害の状態及び生活の実態に応じて，かつ，有機的連携の下に総合的に，策定され，及び実施されなければならない。」として，さらに，第2項では「国及び地方公共団体は，障害者の自立及び社会参加の支援等のための施策を講ずるに当たっては，障害者その他の関係者の意見を聴き，その意見を尊重するよう努めなければならない。」と規定する。

本節では，これまでの議論から，まず国と自治体の役割と責任に触れ，つぎにこの「提言法案」が新たに示した障害者福祉と高齢者福祉に精通する職業的専門家である「社会福祉専門員」について説明したい。そののち，この「提言法案」が，なぜ社会保険方式や利用者負担を廃棄したのかなど，財政的性格に言及する。というのは，これらの財政的性格が，要介護高齢者や高齢障害者などのもつ福祉受給の権利性を歪め，生活や生命に重大な弊害を生じさせていると考えたことによる。

　まず，各政府の役割と責任については，「提言法案」第3条で明確にしている。本条第1項で「市町村は，福祉を必要とする高齢者・障害者に対し，福祉の実施義務を負うとともに，福祉の実施に必要な福祉サービスを整備しなければならない」とする。また，第1条においても「この法律は，日本国憲法第13条，14条，25条の理念にのっとり，生活上の支援など福祉を必要とする高齢者・障害者に対して，市町村が福祉を実施することで，それらの人の健康で文化的な，人間としての尊厳が保たれた生活を保障することを目的とする」とすることから，市町村については，整備上の不備などを含めた拒絶，回避が一切認められない実施責任の履行を要求する。

　つぎに，第3条第2項では，「都道府県は，福祉の実施が適正かつ円滑に行われるよう，市町村に対する必要な助言及び情報の提供その他の援助を行うとともに，市町村では実施が困難な広域的施設の設置などの福祉サービスの整備及び市町村間の格差是正のための施策を講じなければならない」とする。都道府県に対しては，市町村に対する支援，広域的サービスの整備・実施，地域間格差の縮小など，広域的自治体としての役割を重視して責任を課す。最後に，本条第3項では，「国は，福祉の実施を行うための全国的な最低基準を設定するとともに，この法律の制度設計，円滑な施行及び実施に伴う費用負担について最終責任を負う」として，国に対しては，ナショナル・ミニマムを視野に入れた組織管理責任，および財政責任を重課するのである。

　くわえて，本条第4項・第5項では，国，都道府県，市町村に対して，「障害者・高齢者の立場に立った」制度内容に関する十分な情報提供義務，申請や

相談を受けたときの給付内容や申請手続きなどの教示義務などを課している。これは，前節の介護保険優先原則の問題点でもみられた，行政と受給者の情報の格差に配慮したものである。国や自治体の役割と責任を明確化して，前節で示した介護保険優先原則に関する法規制と自治体運用のように，互いに責任を押しつけあうことを回避したのである。

　ここで，国の財政責任を重く課した理由について触れたい。第22条～第24条によれば，政府間の財源負担割合は国80％，都道府県10％，市町村10％となる。地方財政の拡充が可能であるならば，現行障害者福祉制度（自立支援給付）と同様の公費負担割合である国50％，都道府県25％，市町村25％でも問題はないと考えたが，あえてこの比率としている。ちなみに，生活保護制度は，国75％，都道府県12.5％，市町村12.5％の公費負担割合ではあるが，福祉事務所（市町村・県）による受給抑制政策の歴史と現状がある。これを踏まえれば，「提言法案」が示した比率でも，市町村による受給抑制政策の可能性は否定できない。しかし，現行の障害者福祉制度（自立支援給付）の公費負担割合よりは，相対的に財政的な受給抑制圧力は低いと考えた[14]。さらに，「骨格提言」のなかでホームヘルプにかかる国の負担割合について議論されているように，ホームヘルプに限らず社会資源の地域間格差はきわめて大きい。この縮小をめざして，ナショナル・ミニマムという視点から，権利としての必要十分なサービス提供を保障するためにも，国の負担割合を高めて財政責任を重課したのである。

　ところで，前節でみたように介護保険制度と障害者福祉制度を「選択」「併用」するためにも，また年齢の区別なく「福祉の必要性」にもとづいて福祉を給付するためにも，高齢者福祉と障害者福祉の双方に精通する職業的専門家が

14）　しかし，この政府間の公費負担割合に関しては，現時点では問題があると考えている。1980年代ばまで継続された公費負担割合に戻したものだが，実施責任を負う市町村に，10％といえども財源負担を求めている。福祉の実施に必要十分な量と質を担保するためには，国と都道府県との間の負担割合はともかく，市町村に財源負担を求めるべきではなかったと考えるからである。

必要である。そこで，第5条では新たに「社会福祉専門員」を規定し，担当させるとしている。「社会福祉専門員」とは，「厚生労働大臣の免許を受けて，福祉を必要とする高齢者・障害者との協議・調整を行い，福祉サービス計画の原案を作成し，高齢者・障害者が健康で文化的な，人間としての尊厳が保たれた生活を営むために必要な支援を行うことを業とする者」をいい，第8条では，「市町村は，福祉の実施を行うため，福祉の実施の対象者20人に対して1人以上の社会福祉専門員を置かなければならない」と規定している。

　「提言法案」の条文上にはないが，伊藤（2013）によれば，「社会福祉専門員」の身分は，「公務員」を基本として，社会福祉士の有資格者に研修をおこない，市町村が常勤の公務員として採用するとしている。また，現段階では，ケースワーカー（公務員）や介護支援専門員・相談支援専門員に研修をおこなうことで増員することも考えている。そして，「社会福祉専門員」は「市町村長からの指揮監督ラインから独立」した立場にするとしている（伊藤（2013）66・67ページ）。ただし，「社会福祉専門員」を市町村長の指揮命令系統から外すと想定しているが，「公務員」という立場であればこれも難しく，むしろ「公認会計士」のごとく独立した第三者として存在した方が，市町村からの受給抑制圧力から解放されるのではないかという議論がなされたのも付加しておく。また，前節では介護支援専門員などの労働条件の厳しさ（相談支援専門員は担当件数がさらに多くなりより厳しいと指摘する意見もある）などの問題点を踏まえ，同時に十分なモニタリングを実施する必要から，第8条では福祉の実施の対象者数を制限しているのである。

4-2　公費負担方式の採用と利用者負担のあり方

　現行介護保険制度にもとづく社会保険方式の問題点を指摘することで，この「提言法案」が公費負担方式を採用した理由について述べる。まず，保険料負担に対する低所得者への配慮の欠如が指摘できる。第1号被保険者を前提に説明すると，現行制度は世帯員全員が住民税非課税からなる世帯からも保険料を徴収する。本来，公費負担方式をとれば，最低生計費非課税の原則によって，

第2章　障害者福祉と高齢者福祉の近接政策における課題と展望　47

（消費税は別としても）所得税や住民税であれば課税されることはなく，財源負担は生じないであろう。また，保険料の設定に際して「低所得者」へ配慮するとするが，約5割程度（後でみる文京区の場合でも45%）の軽減しかしない。

　つぎに，保険料負担が強い逆進性をもつのも大きな問題である。ここでは，文京区の第1号被保険者（2012〜2014年度）にかかる保険料を例にしたい（表2-3）。文京区では，保険料負担の所得階層を12段階（実質は11段階）と多段階に設定し，さらに負担額も他の自治体に比べて逆進性を緩和するように配慮している。それでも，世帯の合計所得金額に占める保険料負担率は，合計所得金額が100万円の世帯で7.1%（年額7万1,200円），250万円の世帯で4.0%（10万300円），500万円の世帯で2.3%（11万6,500円），750万円の世帯で1.7%（12万9,400円），1,000万円の世帯で1.4%（14万2,300円），2,000万円の世帯で0.8%（15万5,300円）となる。つまり，仮に世帯合計所得が250万円の世帯と1,000万円の世帯とを比較すれば，所得が約4倍になると負担率は約3分の1で済むということになる。他の自治体よりも明らかに逆進性緩和に配慮した文京区でさえ，著しい不平等が存在することがわかる。

　また，社会保険方式である現行制度が，保険料を50%，公費を50%として，固定したことも問題である。この財源構造から，公費の上昇抑制と保険料の上昇抑制が結びつくことになる。よって，公的責任の後退を意図した，公費負担の削減を目的とする受給抑制システム（後述する「利用者負担」など）を採用して，介護給付（費）の抑制を促進しても，それが国民の保険料負担の軽減にもなり，国民にその必要性を容認させるという歪んだ構造をもつ。

　くわえて，社会保険方式は，純粋な私保険と異なり，公費負担や企業負担が存在して，一定の政策的配慮を有するという性格をもつ。だが，保険料を支払った者どうしが，共同してその保険リスクに備えるという，まさに私保険と同様の性格をも維持しつづける。したがって，財源上公費負担等の割合がいかに高くても，保険料を支払えない者を排除して，その権利性をも奪い取る。これが，社会保険のもつ「自助」的性格であり，「排除性」と呼ばれる（本間(2007) 217ページ）[15]。現行介護保険制度も，保険料を滞納した者にはペナルテ

表 2-3 文京区の第 1 号被保険者の保険料額

所得段階	対象者	2012〜2014 年度（年額）	基準額に対する比率
第 1 段階	生活保護の受給者，老齢福祉年金の受給者で世帯全員が住民税非課税の人	29,100 円	0.45
第 2 段階	世帯全員が住民税非課税で本人の課税年金収入額と合計所得金額の合計が 80 万円以下の人	29,100 円	0.45
第 3 段階	世帯全員が住民税非課税で第 2 段階対象者以外の人	45,300 円	0.70
特例第 4 段階	第 4 段階の人で，本人の課税年金収入額と合計所得金額の合計が 80 万円以下の人	55,000 円	0.85
第 4 段階（基準額）	本人が住民税非課税で世帯に住民税課税者がいる人	64,700 円	1
第 5 段階	本人が住民税課税で合計所得金額が 125 万円以下の人	71,200 円	1.10
第 6 段階	本人が住民税課税で合計所得金額が 125 万円を超え 250 万円未満の人	80,900 円	1.25
第 7 段階	本人が住民税課税で合計所得金額が 250 万円以上 500 万円未満の人	100,300 円	1.55
第 8 段階	本人が住民税課税で合計所得金額が 500 万円以上 750 万円未満の人	116,500 円	1.80
第 9 段階	本人が住民税課税で合計所得金額が 750 万円以上 1,000 万円未満の人	129,400 円	2.00
第 10 段階	本人が住民税課税で合計所得金額が 1,000 万円以上 2,000 万円未満の人	142,300 円	2.20
第 11 段階	本人が住民税課税で合計所得金額が 2,000 万円以上の人	155,300 円	2.40

（注）「合計所得金額」とは，収入金額から必要経費に相当する金額（収入の種類により計算方法が異なる。）を控除した金額のことで，扶養控除や医療費控除などの所得控除をする前の金額である。（所得税・住民税の所得割がかからなくても，住民税の均等割がかかる場合は本人課税となる。）

（出所）文京区「介護保険料額について」より一部抜粋・原注一部修正　http://www.city.bunkyo.lg.jp/sosiki_busyo_kaigo_01seidogaiyou_02hokenryou_hokenryougaku.html（2014 年 3 月 31 日）。

ィ政策を採用している。

　たとえば，第 1 号被保険者では，滞納期間が 1 年を超えると，給付の現物給

---

15)　また，里見賢治氏は，社会保険方式と公費負担方式（主たる財源は税だが負担金・使用料なども含む）を比較するうえで，普遍性・権利性・公平性・選択性という 4 つの基準を設定して分析し，公費負担方式が望ましいという結果を導いている（里見（1999），65-84 ページ）。

付から償還払い化，1年半を超えたときには，保険給付の一部あるいは全部の差し止め，また，2年を超えたときには，滞納期間に応じた期間，保険給付率が9割から7割への引き下げ（自己負担率が1割から3割に上昇），また高額介護サービス費等の支給の停止などがある[16]。公費負担方式であれば，このように保険料の納付実績によってペナルティが課されるということはない。

したがって，社会保険方式の排除性は，とくに低所得者層の生活を破壊し，生命の維持さえ危うくする。よって，全国民の生存権・生活権をはじめとした基本的人権の保障が社会福祉の主たる目的であるとすれば，社会保険方式は，社会福祉の制度としては大きな欠陥をもつ。さらに，前に述べた保険料負担の不公正や不平等性，受給抑制的性格などの現行介護保険制度の問題点を，同時にすべて払拭するためには，公費負担方式を採用すべきであると考えたのである[17]。

つぎに，この「提言法案」が，利用者負担を廃止して，現物給付（無償）とした理由について述べたい。社会福祉における「利用者負担」の経済的・財政的効果は，2つある。ひとつは，直接的な財政支出削減機能で，本人（あるいは家族）に負担を転嫁することで公費を減少させることである。もうひとつは，受給抑制機能であり，過重な負担を要求することで，福祉の受給をあきらめさせ，間接的に財政支出削減を促進することである。

現行介護保険制度において，「応益負担」を採用して，さらに食費などの居

---

16) 日本障害者協議会・障害と高齢 WG の調査の一環として，埼玉県 F 市の介護支援専門員におこなったヒアリング調査（2012 年 2 月 10 日）で，介護保険の利用者負担が3割負担となっている利用者が存在し，デイサービスの利用を予定した回数よりも減らさざるをえなかったと聞いた。一例ではあるが，滞納のペナルティによる受給抑制の実態が明らかとなった。

17) なお，これまでの社会保険料の企業負担分（事業主負担分）については，当研究会では，「社会保障税」として企業に課すこととした。なぜなら，長時間労働や不安定就労など，厳しい労働環境をもつ現代の経済社会システムのあり様を考えれば，労働者・その労働を支えた家族に生じる現在あるいは老後の障害（要介護状態）と，労働とは到底無関係であるとはいえず，国民の介護に対しての企業のもつ社会的責任を否定すべきではないと考えたからである。

50

住費用を原則自己負担化したのは，これらの機能の強化を目的としたといえよう。とくに「応益負担」は，「1. はじめに」で述べたように，障害の自己責任化と結びつくものだが，福祉の市場化・営利化とも関連を有する。福祉の受給を，所得・資産の範囲内で，一般の商品と同様に，市場から量的に多く「購入」する者に，多くの「対価」＝負担を求めたことと同意義だからである。すなわち，福祉を「商品」化したことにほかならない。所得・資産の実態，福祉の「必要性」を無視したこの制度は，低所得者層を中心として福祉を必要とする者に受給をあきらめさせ，受給者としての権利そのものも奪い取るのである。

　さらに，この「提言法案」では，「応益負担」や食費等の原則自己負担ばかりでなく，障害者総合支援法の利用者負担が「応能負担」か否かは別としても，「応能負担」を含んで，「利用者負担」を課すことそのものが問題であるとした。その理由は 2 つある。ひとつは，「応能負担」を採用してもなお，1980年代の史実（「費用徴収制度」導入時）が示すように[18]，負担階層の設定方法において政府の恣意性を残し，受給をあきらめざるをえない状況がつくられる可能性が高いためである。そして，もうひとつは，「応能負担」が，「応益負担」とともに「受益者負担原則」と呼ばれるように，障害をもたない（要介護状態にない）とされる非障害者・高齢者（あるいは家族）にとっては負担の必要のない費用であり，福祉給付を「受益」とみなしたことで経済的な負担が生じたといえるからである。「応能負担」といえども，その負担は，障害（要介護状態）の「自助」性を残すものであり，その責任を本人に帰着させること，あるいは家族が負担する場合には家族依存型福祉の継続に結びつく。要介護高齢者や障害者にとっての福祉の受給は，「利益」ではなく「権利」であって，また障害は自己責任に帰着させるべきではないと考えた。したがって，あらゆる形態の

---

18)　全国社会福祉協議会授産施設協議会の『費用徴収実施調査報告書』(1990) によると，制度実施以来，入所希望者の費用徴収を理由とした入所保留が生じるとともに，この制度導入を直接の理由とした施設退所者が約 500 名弱存在したとしている（矢嶋 (1995)，100 ページ）。

「利用者負担」を否定したのである[19]。

5. お わ り に

『高齢者のための国連原則』（1991 年）では，高齢者も「人間としての尊厳」や「自立」，「社会参加」が保障されるべき存在であることがうたわれている。要介護高齢者や 65 歳以上の障害者などが，65 歳未満の障害者よりも劣った福祉水準のもとでの生活が強いられるべきではないことは明らかである。もちろん，その逆もありえない。すなわち，障害をもった（要介護状態になった）年齢や原因疾病によって，利用できる福祉制度が異なり，社会的・経済的な差別が生じてはならないと考える。介護保険制度は，障害福祉制度と比べて，訪問看護や住宅改修の制度化など優れている点もある。しかし，利用者負担や保険料負担などの経済的負担の内容，サービスの内容・運用において受給抑制的性格

19）ここで，「骨格提言」における利用者負担のあり方について批判的に考察したい。「骨格提言」が，「障害に伴う必要な支援は，原則無償とすべき」としたことは評価に値するが，「高額な収入のある者には，収入に応じた負担を求める」とした点は，問題があるといわざるをえない。それは，本文で指摘したように，「応能負担」ひいては「受益者負担」的要素を残したからである。たしかに，障害者「本人」に「高額な収入」があるのであれば，家族依存型福祉からの脱却は可能であろう。しかし，「障害に伴う必要な支援」は，いかなる例外もなく「無償」としない限り，障害の自己責任化は免れないからである。
　くわえて，「他の者との平等の観点から，食材費や光熱水費等の誰もが支払う費用は負担すべき」として，施設利用時の「食費」を「食材費」と食事作成のための人件費等に分け，後者を無償としていることも評価できよう。だが，「食材費」についても，家内や外食では自ら食事内容（メニュー）を選択できるのに対して，施設では通常選択できない実態を踏まえれば，安易に「他の者との平等」が成立しているとはいえず，再考する必要があるといえよう。
　さらに，本章では障害児の利用者負担については触れていないが，「骨格提言」では「世帯主」の所得により判断するとした。しかし，これでは，障害児のもつ障害に対する責任は，社会ではなく，世帯主（多くの場合，親）がもつことになる。障害児の生活支援にかかわる特別な経済的な負担と，非障害児とされる子どもの一般的な養育にかかわる費用とを混同し，家族依存型福祉の継続をもたらすとともに，障害児本人も親の経済的負担をもって障害の自己責任を感じるのではないだろうか（「骨格提言」55 ページ，荻原（2012），17 ページ）。

が強いのはこれまで述べたとおりである。また，要介護高齢者も，介護保険制度にはない「社会参加」型の外出・移動支援が必要であろう。これら介護保険制度の問題点が，介護保険優先原則の弊害に直結するとともに，財政問題としての（以前の）介護保険統合問題とも連動する。

　しかし，1990年代半ばにはじまり，現政権下においてより一層勢いを増して，自助や共助を強化する政策が推進されている。たとえば，1995年の社会保障制度審議会の「社会保障制度の再構築——安心して暮らせる21世紀の社会をめざして——」では，社会保障制度を支える基盤は「自立と社会連帯」であるとした。「自立」は自助，「社会連帯」はボランティアの活用などもあるが，社会保険を中心とする共助概念と結合する。それが，1997年の介護保険法の制定や2000年の社会福祉基礎構造改革，2000年代半ばの介護保険制度改革を含む社会保障構造改革と連動する。

　また，社会保障制度改革推進法（2012年）では，第2条で「自助，共助及び公助が最も適切に組み合わされるよう留意しつつ」としながらも，自助（「家族相互」の「助け合い」）と共助（「国民相互」の「助け合い」）を通じて，国民の自立した生活を支援することが社会保障制度改革の基本原理であるとする。さらに，社会保障の受給の「必要性」という本来的目的を無視して，納税者や保険料負担者の負担抑制という観点から，社会保障の給付抑制を目的とする改革であることを明確化する[20]。くわえて，公助，公的責任にもとづく公費負担は，

20）　ちなみに，現政権の与党である自由民主党が示した「社会保障制度改革基本法案（仮称）骨子」（2012年6月7日）では，「基本理念」のなかで，明確に自助，共助，公助の優先順位を説明している。「社会保障の目的である国民の生活の安定等は，自らの生活を自ら又は家族相互の助け合いによって支える自助・自立を基本とし，これを相互扶助と連帯の精神に基づき助け合う共助によって補完し，その上で自助や共助では対応できない困窮等の状況にある者に対しては公助によって生活を保障するという順序により図られるべきであり，社会保障制度改革に当たっては，税金や社会保険料を納付する者の立場に立って，負担を抑制しつつ必要な社会保障が行われる制度を構築」するとしている。責任概念と関連させれば，自助・自己責任が最前列に置かれ，ついで共助・「社会連帯」責任概念が重視され，公助・公的責任が最後方に押しやられている。このような考え方が，社会福祉領域においては，納税者や保険料負担者の社会福祉に対する負担抑制を目的に，無視・放置政策の継続や利

個人保険料の高騰と低所得者層の増大によって矛盾が生じて，信頼性が失墜し維持が困難な社会保険制度（共助）のために集中させるとしている（荻原（2013）78-80ページ）。

　持続可能な社会保障制度の確立をはかるための改革の推進に関する法律（2013年）（いわゆる「社会保障プログラム法」）では，第2条で，さらに進んで医療や介護における自助（「自助・自立のための環境整備等」）のみが強調され，また「政府は，住民相互の助け合いの重要性を認識し，自助・自立のための環境整備等の推進を図るものとする」として，共助概念でさえ，社会保険を薄めて，地域社会・ボランティアへの依存を高めている。介護保険制度においては，第1号被保険者の保険料にかかる低所得者の負担の軽減をはかるとしているが，一定以上所得者の1割から2割への利用者負担の強化，要支援高齢者の保険利用の希薄化，家事援助のボランティア活用の重視，特別養護老人ホームの入所利用の制限などが画策されている。

　現行介護保険制度と障害者福祉制度は，現在推進されている介護保険制度の改定がおこなわれれば，さらなる乖離が予想される。そして，介護保険優先原則の弊害，要介護高齢者に生じる問題もより大きくなる。そればかりか，保険主義の徹底をはかる政策の推進から，「基本合意」が今以上に蔑ろにされることがあれば，現行障害者福祉制度はいわゆる「ガラパゴス化」が生じていると非難され，介護保険優先原則の放置のみならず，障害者福祉領域の介護保険への統合が再び模索されるのではないかと危惧される。

　最後に，「障害者・高齢者総合福祉法」の「前文」は，つぎのように結んでいる。「この法律に基づいて，障害者・高齢者福祉分野にとどまらず社会保障領域の既存の法令・条例を見直し，日本国憲法第13条，14条，25条の理念を実現するための施策が実現されること，それにより，日本に暮らすすべての人々が『健康で文化的な』生活を営み，その多様な個性にしたがって平等に扱

用者負担の強化，ボランティアの重視，保険制度維持のための給付範囲の縮小などを志向する現政権の政策に反映されているといえよう。

われ，『個人として尊重され』，『幸福』を享受することができる社会の実現を期待して，本法を制定する」と。本章では，障害者福祉と高齢者福祉の近接政策の接合をテーマに，その課題と展望をみてきた。この2つの福祉政策分野が突破口となって，現在の自助を重視して共助で補完する社会保障政策のあり方を見直し，大きく舵を逆に切ることで，すべての国民に基本的人権が保障されて，生命の維持や生活の安定に資する政策形成がはかられるべきであると考える。

参 考 文 献

浅田達雄（2013）「平成25年（行ウ）第16号　行政処分取消等請求事件　原告浅田達雄　被告岡山市　意見陳述書」11月27日。

伊藤周平（2013）「障害者・高齢者総合福祉法の構想と概要―権利としての総合福祉法の実現をめざして―」障害者生活支援システム研究会編『権利保障の福祉制度創設をめざして［提言］障害者・高齢者総合福祉法』かもがわ出版。

井上泰司・塩見洋介（2005）『障害保健福祉改革のグランドデザインは何を描くのか』障害者生活支援システム研究会編，かもがわ出版。

井上泰司・峰島厚・濱畑芳和・荻原康一・伊藤周平（2013）『権利保障の福祉制度創設をめざして「障害者・高齢者総合福祉法」（案）の提案にあたって・解説版』障害者生活支援システム研究会［頒布資料］，大阪障害者センター・障害者生活支援システム研究会。

荻原康一（2005）「障害者自立支援法案と患者・利用者負担―障害者の医療制度分野を中心として―」（『国民医療』第211号）国民医療研究所。

荻原康一（2012）「『障害者総合支援法案』の性格と問題点」（『国民医療』第296号）国民医療研究所。

荻原康一（2013）「日本の社会保障改革とその財源―なぜOECD諸国並みの社会支出が実現できないのか―」障害者生活支援システム研究会編『権利保障の福祉制度創設をめざして［提言］障害者・高齢者総合福祉法』かもがわ出版。

厚生労働省資料（2006）「障害者自立支援法の円滑な運営のための改善策について」12月。

厚生労働省資料（2008）「障害者自立支援法の抜本的な見直しに向けた緊急措置」1月。

厚生労働省通知（2007）「障害者自立支援法に基づく自立支援給付と介護保険制度との適用関係等について」（障企発第0328002号／障障発第0328002号，2007年3月28日）。

里見賢治（1995）「社会保険方式の再検討」社会政策学会編『高齢社会と社会政策』ミネルヴァ書房。

自由民主党（2012）「社会保障制度改革基本法案（仮称）骨子」6月7日。

障害者自立支援法違憲訴訟原告団・弁護団と国（厚生労働省）との基本合意文書
　　（2010）1 月 7 日。

障がい者制度改革推進会議・総合福祉部会（2011）『障害者総合福祉法の骨格に関
　　する総合福祉部会の提言―新法の制定をめざして―』8 月 30 日。

白沢仁（2005）「障害者福祉施策の必須課題と障害者運動の今後」峰島厚・白沢
　　仁・多田薫編『障害者福祉制度改革　なにが問題か―障害者自立支援法とわた
　　したちの願い―』全国障害者問題研究会出版部。

瀧澤仁唱・渡辺治・峰島厚・伊藤周平・荻原康一・佐藤久夫・井上泰司・鈴木勉
　　（2013）障害者生活支援システム研究会編『権利保障の福祉制度創設をめざし
　　て［提言］障害者・高齢者総合福祉法』かもがわ出版。

日本障害者協議会（2008）「障害者自立支援法の影響に関する事例調査〈JD 調査・
　　2007〉」『厚生労働科学研究費補助金　障害保健福祉総合研究事業　障害者の所
　　得保障と自立支援施策に関する調査研究　平成 19 年度　総括研究報告書』。

文京区（2014）「介護保険料額について」http://www.city.bunkyo.lg.jp/sosiki_busyo_
　　kaigo_01seidogaiyou_02hokenryou_hokenryougaku.html（2014 年 3 月 31 日）。

本間照光（2007）「公的介護保険と社会政策」石畑良太郎・牧野富夫編著『新版
　　社会政策―構造改革の新展開とセーフティネット―』ミネルヴァ書房。

毎日新聞（2003）「支援費制度：障害者のヘルパー利用時間に上限　厚労省が一転」
　　1 月 10 日。

民主党（2009）「政権政策―マニフェスト 2009」7 月。

矢嶋里絵（1995）「障害者施設における費用徴収」小川政亮・垣内国光・河合克義
　　編『社会福祉の利用者負担を考える』ミネルヴァ書房。

山崎光弘・荻原康一（2013）「介護保険優先原則に関する提言」『〈すべての人の社
　　会〉に向けて―障害者政策・6 つの WG の提案』日本障害者協議会・障害と高
　　齢 WG［頒布資料］，日本障害者協議会。

山本敏貢（2006）「障害者自立支援法のサービス利用に関する全国影響調査結果報
　　告―『負担』が増えても削れない『福祉サービス利用』これ以上の『負担』に
　　は耐え切れない！新法は援助を向上させたか？」大阪障害者センター・障害者
　　生活支援システム研究会，10 月。

横山壽一（2003）『社会保障の市場化・営利化』新日本出版社。

第 3 章

2012年公的年金改革における高齢低所得者対策
――年金生活者支援給付金法を中心に――

1. はじめに

2013年12月，生活保護法改正案と生活困窮者自立支援法案が衆議院で可決・成立した。生活保護法の改正には不正受給対策の強化，親族扶養義務の強化が盛り込まれており，保護受給の入り口を一層閉め込む政府の方針が明確に打ち出されたといっていいだろう。もちろん，その背景には生活保護受給者数の急速な増加がある。厚生労働省『被保護者調査』によると2013年12月の月間被保護世帯数は約159万8千世帯，被保護実人員数は約216万7千人であり，前年同月比でそれぞれ1.73％と0.75％増加している。このうち高齢者世帯[1]は約72万2千世帯であり，被保護世帯全体の45.2％と約半数を占めている。

生活保護受給者の増加と並んで，日本における格差および貧困の拡大という現象に関心が集まっており，これらの問題を取り扱った研究が盛んにおこなわれている。一連の研究成果から，高齢者はもっとも格差が大きく，貧困に陥り

---

1) 男女とも65歳以上の者のみで構成されている世帯か，これらに18歳未満の未婚の者が加わった世帯。

やすいグループのひとつであることは共通認識となっている。たとえば，大竹（2005）は，90 年代の格差拡大の主要因は，格差の大きい高齢者の全国民に占める割合が高くなったためであると論じている。また，橘木・浦川（2006）は，1995 年から 2001 年にかけて，高齢者世帯の貧困レベルは減少しているものの，依然として深刻な貧困層が多数存在していると述べている。格差・貧困研究の成果は，社会保障が本来目的とする国民の最低生活の保障が，十分に達成されていないことを示している。

このような状況のもと，2012 年に公的年金制度の改正がおこなわれた。この改正には高齢低所得者対策を意図した内容がいくつか盛り込まれている。そのなかでも年金生活者支援給付金法（以下，「支援給付金法」）の成立は，低所得者を対象とした新たな現金給付制度として注目に値する。本章では支援給付金法の成立過程を確認するとともに，その意義や問題点を検討する。

2. 年金生活者支援給付金法の成立過程

2-1 社会保障・税一体改革成案

2011 年 6 月 30 日，政府・与党社会保障改革検討本部は，当時与党であった民主党の社会保障および税制改革の具体的方針を示した『社会保障・税一体改革成案』（以下，「一体改革成案」）をとりまとめた。このなかで，年金の改革項目としては最低保障年金を含む新しい年金制度の創設，現行制度の改善，業務運営の効率化などが記されていた。

新しい年金制度とは，所得比例年金と低年金者を対象とした最低保障年金を組み合わせたものであり，両方あわせて最低 7 万円を受給できるようにするというものである。ただし，新しい年金制度の創設に関しては「国民的な合意に向けた議論や環境整備を進め，実現に取り組む」として，明確な法案提出時期は示されていない。一方で，現行制度の改善は，「税制抜本改革とともに，2012 年以降速やかに法案提出→順次実施」と 2012 年度中の法案提出が明記されている[2]。新しい年金制度の創設に向けた具体的議論を進める間のいわばつなぎとして，現行の制度の改善をおこなう算段であったといえるだろう。

表 3-1　一体改革成案の年金改革計画

Ⅲ 年金 ○国民的な合意に向けた議論や環境整備を進め，「新しい年金制度の創設」実現に 　取り組む。 ・所得比例年金（社会保険方式），最低保障年金（税財源） ○年金改革の目指すべき方向性に沿って，現行制度の改善を図る。 ・最低保障機能の強化＋高所得者の年金給付の見直し ・短時間労働者に対する厚生年金の適用拡大，第 3 号被保険者制度の見直し，在職 　老齢年金の見直し，産休期間中の保険料負担免除，被用者年金の一元化 ・マクロ経済スライド，支給開始年齢の引上げ，標準報酬上限の引上げなどの検討 ○業務運営の効率化を図る（業務運営及びシステムの改善）。

（出所）政府・与党社会保障改革検討本部（2011）6 ページより抜粋。

　一体改革成案における最低保障機能の強化の中身は，低所得者への加算，障害基礎年金への加算，受給資格期間の短縮の 3 点であった[3]。支援給付金は，この低所得者への加算と障害基礎年金への加算が起点となっている。一体改革成案では年収 65 万円未満（単身の場合）の者等に対して，月額 1.6 万円を加算するという案が示されており，最低保障機能の強化に要する費用は，高所得者の年金給付見直しによる税収増を加味して 0.6 兆円程度と試算されている。その後，新たに招集された社会保障審議会年金部会[4]（以下，「年金部会」）の議論を経て，2012 年 3 月 30 日に低所得者への加算などを盛り込んだ「公的年金の財政基盤及び最低保障機能の強化等のための国民年金法等の一部を改正する法律」（以下，「年金機能強化法案」）が国会に提出された。しかし，国会での審議のなか，民主党，自民党，公明党との三党合意を反映して，低所得者への加算が年金機能強化法案から削除され，代替案として「年金生活者支援給付金の支給に関する法律」（以下，「支援給付金法」）が提出されることとなり，11 月 16 日に

---

2)　政府・与党社会保障改革検討本部（2011）別紙 2『社会保障改革の具体策，工程及び費用試算』4 ページ。

3)　政府・与党社会保障改革検討本部（2011）別紙 2『社会保障改革の具体策，工程及び費用試算』4 ページ。

4)　以下，本章で参照する社会保障審議会年金部会の議事録および資料は厚生労働省HP（http://www.mhlw.go.jp/stf/shingi/2r98520000008f07.html#shingi126721；2014 年 7 月 1 日確認）に掲載されているものである。

60

成立した。

支援給付金法は，年金機能強化法案のなかの低所得者への加算に相当するものであるが，その給付は年金制度とは別個の福祉的給付という位置づけとされた。表3-2は一体改革成案，年金機能強化法案，支援給付金法それぞれの給付対象，給付額についてまとめたものである。給付額は，一体改革成案では保険料納付実績を考慮せず一律1.6万円としていたのに対して，年金機能強化法案，支援給付金法では保険料納付期間，免除期間に応じて給付額を増減させる仕組みへと変更されており，それぞれ性格が異なる。以下では，なぜ給付内容が変更されたのか確認していこう。

年金部会第1回の審議では一体改革成案が資料として添付され，そのなかの現行の制度の改善項目に沿って議論を進めていくことが確認されている[5]。年

表3-2　一体改革成案の加算，年金機能強化法案の加算，支援給付金法の概要

	給付対象	給付額
一体改革成案	年収84万円以下。	年収65万円（月5.4万円）以下に一律に月額1.6万円。年収65万〜84万円は加算額と合計して年収84万円になるように低減して給付。
年金機能強化法案	家族全員が市民税非課税であり，本人の年収が老齢基礎年金満額（77万円）以下。	一律6,000円。免除期間に応じて最大，基礎年金満額の1/6相当額を加算。
支援給付金法	家族全員が市民税非課税であり，本人の年収が老齢基礎年金満額（77万円）以下，およびそれを上回る一定の範囲内（未定）。	保険料納付期間に応じて最大5,000円。免除期間に応じて最大，基礎年金満額の1/6相当額を加算。本人の年収が老齢基礎年金満額を上回る者に所得の逆転が生じないよう補足的給付。

（出所）社会保障審議会年金部会資料を元に筆者作成。

5)　「社会保障・税一体改革成案に盛り込まれました改革項目の実現に向けた検討ということをこの部会でお進めいただければという点でございます。（中略）この部会での御議論というのは，現行制度の改善というところに当面焦点を当てた議論ということであるのではないかということでございます。」社会保障審議会年金部会第1回議事録，藤原総務課長の発言。

金部会の審議の経過で，まず注目されるべきは最低保障機能の強化と高所得者の年金額調整を議題とした第 2 回の審議である。このとき，政権交代以前の2009 年 5 月 26 日まで運営されていた前身の年金部会の報告書[6]と，その要約を含む「現在の公的年金制度の課題と改革の方向性について」と題する資料が添付されている。これらは，前身の年金部会でも一体改革成案と同様の問題意識があった旨を説明するためのものであるが[7]，厚生労働省は，その報告書を低所得者への加算に関する論点の形成にも利用している[8]。そして，ここで提示された論点がその後の年金部会の議論を方向づけることとなる。

　提示された論点には，たとえばつぎのようなものがある。現行の年金制度でも厚生年金の加給年金など，受給者の生活状況を考慮した加算が存在することから，低所得者への加算についても年金制度内に位置づけることができるのではないかというものである。一方で，年金制度内に位置づけるならば，「給付と負担の関係性を必要以上に損なわないこと」，「保険料の納付意欲に悪影響を与えたり，モラルハザードを生じさせないようにすること等に留意」，「年金を受給していない者は対象としない」[9]といった考え方が提示されている。また，加算額についても定額制とした場合，低所得者対策としては効果が高いが，確信的な未納者に対しても加算がつくと指摘し，保険料納付実績に応じた定率制も提案されている[10]。これらの論点は，その後の審議で，保険料納付実績に応じて加算額が変動する方式に結びついていくことになる。こうした方式はいわゆる保険主義に相当し，一体改革成案の「3 つの理念[11]」のひとつである普

---

6)　社会保障審議会年金部会（2008）。

7)　「高齢者間の所得格差が拡大しているとの指摘等とあいまって，無年金・低年金者が存在するという実態に焦点が当たるようになってきている。」，「未納問題や無年金・低年金問題といった現行制度の問題に関して，基礎年金の最低保障機能の強化等が大きな課題とされている。」第 2 回社会保障審議会年金部会資料 1『現在の公的年金制度の課題と改革の方向性について』6 ページ。

8)　第 2 回社会保障審議会年金部会資料 3『低所得者等への加算について』。

9)　第 2 回社会保障審議会年金部会資料 3『低所得者等への加算について』8 ページ。

10)　第 2 回社会保障審議会年金部会資料 3『低所得者等への加算について』10 ページ。

11)　一体改革成案では「3 つの理念」として「①参加保障，②普遍主義，③安心に基づ

62

遍主義に反するものである。

2-2 低年金となる理由

　まず議論の中心となったのが，なぜ低年金が生じるのかという問題であった。基礎年金を満額受給できなくなる主な理由としては，カラ期間によるもの，繰上げ受給によるもの，保険料の免除や未納によるものの3つがある。カラ期間とは1986年に基礎年金制度が導入される以前，被用者年金加入者の配偶者に年金制度への加入が義務づけられておらず，任意加入の国民年金に加入していなかった期間を指す。カラ期間は年金額の計算に反映されないため，主として専業主婦であった受給者が低年金となる。この問題に対しては，被用者年金受給者である配偶者の年金に，加給年金や振替加算などが加算されることもあり，ほとんど議論の対象となっていない。繰上げ受給とは，通常の年金受給開始となる65歳以前に申請により受給を開始する制度で，もっとも早くて60歳時点から基礎年金を受給開始することができる。早く受給するほど年金額の減額が大きくなり，60歳から繰上げ受給をすると約30%程度減額される。繰上げ受給を利用する理由として，収入不足により減額覚悟で繰上げ受給しているのではないかといった意見も出された。被保険者が繰上げ受給を利用したいと思う理由を聞いた調査でも，もっとも多い回答が「長生きできると思っていないから」，2番目に多い回答が「早く生活費の足しにしたいから」であった[12]。しかし，支払った保険料に対する公平性といった観点から，繰上げ受給を利用している受給者を低年金とみなすことに関しては否定的な見解となった。同様に保険料未納によって生じる低年金に関しても，モラル・ハザードを防止するためにも未納者が得する仕組みとするべきではなく，未納期間に対して加算するべきではないとされた。一方で，保険料免除に関しては，保険料の納付率を上げるためにも，きちんと免除制度を利用した受給者は救済すべき対

　く活力」があげられている。政府・与党社会保障改革検討本部（2011），2ページ。

12)　第6回社会保障審議会年金部会資料3『委員から要望のあった資料』14-18ページ。

象であるとする意見が出た[13]。こうして，加算の仕組みは一体改革案の低年金となる理由を問わず一律1.6万円ではなく，保険料納付期間，免除期間それぞれに応じた加算に分離されることとなった。免除期間に対する加算は，免除期間に応じて基礎年金満額の6分の1を加算するという案が第11回の審議で厚生労働省より出され，これが採用された。この加算額の案は，2009年度より基礎年金給付に対する国庫負担が2分の1に引き上げられたことにより，免除期間に対する年金額計算方法が変更されたことを踏まえてのものである。これまで3分の1として計算されていた保険料免除期間に対する年金額も，国庫負担割合引き上げにともない2分の1に引き上げられた。しかし，2分の1で計算されるのはあくまでも2009年度以降に保険料納付義務が発生した期間に対する給付のみであり，2008年度以前に免除を受けていた期間に対しては3分の1で計算される。現在の年金受給者が被保険者であった期間はほとんど2008年度以前であるため，この計算方法の変更の影響を受けない。厚生労働省の提案は，基礎年金満額の6分の1相当を加算し，この3分の1と2分の1の差を埋めようというものである。

2-3　給付水準の設定

　保険料免除期間に対する加算と分離された，保険料納付期間に対する加算額については，加算によりどの程度の給付水準を確保すべきかといった議論がベースとなり決定されることとなる。一体改革成案の一律1.6万円という額は，民主党が提案する最低保障年金ですべての受給者に保障する月額7万円と，基礎年金の平均受給額月額5.4万円との差額から求められたものである。月額5.4万円を年収換算した年収65万円までは一律1.6万円給付し，年収65万円

---

13)　「その免除制度を，一生懸命書類を書きながら免除の手続を取られている方がいるわけで，そういった人は，本来的に救っていいんじゃないかと考えます。極端に言えば，加算対象を免除対象者に限るとか，自分で払った期間と免除期間を合わせて10年以上あるものとかといった基準にして，免除制度をきちんと活用してもらう方向にもっていかないといけないと思います。」第7回柿木委員の発言。

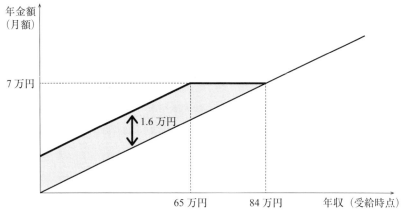

図 3-1 一体改革成案における低所得者への加算概念図

（注）1：単身の場合。世帯の場合には、年収基準を2倍することを検討。
2：年収とは、年金のほか、給与収入や事業所得等を合計したものを指す。
3：加算対象者・加算水準・資産調査の有無等によって財政規模は変動する。
4：加算額の月額 1.6 万円は、7 万円と老齢基礎年金の平均額 5.4 万円の差による。
5：年収 65 万円～84 万円の者に対しては、所得が逆転しないような措置を講じる。
（出所）社会保障審議会年金部会「第 7 回　社会保障審議会年金部会　資料 2」3 ページ。

以上の受給者に対しては、月額 7 万円を年収換算した年収 84 万円になるよう加算額を減額するというのが一体改革成案の仕組みであった（図 3-1）。基礎年金を満額の月額 6.6 万円受給する場合、加算額は月額 0.4 万円となる。この年収 65 万円を超えると合計の受給額は増えないという仕組みについて、保険料納付インセンティブが阻害されるのではないかという指摘がなされた。

ここから年金部会の審議では、基礎年金がどの程度の給付水準を満たすべきであるのかという問題に関しても議論がおよぶ。第 2 回および第 6 回の審議において、基礎年金の給付水準と高齢者の実態生計費や生活保護の基準額との比較が行われている。表 3-3 はその一部を抜粋したものである。1985 年の基礎年金創設時に、基礎年金の給付水準は基礎的消費を賄えるように設計されたものであったが[14]、現時点の基礎年金満額の 6.6 万円は、単身高齢者の基礎的消費 6.8 万円をわずかに下回っている。生活扶助基準額との比較についても 3

第 3 章 2012 年公的年金改革における高齢低所得者対策 65

表 3-3 基礎年金，高齢者の実態生計費，生活保護基準額

(単位：円)

		単身	夫婦
基礎年金月額		65,741	131,482
生計費	基礎的消費	67,819	107,785
	基礎的消費＋保健医療	76,156	122,744
	基礎的消費＋保健医療＋交通通信	89,120	147,396
生活扶助基準額	3 級地-1	66,260	99,990
	2 級地-1	73,540	110,960
	1 級地-1	80,820	121,940

(注) 基礎年金額は 2011 年時点の満額，生計費は総務省統計局『平成 22 年家計調査年報』における単身 65 歳以上（有業者なし）と，夫 65 歳以上，妻 60 歳以上の夫婦世帯（有業者なし）の家計支出，生活扶助基準額は 2011 年度 65 歳単身の場合。基礎的消費は食料，住居，光熱・水道，家具・家事用品，被服及び履物の合計である。
(出所) 社会保障審議会年金部会資料を元に筆者作成。

級地-2 の基準額（6 万 2,640 円）は上回るものの，3 級地-1 以上の基準額を下回る[15]。加算により満額で 7 万円を確保することで，基礎的消費や 2 級地-2 の生活扶助基準額（6 万 9,910 円）をカバーすることができる。

　ところが，第 3 回目の審議において物価スライド特例措置[16]について議論され，特例措置を解消する方向性が示されていた。物価スライド特例措置が解消されると年金額は 2.5％削減されることになるため，基礎年金の満額は月額 6.6 万円から 6.4 万円に下がる。この結果，一体改革成案の加算額では満額受

---

14) 第 6 回社会保障審議会年金部会参考資料『参考資料集』4 ページ。
15) 鎮目（2006）は基礎年金の給付水準と生活扶助基準額とを過去に遡って詳細に比較している。生活扶助基準額と比較したときの基礎年金の相対的な給付水準は，物価スライド制を導入した 1973 年制度改正をピークに，それ以降低下しつづけている。
16) 1999 年から 2001 年物価が下落したが特例的にマイナス改定をおこなわず据え置いた措置。これは 2004 年の年金改革によって，物価上昇時にプラス改定を控えることで解消することとされたが，その後なかなか物価が上昇せず特例措置が継続した状態となっていた。マクロ経済スライドによる給付水準の調整開始は，物価スライド特例措置の解消後とされていたため，マクロ経済スライドの実施も先送りされつづけてきた。

給でも月額7万円に到達しないことになってしまう。先の保険料納付インセンティブに関する議論もあり，保険料を40年間納め続けた基礎年金満額受給者に対して0.6万円加算し，7万円受給できるようにすることが妥当とされた。さらにこの0.6万円を保険料納付期間に応じて段階的に減額する案も検討されたが，委員からの反対意見[17]もあり年金機能強化法案の提出段階では一律定額とされた。加算の対象となる低所得層は，年金給付をおこなう日本年金機構は受給者の所得に関する情報をもっていないため，行政事務執行上の合理性も踏まえて介護保険制度の保険料軽減低所得者区分2（家族全員の市町村民税が非課税であり，かつ，年金収入およびその他の所得金額が老齢基礎年金の満額以下である者）の範囲とされた。

2-4　国会審議での最終調整

こうした年金部会の審議を経て一体改革成案における現行の公的年金制度の改善点は，多くの変更が加えられ年金機能強化法案として国会に提出された[18]。しかし，一連の社会保障と税の一体改革関連法案に関してはとくに消費税増税をめぐり与野党が対立し，民主党，自民党，公明党の三党幹事長会談において修正がおこなわれることとなった。2013年6月15日に交わされた「社会保障・税一体改革に関する確認書（社会保障部分）」において，低所得者に対する加算の規定は削除され，新たに低所得高齢者・障害者等への「福祉的な給付」として措置を講ずることとされた。この新たな福祉的給付は基本的に年金機能強化法案の低所得者への加算案をベースとしているが，0.6万円の一

---

17)　「納付のインセンティブを阻害しないために，6,000円を減額するかどうかにつきましては，金額が6,000円という水準でありますので，これを更に減額するといったことが果たして必要なのかどうか，私は余り必要ではないのではないかと思っております。」年金部会第11回目の審議，山口委員の発言。

18)　この他年金制度の改正にかかわる法律として，物価スライド特例措置の解消などを含む『国民年金法等の一部を改正する法律等の一部を改正する法律案』と，『被用者年金制度一元化等を図るための厚生年金法等の一部を改正する法律』が国会に提出された。

律加算は保険料納付期間に応じて減額されることとなり，基準額も 0.5 万円へと引き下げられた。新たな給付により所得の逆転が起きないよう，所得基準を超える一定範囲の者に対しても補足的な給付をおこなうこととなった。基礎年金の給付額は基本的に保険料納付済み期間に応じて変動するため，これは給付額の定額制から，年金部会の審議で低所得者対策としての効果が弱いとされた定率制への変更を意味する。この福祉的な給付措置は支援給付金法として別途法案が提出され成立した。施行は消費税率が 10％ に引き上げられる予定である 2015 年 10 月である。

3. 年金生活者支援給付金法の性質

3-1 給付の内容

ここで，支援給付金の内容を簡単に整理しておこう。支援給付金は 3 つの給付で構成される。ここでは便宜的に給付金 A，給付金 B，補足的給付金と呼ぶこととする。各給付金の受給対象となる所得基準と，給付額は図 3-2 のとおりである。

補足的給付金の給付額，所得基準の上限は支援給付金法の条文に明記されておらず，政令により定めるとされており，現時点で該当する政令は制定されて

図 3-2 給付基準と給付額

【給付金 A，B の受給対象となる所得基準】
・住民税が家族全員非課税
・前年の年金収入＋その他所得 ≦ 老齢年金満額

給付金A $\quad \dfrac{基準額}{（月額 5,000 円）} \times \dfrac{納付済期間（月数）}{480}$

給付金B $\quad \dfrac{基礎年金満額の}{6 分の 1 相当額} \times \dfrac{保険料免除期間（月数）}{480}$

補足的給付金　所得の逆転を生じさせないよう，給付金 A，B の所得基準を上回る一定範囲の者に，給付金 A に準じる補足的老齢年金生活者支援給付金を給付

図3-3 支援給付金法の給付概念図

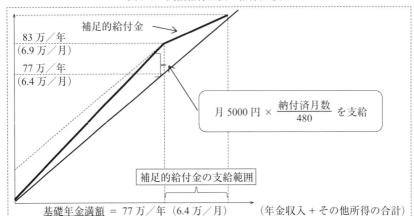

(出所)厚生労働省HP掲載資料『公的年金制度の財政基盤及び最低保障機能の強化等のための国民年金法等の一部を改正する法律(平成24年法律第62号)概要』(http://www.mhlw.go.jp/seisakunitsuite/bunya/nenkin/nenkin/topics/2012/tp0829-01.html;2014年7月1日確認)。

いないため[19]，ここでは詳しく述べることができない。図3-3は，厚生労働省HPに掲載されている，支援給付金の概要を説明する資料からの抜粋である。所得基準である77万円まで，給付金Aと給付金Bが代替的に給付され，所得基準額を超えると補足的給付金に切り替わる仕組みになっていることが明示されている。ただし，この図には若干誤解を招く点も含まれている。基礎年金の受給には受給資格期間の下限が設けられているため，年金額が0円になるまで連続することはないし，保険料免除期間に対する基礎年金給付も描かれていない。また，保険料の未納期間が存在する場合，給付金の額はもっと低くなる。

これらの点を明示するため図3-4a, 4bを作成した。図3-4aは横軸を保険料納付済み期間とし，保険料を納付しない月は全額免除を受けた場合の基礎年金と給付金A, Bの月額の合計を縦軸に示している。基礎年金の給付額は，2012年の制度改正時に推計された物価スライド特例措置解消後の2015年度の水準

---

19) 2014年7月1日，厚生労働省年金局年金課への電話によるヒアリングにより確認。

図 3-4a　40 年間保険料納付か免除であった場合の基礎年金と給付金額

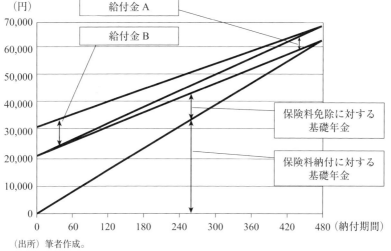

(出所) 筆者作成。

図 3-4b　40 年間保険料納付か未納，保険料免除か未納であった
2 つの場合の基礎年金と給付金額

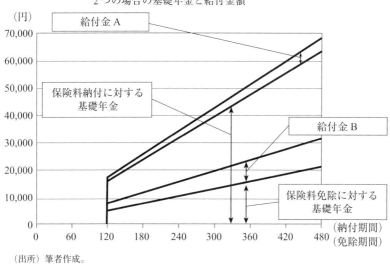

(出所) 筆者作成。

で，全額免除を受けた期間に対する基礎年金給付は満額の 3 分の 1 として計算している。保険料を 40 年間 (480 か月) すべて納付した場合の年金額は 6 万 3,866 円であり，給付金 A の 5,000 円が加算される。40 年間 (480 か月) すべ

て全額免除を受けた場合，基礎年金額は 2 万 1,289 円であり，給付金 B は基礎年金満額の 6 分の 1 である 1 万 644 円になる。給付金の合計額は保険料納付期間が長くなるごとに減少するが，年金額と給付金の額の合計は必ず逆転しないように設計されていることがわかる。図 3-4b では，保険料を納付するか，納付しない月は免除制度を利用せず未納となる場合と，保険料は一切納付せず全額免除制度を利用し，免除とならない月は未納となる場合の 2 通りのケースについて，横軸に保険料納付期間，免除期間をとって示している。2012 年の制度改正により受給資格期間の下限は 25 年から 10 年に引き下げられる。保険料納付期間または免除期間が 10 年（120 か月）を下回ると給付額は 0，つまり無年金となる。免除期間 10 年のみで基礎年金を受給すると年金額は 5,322 円，給付金 B は 2,661 円，合計 7,983 円が制度改正後の基本的な最低額である。ただし，先述のカラ期間がある場合や，繰上げ受給をしている場合はこれを下回ることがある。

　表 3-4 は 5 つの保険料納付実績ケースにおける一体改革成案，年金機能強化法案，支援給付金法の加算（給付金）額を示している。一体改革成案から年金機能強化法案への変化についてみると，①の加入全期間で納付のケースと④の加入全期間で免除のケースにおいて一体改革成案時点と同等の加算額が確保されているが，その他のケースではすべて加算額が減少している。年金額が等しい④と⑤のケースに対し，一体改革成案では同額の加算がおこなわれる設計であったが，年金機能強化法案では⑤のケースで 1 万円以上加算額が減少している。保険料未納対策の観点から，未納期間がある受給者への加算を削減するという年金部会の審議内容に準じた変更が加えられている。ただし，②のように一部免除期間がある受給者の加算額も減少しており，基礎年金満額受給者や長期間免除者など加算が両極端に偏っているのが年金能強化法案の特徴である。年金能強化法案から支援給付金法へは，保険料納付分に対する一律 0.6 万円給付が 0.5 万円に削減されたこと，さらにそれが保険料納付期間に応じて減額される仕組みとなったことで，全体的に加算（給付）額が削減されている。40 年間納付の①のケースで 0.1 万円削減であるのに対し，40 年間免除の④のケー

第3章　2012年公的年金改革における高齢低所得者対策　71

表3-4　一体改革成案，年金機能強化法案，支援給付金法の加算（給付金）額

（単位：万円）

年金受給ケース		①40年納付	②25年納付+15年免除	③25年納付+15年未納	④40年免除	⑤13.3年納付+26.7年未納
年金額		6.4 (6.6)	4.8 (5.0)	4.0 (4.1)	2.1 (2.2)	2.1 (2.2)
一体改革成案	加算額	0.4	1.6	1.6	1.6	1.6
	年金額+加算	6.8 (7.0)	6.4 (6.6)	5.6 (5.7)	3.7 (3.8)	3.7 (3.8)
年金機能強化法案	納付分への加算	0.6	0.6	0.6	0.6	0.6
	免除分への加算	0.0	0.4	0.0	1.1	0.0
	年金額+加算	7.0	5.8	4.6	3.8	2.7
支援給付金法	納付分への給付金	0.5	0.3	0.3	0.0	0.2
	免除分への給付金	0.0	0.4	0.0	1.1	0.0
	年金額+給付金	6.9	5.5	4.3	3.2	2.3

（注）年金額，一体改革成案の括弧内は，物価スライド特例措置を解消する以前の金額である。
（出所）社会保障審議会年金部会資料をもとに筆者作成。

スで0.6万円削減されており，より年金額が低い受給者に対する加算（給付）額の削減が大きい。また，年金機能強化法案では，④と⑤の加算額の差は1.1万円であったのに対し，支援給付金法では0.9万円の差に縮小している。支援給付金法では，保険料免除より保険料納付を重視した加算（給付）へと変更されたことがわかる。

3-2　マクロ経済スライドとの関係

支援給付金法でもう1点注目すべきは，給付額のスライドの仕組みについてである。支援給付金法では他の年金制度と同様に，物価変動等を反映して給付額をスライドさせる仕組みが組み込まれているが，給付金Aと給付金Bではその仕組みが異なる。給付金Aに関しては，支援給付金法第四条で全国消費

者物価指数の上昇率にもとづくスライドが明記されている。これに対し給付金Bに関しては，該当する条文は存在しない。給付金Bの給付額は，国民年金法上の老齢基礎年金額を参照することで基礎年金のスライドが自動的に反映されるためである。

このように異なるスライドの仕組みが組み込まれている給付金Aと給付金Bの，将来の給付水準について考えるとき，それぞれに留意点が存在する。一般に，順当に経済成長が続き，物価および賃金が継続的に上昇するとき，生活水準は物価より賃金など所得の上昇に沿って上昇するものと考えられている。現在の年金制度においても，基準となる新規裁定の給付額は賃金上昇率に応じてスライドし，受給開始後の既裁定年金には物価スライドを適用する仕組みをとっている。今後物価上昇率より賃金上昇が高い状況が続くと，一般の生活水準や基礎年金の新規裁定基準額などに対し，物価スライドを採用する給付金Aは相対的に価値が低下していくこととなる。ただし当面，給付水準の相対的な低下がより懸念されるのはむしろ基礎年金の方である。2004年の年金改革により導入された，年金給付水準を自動調整するマクロ経済スライドの発動により，実質的な給付水準の引き下げが決定しているためである[20]。そして，基礎年金額を基準としている給付金Bも，自動的にマクロ経済スライドの影響を受けることとなる。

表3-5は，2009年財政検証で推計された将来の基礎年金給付水準と，それをもとに計算した給付金Aと給付金Bの水準の推移である。2009年に基礎年金を受給開始する1944年生コーホートで40年間保険料納付の基礎年金額と給付金Aの組み合わせ，40年間保険料免除の基礎年金額と給付金Bの組み合わせと，同一時点の現役男子の平均手取り収入との比率を所得代替率として示し

---

20) マクロ経済スライドは，既存の賃金・物価スライドに修正を加え，給付を抑制するものである。賃金・物価スライドによる年金額の改定率から，被保険者数の減少分（2004年改革の見込みで年0.6％）と，将来の平均余命の伸びによる給付増を相殺するための一定率（年0.3％）を調整率として差し引くことにより年金額を抑制する。

第 3 章　2012 年公的年金改革における高齢低所得者対策　73

表 3-5　基礎年金と支援給付金の給付水準推計（1944 年度生の
受給額：2009 年度水準）

（単位：万円）

	2009 年	2014 年	2019 年	2024 年	2029 年
①現役男子の 平均手取り収入	35.8	37.9	39.7	42.7	46.0
②基礎年金	6.5	6.4	6.0	5.8	5.6
③給付金 A	0.5	0.5	0.6	0.6	0.6
④基礎年金 1/3	2.2	2.1	2.0	1.9	1.9
⑤給付金 B	1.1	1.1	1.0	1.0	0.9
所得代替率 （②＋③）／①	19.55%	18.27%	16.54%	14.98%	13.53%
所得代替率 （④＋⑤）／①	9.08%	8.44%	7.56%	6.79%	6.09%

（注）2009 年度時点の価値に割り戻した額である。
（出所）厚生労働省年金局数理課（2010）278 ページをもとに筆者作成。

ている。40 年間保険料納付の基礎年金水準は 2009 年の 6.5 万円から 5.6 万円
相当（2009 年価格）まで低下するが，物価スライドが適用される給付金 A は
0.5 万円の価値を維持する。基礎年金＋給付金の所得代替率は，2009 年の
19.55％から 2029 年の 13.53％まで比率にして 30.8％低下する。一方，40 年
間免除の基礎年金納付と給付金 B の場合，2009 年時点の所得代替率が 9.08％
と非常に低い水準から，2029 年時点の 6.09％へと 32.9％低下する。より年金
額が低い 40 年間免除のケースの方が基礎年金，給付金合計でみてもマクロ経
済スライドの影響を強く受けることがわかる。両者の差はわずかであるが，今
後の財政状況の変化次第では，2009 年度財政検証時の推計より大幅な給付水
準引き下げに至る可能性もある[21]。給付金 A，給付金 B のスライド方式の違
いについては，決して軽視できる差異ではない。また，支援給付金法の支給要
件である所得基準も基礎年金満額を採用しているため，マクロ経済スライドに

---

21)　2004 年財政再計算では 2025 年度までとされていた，基礎年金へのマクロ経済スラ
　　イドによる給付調整は，2009 年財政検証では 2038 年度までと期間が延長され，より
　　大きな幅の給付調整へと見通しが変更されている（厚生労働省年金局数理課
　　（2010），270-271 ページ）。

74

よる給付調整がおこなわれれば，給付対象も狭められていくこととなる。

4. 年金生活者支援給付金法の問題点

4-1 低年金者が受給する年金

　これまで述べたように，一律給付が主眼であった一体改革成案の低所得者への加算案は，基礎年金満額受給者，長期の保険料免除者にターゲットを絞った支援給付金法へと大きく変容した。こうした変更は，国民年金保険料の納付率改善などモラルハザード問題に配慮した結果であった。一方で一体改革成案時点の目的であった，低所得者を支援する機能は低下している。年金部会の審議では，低年金となる理由について言及され，カラ期間，保険料の免除・未納，繰上げ受給などがあげられたが，それらは救済の対象となるべき低年金者を選別する要素として用いられた。低年金者への支援という目的に沿った制度の創設を目指すなら，それぞれの理由が低年金・低所得者問題の発生にどの程度寄与しているのかについて，検証を進めるべきであった。このことは同時に，支援給付金法が年金受給者の低所得問題に対し，どれだけ力を発揮できるか不確かであることを意味する。

　支援給付金法の給付金 A，給付金 B はそれぞれ保険料納付期間と免除期間に対応した給付である。支援給付金法は，基礎年金の保険料を支払うなり，免除制度を利用するなり，正当な制度への加入をしてきたにもかかわらず，基礎年金そのものの給付水準が低いために，低年金となっている者を対象とした制度であるといえるだろう。そこで想定されている低年金者のモデルケースは，基礎年金のみの受給者である。しかし，本当に基礎年金のみの受給者が低年金者の代表といえるのだろうか。表 3-6 は，年金制度の業務統計である『厚生年金・国民年金事業年報』を用いて基礎年金額（月額）の分布と平均基礎年金額を，基礎年金のみの受給者と，報酬比例年金の受給者に分けて示したものである。平均基礎年金額は男女とも基礎年金のみの受給者の方が低く，低年金者を代表しているようにみえる。ところが構成比でみると，必ずしもそうといえないことがわかる。基礎年金額が 2 万円未満の受給者の割合は，男子で 0.25%

第 3 章　2012 年公的年金改革における高齢低所得者対策　75

表 3-6　性別，報酬比例年金の有無別，基礎年金額（月額）分布（2012 年度末現在）

（単位：％）

	男女計	男子			女子		
			基礎のみ	報酬比例あり		基礎のみ	報酬比例あり
2 万円未満	1.66	0.25	0.05	0.20	1.41	0.64	0.77
2〜4 万円	16.47	3.53	1.35	2.18	12.94	7.44	5.50
4〜6 万円	34.07	11.63	2.18	9.45	22.44	7.82	14.62
6 万円以上	47.80	28.22	3.23	24.99	19.58	6.24	13.34
計	100.00	43.63	6.81	36.83	56.37	22.15	34.22
平均基礎年金額	54,783 円	59,111 円	54,775 円	59,912 円	51,433 円	48,464 円	53,355 円

（出所）厚生労働省『厚生年金・国民年金事業年報』をもとに筆者作成。

存在するが，そのうち報酬比例年金ありの受給者が 0.20％とほとんどを占めている。女子についても 1.41％のうち，0.77％が報酬比例年金有の受給者である。基礎年金受給者が 4 万円未満の受給者全体の 18.13％に対し，報酬比例年金の受給者は 8.65％と半数近くを占めている。基礎年金受給者全体に占める基礎年金のみの受給者の割合は 28.96％にすぎず，7 割以上は報酬比例年金を受給しているので，低年金問題を考えるうえで報酬比例年金受給者の存在は無視しえないのである。もちろん報酬比例年金受給者の年金を基礎年金の分布のみで論じることはできない。しかし，基礎年金額が低い報酬比例年金受給者は，報酬比例年金への加入期間も短く年金額が少ないと考えられる。

　『厚生年金・国民年金事業年報』では，国民年金と厚生年金の合計額の分布が示されていないため，報酬比例年金を受給しているにもかかわらず低年金となっている受給者が，どの程度存在するのか明らかにすることができない。そこで，年金受給者に対するサンプル調査である『平成 23 年老齢年金受給者実態調査』から低年金者の報酬比例年金受給の有無についてみてみよう[22]。表 3-7 は基礎年金，報酬比例年金合計額（年額）が 50 万円未満の受給者，50 万

22）　この調査は，厚生労働省が日本年金機構が管理する年金受給者データからサンプルを抽出して，調査票を郵送する方式をとっており，年金受給額については年金記録にもとづいているため正確である。

表 3-7　性別，報酬比例年金の有無別，年金額(年額)100 万円未満の受給者の
　　　　構成比（65 歳以上）

(単位：%)

年金額	男女計	男子	基礎のみ	報酬比例あり	女子	基礎のみ	報酬比例あり
50 万円未満	26.4	5.3	4.2	1.1	21.1	15.9	5.2
50 万円以上 100 万円未満	73.6	17.0	8.2	8.9	56.6	23.6	33.0
計	100.0	22.3	12.4	9.9	77.7	39.5	38.2

　(注) サンプルと母集団（厚生労働省『厚生年金・国民年金事業年報』による）の男女比の差
　　　異を調整するためのウェイト（男子：0.97，女子：1.024）を乗じて再計算した。
(出所) 厚生労働省『平成 23 年老齢年金受給者実態調査』をもとに筆者作成。

円以上 100 万円未満の受給者の構成比を，報酬比例年金の有無別に示してい
る。年金額が 50 万円未満のきわめて低年金の層では男女とも基礎年金のみの
受給者が多くを占めている。しかし，基礎年金のみ満額受給者を含む 50 万円
以上 100 万円未満の層では，報酬比例年金ありの受給者の方が多い。報酬比例
年金を受給していても，合計で基礎年金並みの額に留まる受給者が多数存在し
ていることがわかる。100 万円未満全体でみても，約半数が報酬比例年金の受
給者である。支援給付金法は合計の年金額に対して給付額が決まるのではな
く，基礎年金の保険料納付期間，免除期間に対して給付額が決まる制度であ
る。基礎年金のみ受給者と報酬比例年金受給者で，仮に同じ年金額を受給して
いたとしても支援給付金の額は同等ではなく，後者の方が少なくなる。

4-2　低年金となる要因

　2012 年公的年金改革における低所得者対策のもうひとつの重要な柱は，基
礎年金受給資格期間の 25 年から 10 年への短縮である。厚生労働省の推計で
は，この改正によって無年金者のおよそ 40％が新たに基礎年金を受給可能と
なる[23]。しかし，こうした受給者の年金は，当然ながら低年金となることが

---

23)　第 1 回社会保障審議会年金部会資料 1-3『年金に関する資料』12 ページ。

第 3 章　2012 年公的年金改革における高齢低所得者対策　77

予想される。支援給付金法も保険料未納期間が長い受給者に対しては，少ない給付金しか支給されない。1990 年代以降顕著となった国民年金保険料納付率の低下を食い止めなければ，低年金問題は根本的に解消されない。国民年金保険料の納付率低下要因に関する研究は，すでに多くの蓄積がある[24]。そのなかで代表的な山田（2009）は，社会保険庁『平成 14 年国民年金被保険者実態調査』の個票データにもとづく分析から，就業形態が常用雇用および臨時・パートであることが未納要因となっていること，申請免除が利用可能な経済状況であるにもかかわらず，免除を受けずに未納となっている者が多数存在することなどを指摘している。

　表 3-8 は，再び『平成 23 年老齢年金受給者実態調査』にもとづき，年金額が 100 万円未満の低年金者の現役時代の経歴別構成比と，年金額だけでなく年収も 100 万円未満の者の比率を示している。年金額が 100 万円未満の受給者のうち「自営業中心」であった者は 30.4％，女子で「収入をともなう仕事をしていない期間中心」といういわゆる専業主婦層も 16.1％にすぎない。その一方で，「正社員中心」や「常勤パート中心」など雇用労働が主であった者も少なくなく，常用雇用や臨時・パートの未納率が高いという山田（2009）の分析結果と整合的である。2012 年の年金改革では，短時間労働者に対する厚生年金の適用拡大もおこなわれたが，勤務期間 1 年以上，月額賃金 8.8 万円以上など，多くの条件が加えられたため，新たに厚生年金の適用対象となる短時間労働者は 25 万人にすぎないと予想されている[25]。現役時代に自営業者であった者は，年金額が 100 万円未満であっても，本人の年収も 100 万円未満の者の割合は比較的低い。自営業者は高齢となっても比較的仕事を続けやすいためと考えられる。年金額が 100 万円未満で本人の年収も 100 万円未満である割合が高

---

24)　小椋・角田（2000），鈴木・周（2001），阿部（2003）など。

25)　厚生労働省 HP 掲載資料『公的年金制度の財政基盤及び最低保障機能の強化等のための国民年金法等の一部を改正する法律（平成 24 年法律第 62 号）概要』（2014 年 7 月 1 日確認）。短時間労働者への厚生年金適用拡大について検討した丸山（2012）も参照されたい。

表 3-8 本人の現役時代の経歴別, 年金額 100 万円未満の受給者の
構成比と年収 100 万円未満の者の比率

(単位：%)

		男女計	男子	女子
本人の現役時代の経歴類型計	正社員中心	74.6 (10.0)	66.1 (4.2)	81.1 (5.8)
	常勤パート中心	74.3 (7.8)	57.1 (0.2)	74.8 (7.6)
	アルバイト中心	82.0 (3.6)	75.0 (1.2)	85.7 (2.4)
	自営業中心	63.0 (30.4)	48.4 (12.1)	73.3 (18.3)
	収入をともなう仕事を していない期間中心	91.5 (16.1)	57.1 (0.1)	91.8 (16.0)
	中間的な経歴	88.7 (10.9)	83.1 (1.0)	89.3 (9.9)
	不詳	87.2 (21.1)	73.9 (3.4)	90.0 (17.6)
計		78.2 (100.0)	58.8 (22.3)	84.1 (77.7)

(注) 上段は年収 100 万円未満の者の比率, 括弧内は構成比である。サンプルと母集団（厚生労働省『厚生年金・国民年金事業年報』による）の男女比の差異を調整するためのウェイト（男子：0.97, 女子：1.024）を乗じて再計算した。

(出所) 厚生労働省『平成 23 年老齢年金受給者実態調査』をもとに筆者作成。

い, 現役時の経歴が正社員中心や常勤パート・アルバイト中心であった者は, 低年金が貧困に結びつきやすい層である。

　免除制度が十分に利用されていない点に関しては, 2002 年度に半額免除制度が, 2006 年度には多段階免除制度が導入され, 免除の対象者を拡大する制度改正が進められてきた。しかし, 表 3-9 で示したように一部免除者の保険料納付率は, 4 分の 1 免除が 24.28％, 2 分の 1 免除が 34.29％, 4 分の 3 免除が 43.83％と, 免除を受けていない定額保険料納付対象者の 59.95％と比べても著しく低い。こうした保険料減免を受けているにもかかわらず未納となっている者は, 保険料負担が過重であるため納付していないものと考えられる。納付率を根本的に改善するには, 納付すべき保険料額が被保険者にとって十分に負

表 3-9　国民年金保険料免除の状況と納付率

(単位：%)

| | 総数 | 定額保険料納付 | 一部免除合計 | | | | 全額免除 |
			合計	1/4 免除	1/2 免除	3/4 免除	
納付率	58.99	59.95	37.90	24.28	34.29	43.83	―
構成比	100.00	65.38	2.62	0.38	0.82	1.42	32.01

(注) 納付率は2012年度1年間の納付月数を納付対象月数で割ったもの，構成比は2012年度末時点である。
(出所) 厚生労働省『平成24年度の国民年金の加入・保険料納付状況』。

担可能な額となるよう，免除の所得基準を検討しなおすべきである。その際には，雇用労働に就いている者の納付率が低いことを踏まえて，不安定就業者の家計行動について注目する必要があるだろう。

5. お わ り に

本章では，民主党政権下でおこなわれた2012年年金改革のなかで，低所得高齢者に対する現金給付である年金生活者支援給付金法について，その成立過程と性質，問題点を検討してきた。支援給付金法の導入は，1980年代以降，給付削減を繰り返してきた日本の年金政策において，低年金問題を政策課題と位置づけおこなった改革として画期的なものである。しかし，一体改革成案において低所得者への加算としてはじまり，支援給付金法として成立するまで，年金部会，三党合意を経て，その内容は大きく姿を変えている。低年金者への一律の給付から，保険料納付に対するモラルハザードが懸念され，保険料納付者と免除者に重点化した給付となった。その結果として，低年金問題への対策としては心許ない制度へと帰着した。さらに，マクロ経済スライドにより，基礎年金給付の実質的価値が引き下げられることを踏まえるなら，今後，年金額の低さに起因する高齢者の貧困問題は，縮小するばかりか拡大する可能性が高いと考えられるのである。

年金部会の審議において，保険料納付や免除期間に応じた給付へと組み替えられた論拠は，低所得者への加算を既存の年金制度内のものとして位置づけるためというものであった。しかし，三党合意の後に国会に提出された支援給付

金法の法案は，国民年金法とは独立した「福祉的な給付」として成立した。しかも，年金部会の審議を経た年金機能強化法案の時点よりも，保険料納付に結びついた給付となっている。年金制度とは別枠の「福祉的な給付」であるにもかかわらず，国民年金保険料の納付実績を反映する仕組みが採られているという点は，この制度の根本的な矛盾点である。また，年金機能強化法案，支援給付金法が，一体改革成案時点よりも基礎年金満額受給者への給付を重視しているのは，物価スライド特例措置の解消による年金給付の削減を緩和するという意図が含まれていた。このような経緯を踏まえるならば，支援給付金法は低年金者への加算というよりも，年金給付の財源の一部を社会保険料から税に置き換えるものととらえることもできる。そして，基礎年金給付と支援給付金法の給付を合わせて1つの年金制度としてみたとき，これまで満額給付を受け取るための要件であった保険料納付に加えて，所得制限という第2の要件が設けられたこととなる。日本の社会保障政策を強く規定する，保険主義と選別主義の2つの理念系が色濃く反映されたものといえるだろう。

　冒頭で述べたように，日本の高齢者は高い貧困リスクにさらされており，その深刻さは今後さらに増していくこととなる。高齢者の貧困問題は，孤独死や要介護者への虐待など，副次的な問題に発展しやすい。高齢者の貧困の根本要因である，低年金問題を課題とした一体改革成案時点のねらいは価値のあるものであった。現実に成立した支援給付金法に期待される成果は決して大きくないが，これを楔として低所得高齢者対策を発展させていくべきである。しかし，支援給付金法が成立するまでの過程からわかるように，年金制度やそれに付随する支援給付金法のような現金給付制度を主体として，高齢者の最低生活保障を構築することは，政治的ハードルがきわめて高い。高齢化のピークに到達する2030年代を目前にして，実現が遠い制度改革の議論に費やせる時間はほとんど残されていない。駒村（2013）が指摘するように，介護・医療保険料の減免や窓口負担の軽減など，社会保障全体で低所得高齢者の生活を支え，総合的に高齢者の貧困リスクを低下させていく取り組みが現実的であろう。

参 考 文 献

阿部彩（2003）「公的年金における未加入期間の分析」（『季刊社会保障研究』39
　（3））268-285 ページ。

大竹文雄（2005）『日本の不平等―格差社会の幻想と未来』日本経済新聞社。

小椋正立・角田保（2000）「世帯データによる社会保険料負担の納付と徴収に関す
　る分析」（『経済研究』51（2））97-110 ページ。

厚生労働省年金局数理課（2010）『平成 21 年財政検証結果レポート―「国民年金及
　び厚生年金に係る財政の現況及び見通し」（詳細版）―』。

駒村康平（2013）「低所得高齢者向け最低生活保障制度の確立」宮本太郎編『生活
　保障の戦略―教育・雇用・社会保障をつなぐ』岩波書店，171-198 ページ。

鎮目真人（2006）「国民年金制度と基礎的生活保障― 2004 年公的年金改革による生
　活保障のゆくえ―」（『社会福祉学』47（1））5-16 ページ。

社会保障審議会年金部会（2008）『社会保障審議会年金部会における議論の中間的
　な整理―年金制度の将来的な見直しに向けて―』。

鈴木亘・周燕飛（2001）「国民年金未加入者の経済分析」（『日本経済研究』42）
　44-60 ページ。

政府・与党社会保障改革検討本部（2011）『社会保障・税一体改革成案』。

中川秀空（2012）「年金改革をめぐる論点」（『レファレンス』平成 22 年 8 月号）
　21-41 ページ。

平岡公一・三輪健二・米田俊彦（2013）『格差を超え公正な社会へ―教育・就労・
　ジェンダー・社会保障』金子書房。

丸山桂（2012）「短時間労働者に対する厚生年金の適用拡大問題」（『年金と経済』
　30（4））16-22 ページ。

山田篤裕（2009）「低所得層における国民年金保険料納付免除の実態―社会保険庁
　『国民年金被保険者実態調査』個票に基づく実証分析」（『社会政策研究』9）
　64-91 ページ。

吉田健三（2006）「社会保障再編の新局面― 2004 年の年金改革過程の分析―」（『松
　山大学論集』17（6））55-79 ページ。

和田幸典（2013）「社会保障・税一体改革と年金改革法について」（『年金と経済』
　31（4））38-47 ページ。

第 4 章

フランス家族給付の重層的制度体系

1. は じ め に

　1990 年代初頭のバブル崩壊後，わが国では，国民生活の課題として貧困問題に社会的関心が集まった。格差社会・ワーキングプア・社会的排除など，貧困現象に対してさまざまな側面からのアプローチが試みられてきたが，そのひとつに子どもの貧困もあげられよう。

　2013 年版『子ども・若者白書』では，わが国における子どもの相対的貧困率が 1990 年代半ばから上昇傾向にある，との指摘がなされている。たとえば，1994 年に 12.1% であった子どもの貧困率は，15 年後の 2009 年には 15.7% を記録するまでにいたったのである。また同白書では，OECD の報告書[1]を援用して，子どもの貧困率の国際比較も取りまとめている。経済発展段階が似通っている他の国々を比較対象として選定するならば，先進資本主義諸国との比較が妥当であろう。G7 各国における子どもの貧困率（2004 年）を抜き出してみると，フランスは 30 か国全体の 6 位（7.6%），イギリスは 11 位（10.1%），日本は 19 位（13.7%），カナダは 21 位（15.1%），イタリアは 22 位（15.5%），ドイツは 23 位（16.3%），アメリカは 27 位（20.6%）であった[2]。

1）　OECD (2008).

84

　フランスについては，合計特殊出生率が置換値に近い 2.00（2011 年）を維持しており[3]，少子化対策との関連で言及されることが多い。比較的高い出生率と低い子どもの貧困率からは，フランス国内における充実した子育て環境が推察できる。小論では，フランスにおいて子育て環境を整えるのに重要な役割を担っていると目される家族給付を取り上げ，現在にいたるまでの歴史的展開を辿ることを通じて，その主要な制度的特徴を探っていく。

2.　家族手当の生成から国家制度化への軌跡

2-1　賃金制度の一環としての家族手当

　フランス家族給付制度は重層的な諸手当で構成されているが，その中核を成す家族手当は，19 世紀後半から個別賃金に上乗せされる形式で官民両部門において次第に広まっていった。

　黎明期の事例としては，ナポレオン 3 世の自由帝政下において海軍で制度化された児童扶養負担に対する「補償手当金」（indemnité）が指摘される。すなわち，1860 年 12 月 26 日付の皇帝通達（circulaire impériale）にもとづき，国家は現役海兵隊員および 5 年以上の海軍軍籍登録者を対象として，10 歳未満の被扶養児童 1 人につき 1 日 10 サンチーム[4]の家族手当を「補償手当金」の名目で支給していたのであった。その後，児童の扶養負担に対する一定の家族手当を賃金に付加して支給する慣行は，他の公共部門・準公共部門にも拡充していった[5]。

---

2)　内閣府『平成 25 年版　子ども・若者白書（全体版）』第 1 部 3 章 3 節（http://www 8.cao.go.jp/youth/whitepaper/h25honpen/b1_03_03.html；2014 年 5 月 7 日閲覧）。

3)　Pison (2014), p. 4.

4)　Jacques Bichot によれば，当時の 10 サンチームは労働者に支払われる日給の 5% 程度に相当する金額であった（Jacques Bichot, *Histoire et évolution de la politique familiale en France*, http://www.uniondesfamilles.org/histoire-politique-familiale-france.htm；2014 年 2 月 18 日閲覧）。

5)　児童扶養に対する手当金制度は，たとえば，1897 年から 1913 年までの期間に，税務署・税関係官，郵政省職員，財政・植民地中央省職員，佐官階級までの職業軍人等にも広まったとされる（Ceccaldi (1957), p. 14）。

民間部門においても，1884 年にはイゼール県（Isère）ヴィジーユ（Vizille）の部品製造会社クラン社（établissements Klein）で[6]，1891 年にはレオン・アルメル（Léon HARMEL）が経営するマルヌ県（Marne）のヴァル・デ・ボワ工場（filature du Val des Bois）で，児童の扶養負担を軽減するために「上乗せ賃金（sursalaire）」ないし「付加賃金（supplement）」という名称の家族手当が，個別企業内の制度として支給されるようになった。家族手当を賃金制度の枠内で支払う慣行は，その後 20 世紀初頭にかけて，官民両部門でさらなる広まりを示した。

1910 年代後半には，ロリアン（Lorient），グルノーブル（Grenoble），ルーベ゠トゥルコワン（Roubaix-Tourcoing）の各所において，家族手当制度の組織化がはかられ家族手当補償金庫（caisse de compensation）が創設されるにいたった[7]。こうした最初期の経験のうちグルノーブルにおける補償金庫創設の経緯については，わが国でも多くの研究者が取り上げている[8]。すなわち，後に「家族手当の父」と称されることとなるエミール・ロマネ（Émile Romanet）が，① 1916 年，経営を任されていたレジ・ジョワイア冶金工場にて 13 歳未満の被扶養児童 1 人あたり日額 20 サンチームの手当を労働者に支給する決定を下したこと，② 1918 年には，同業他社との競争条件の平準化をはかるべく自らが所属するイゼール金属工業雇主組合にて加盟企業の家族手当支給を義務化しその組織化を推進したこと，などは周知のとおりである。ここで留意すべきは，賃金問題に関する労働側の要求がロマネの行動の契機となった，という点であろう[9]。

---

6) Lucien Jullian, «Introduction du colloque», *Il y a 90 ans naissaient les allocations familiales*, p. 3 (http://www.securite-sociale.fr/IMG/pdf/public_lyon_90_ans.pdf；2014 年 4 月 19 日閲覧).

7) 家族手当補償金庫の詳細については，宮本（2000）を参照。また，パリ地域補償金庫については，深沢（2008）を参照。

8) たとえば，上村（1959），84-85 ページ；都村（1989），178 ページ；大塩（1996），180-182 ページ。いずれも「敬虔なカトリック教徒」であったロマネの英断とみなしているが，むしろロマネが家族手当の支給や家族手当補償金庫の創設を決断する背景として労働側の要求や他資本との競合があった，という点を見落としてはならない。

9) 宮本（2000），180-182 ページ。

86

　特定地域の同業企業が組織的に家族手当の労務費負担を均衡化させる家族手当補償金庫はその後，表4-1にみられるように，1920年代から30年代にかけて設立が相次いだ。

　家族手当補償金庫が急速に拡大していくなかで，それでもなお小規模・零細企業の多くは，労務費負担の増大を懸念して金庫への加入を避ける傾向にあった。しかしながら，種々の問題点が認識されるようになり，家族手当補償金庫への加入を企業の法的義務とする動きがみられるようになる。すなわち，①労働者側については，金庫加入企業の労働者と未加入企業の労働者との間で処遇格差が生まれたため，後者の労働者も家族手当を要求するようになったのであ

表4-1　家族手当補償金庫数の年次推移（1920～1930年）

年次	金庫数	加入企業数	労働者数	受給世帯数
1920	6	230	50,000	11,500
1922	75	5,200	665,000	153,000
1925	160	10,000	1,150,000	266,000
1928	218	20,000	1,500,000	300,000
1930	230	32,000	1,880,000	480,000

（出所）Ceccaldi (1957), p. 21.

表4-2　フランスの人口指標（1921～1940年）

（1,000人あたり）

年次	出生率	死亡率	自然増加	年次	出生率	死亡率	自然増加
1921	20.7	17.7	+3.0	1931	17.5	16.2	+1.3
1922	19.3	17.5	+1.8	1932	17.3	15.8	+1.5
1923	19.1	16.7	+2.4	1933	16.2	15.8	+0.4
1924	18.7	16.9	+1.8	1934	16.2	15.1	+1.1
1925	19.0	17.4	+1.6	1935	15.3	15.7	-0.4
1926	18.8	17.4	+1.4	1936	15.0	15.3	-0.3
1927	18.2	16.5	+1.7	1937	14.7	15.0	-0.3
1928	18.3	16.4	+1.9	1938	14.6	15.4	-0.8
1929	17.7	17.9	-0.2	1939	14.6	15.3	-0.7
1930	18.0	15.6	+2.4	1940	13.6	18.0	-4.4

（出所）INSEE (1966), pp. 72-73より作成。

る。②雇主側については，金庫加入企業は拠出金の支払いにより労務費負担が
かさむため，競争関係にある企業が金庫に加入しない状況を放置できなくなっ
たのである。③家族手当補償金庫制度を擁護・推進する労使双方の立場から
は，不況期の加入企業減少を懸念して任意加入という制度のあり方自体が問題
視されていたのである。④国家レベルの視点からは，19世紀末以降に出生率
の低下傾向が顕著となりとくに1929年には人口の自然減を経験するにいたり
（表4-2参照）積極的な人口政策に取り組まざるをえなくなったのである[10]。

2-2　家族手当の国家制度化

　出生率の低下が進むなか，家族手当を国家制度化しようとの動きが活発にな
り，1920年にはモーリス・ボカノウスキ（Maurice Bokanowski）が，1929年には
ジャン・ルロール（Jean Lerolle）およびアドルフ・ランドリー（Adolphe Landry）
が，それぞれ法案作成を試みた。これら複数の国会議員による努力の後，1929
年7月25日にはポワンカレ内閣が入念な準備を経て政府原案を国会へ提出し
た。この政府原案に一定の修正が施され，1932年3月11日に「家族手当法」
が成立した。

　1932年「家族手当法」の特徴は，まず第1に，家族手当の支給対象を原則
すべての賃金労働者（農業労働者を除く）へ拡大したことがあげられる[11]。第2
に，同法は「全金庫に共通する規則の最低限」を示すにとどめており，各金庫
の「自立と特権」を尊重する理念が示されていたことが指摘できる。この2つ
の特徴に関連して，「家族手当法」は一定の修正を迫られることになる。すな
わち，①家族手当の農業界への拡充，②各金庫間における給付格差の是正，な
どの課題が浮き彫りになり新たな対応が求められるようになっていった。

10）　宮本（2000），186-187ページ。
11）　ただし，農業労働者については，多子傾向を理由に当面の間は適用除外とされた。
　　結局，1936年8月5日デクレにより，一定の条件のもとで農業労働者も家族手当を
　　受給できるようになった。詳しくは，宮本（1995），183ページ参照。

2-3 賃金労働者の枠を越えた家族手当支給対象の拡充

「家族手当法」の適用対象から除外された農業界問題について，政府側は2回に分けて対処した。まず，1936年8月5日デクレ[12]により，前年に75日間以上雇用された農業労働者は家族手当を受給できることとなったのである。これにとくに不満を表明したのは農業労働者と似通った生活実態の小農経営者（petits exploitants）であり，彼らは，家族手当の支給対象を賃金労働者の枠を越えて拡充するよう求めていった[13]。この要求に対処したのは1938年6月14日デクレ＝ロワ（décret-loi）[14]であり，家族手当の支給対象を，2人以上の子どもを扶養する低所得の農業経営者および自作農にも拡充したのであった。従来，賃金労働とのかかわりのなかで生成・展開してきたフランス家族手当は，1938年にその枠を飛び越え家族手当の一般化＝全国民化に向けて歩を進めることとなったのである[15]。

他方，各金庫間における給付格差の是正については，1938年11月12日デクレ＝ロワによって対処した。すなわち，労働大臣が決定する県別・職種別の家族手当最低基準について，第1子に対しては平均賃金の5％，第2子には10％，第3子以降には15％に相当する額をそれぞれ下回ってはならないとした。この最低基準を高めに設定したことで，従来はバラバラであった各金庫の家族手当が一定の水準に誘導され，金庫間格差は次第に縮小していった。

ところで，この1938年11月12日デクレ＝ロワは，①給付額の統一化を推進したのみならず，②一部の金庫で支給されていた専業主婦手当金（Prime de la mère au foyer）[16]の制度化を金庫に強制化したり，③その財源確保のために5歳

---

12) 第三共和政におけるデクレ（décret）は，単なる政令を意味するのではなく，むしろ大統領命令に相当すると考えられる（山口（1978），166ページ）。

13) Ceccaldi (1957), pp. 52-53.

14) デクレ＝ロワ（décret-loi）とは，政府による委任立法のことであり，「1924年ポワンカレ内閣時代に始まったこの制度は，以後第三共和政の終りまで絶えず用いられた」（山口（1978），96ページ）。

15) Ceccaldi (1957), p. 72.

16) 専業主婦手当を企業内で支給していた初期の事例としては，1931年から専業主婦家庭に家族手当を割り増し支給していた製織業のルクレール＝デュピール社

以上の一人子への家族手当を廃止したり，④対象児童が就学中ないし見習い中の場合における家族手当の支給上限年齢を16歳から17歳へ延長したりするなど，家族手当の多様な給付改革をおこなったのであった[17]。

　その翌年，1939年7月29日デクレ＝ロワが発布され，人口学者アルフレッド・ソーヴィ（Alfred Sauvy）の影響が大いにみられる家族法典（Code de la famille）が取りまとめられた。その目的は出生率の立て直しにあり，1世帯あたり3人以上の子供を産み育てることや，女性には専業主婦になることが，奨励されたのであった[18]。具体的には，①家族手当の支給対象を賃金労働者・雇主・独立勤労者（travailleurs indépendants）などすべての活動人口へ拡充したこと，②第1子への家族手当を廃止する一方で第3子以降への給付額を引き上げ多子奨励的性格を強めたこと，③家族手当の対象から除外される第1子については初産手当金（Prime à la première naissance）[19]を新設したこと，④前年に制度化された専業主婦手当金を専業主婦手当（Allocation de mère au foyer）に再編したことなど，所得保障の面でさまざまな改革がおこなわれた[20]。

3. 社会保障制度の枠組みへの再編——家族給付部門としての展開——

3-1　戦後の再編——社会保障の構成制度へ——

　第二次世界大戦後，フランスの社会保障は1945年10月4日オルドナンス[21]を中心とする6つの改革立法により，年金・医療を扱う社会保険部門，賃金労働にともなう疾病・障害に対する補償を扱う労災保険部門，従来の家族手当制度を引き継いだ家族給付部門，などの3部門体制で発足することとなっ

　　（Maison Leclercq-Dupire）があげられる（宮本（1995），185ページ）。

17)　1938年11月12日デクレ＝ロワの詳細については，宮本（1995），187-189ページを参照。

18)　Marc de Montalembert (2008), p. 151.

19)　ただし，結婚後2年以内の初産という条件が課されており，給付額は都市部平均賃金の2か月分相当額とされた（Laroque (1985), p. 10）。

20)　詳しくは，宮本（1995），190-191ページを参照。

21)　オルドナンスとは，大統領令のことを指す。

90

た。社会保障整備の中核を担ったこのオルドナンスを補完する5つの立法は，1944年末から1946年秋にかけて制定された。そのひとつである「家族給付制度（レジーム）に関する1946年8月22日法」によって，家族給付部門の具体化が図られ，4つの手当が整備された。①狭義の家族手当（Allocations familiales proprement dites）は，扶養児童2人目以降が支給対象となり，従来どおり所得制限は課されなかった。②単一賃金手当（Allocation de salaire unique）は，子ども2人以上を扶養している一人働きの賃金労働者世帯を対象とする手当で，女性の低い労働力率を背景に多くの家族が受給することとなった。③出産手当（Allocation de maternité）は，結婚後2年以内または母親が25歳未満の初産である場合と，第2子以降については前回から3年以内の出産である場合に支払われる手当であり，若いうちに多くの子どもを産むよう促す意図があった[22]。④産前手当（Allocations prénatales）は，3回の妊婦健診を受けることを条件に出産準備の費用を一部支援する手当であった。1946年8月22日法については，諸手当の給付額算定に関する《225倍規定》が設けられ，生計費高騰への配慮がなされている点も重要である。すなわち，諸手当の算定基礎となる基準賃金月額をパリ地区金属労働者の時間あたり最低賃金の225倍に設定することで，実質的な賃金スライド制が導入されたのであった[23]。

ところで，第1節で検討してきたようにフランスの家族手当は賃金問題とのかかわりのなかで生成・発展してきた歴史的背景があるため，その財源はもっぱら雇主が負担してきた。社会保障制度の枠内に家族給付部門として統合されてからも，その財源は，支払い賃金に課せられる全国一律の雇主拠出金のみによって調達されることとなった。図4-1にみられるように，社会保障制度発足当初の1946年に設定された雇主拠出率は12％であった。なお，その後の支出増大に対処するべく，第四共和政下の歴代政府は家族給付部門の雇主拠出率を

22）　上村（1966），37ページ。

23）　Ceccaldi (1957), p. 117. ただし，物価高騰や家族給付部門の支出増加を背景に，《225倍規定》は有効に機能することはなく，同部門の給付額算定基礎とされた基準賃金月額は政府がデクレによって決定していった（宮本悟（1996），40-41ページ）。

図 4-1 家族給付部門における雇主拠出率の推移（1946～2014 年）

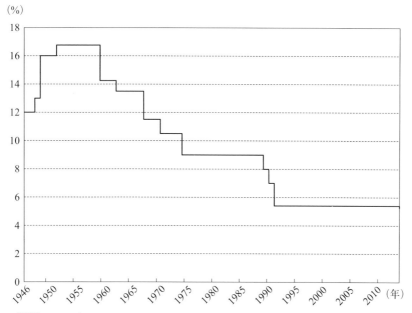

（出所）Comité d'histoire de la Sécurité sociale (1999) pp. 533-535; INSEE, «Taux de cotisations sociales (part patronale) - Pour la SS - Allocations familiales - Sur la totalité du salaire» (http://www.insee.fr/fr/bases-de-donnees/bsweb/serie.asp?idbank=000483615；2014 年 4 月 27 日閲覧) より作成。

徐々に引き上げ，1951 年には史上最高の 16.75％に改定した。第五共和政下の 1959 年からは一転して，家族給付部門の雇主拠出率は削減傾向が続いており，2014 年 1 月 1 日には史上最低の 5.25％へと引き下げられた。その背景には，財政不均衡問題を抱える社会保険（疾病保険・老齢年金）部門への財源移転がある。すなわち，家族給付部門の雇主拠出率を引き下げる一方で，疾病保険・老齢年金の雇主拠出率を引き上げるという財源移転が断行されたのであった[24]。

拠出金収入が減少した家族給付部門には，1991 年から CSG（一般社会出資金；Contribution sociale généralisée）と称される一種の国税が投入されて流出財源の一部補填がなされているものの，図 4-2 が示すとおり，近年では財政不均衡

---

24) 財源移転の詳細については，宮本（2007），2-7 ページを参照。

図 4-2　家族給付部門（一般制度）財政収支の推移（2008-2012 年度）

（単位：百万ユーロ）

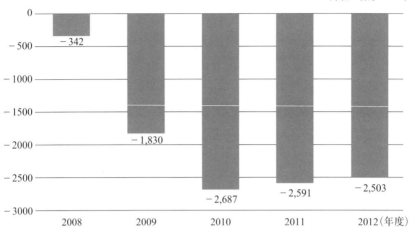

（出所）Commission des comptes de la sécurité sociale (2009), p. 245; (2010), p. 225; (2011), p. 245; (2012), p. 217 より作成。

が慢性化している状況にある。

3-2　家族給付重層化の進展

　家族手当に専業主婦関連・出産関連の諸手当を加えた制度体系で発足した家族給付部門では，その後，家族の生計費に関するさまざまな国民ニーズに対応する諸手当が新設・再編されていく。現行のフランス家族給付制度が形成された過程について理解を深めるために，社会保障制度の家族給付部門における主要な諸手当の概要を時系列に沿って概観することにしよう。

　第二次世界大戦終結後から第一次石油危機に見舞われる頃までの高い経済成長を記録した「栄光の 30 年間（Trente glorieuses）」には[25]，国民各層の購買力が向上し，テレビ・洗濯機・冷蔵庫に代表される耐久消費財が普及するなど，国民生活の著しい変化が確認された。この時期に家族給付部門へ導入された主

25）　たとえば，1950 年から 1975 年までの期間の経済成長率は，平均 5.09％を記録している（INSEE ウェブサイト http://www.insee.fr/fr/themes/tableau.asp?reg_id=0&id=159；2014 年 4 月 30 日閲覧）。

な手当は，住宅手当（Allocation de logement），専業主婦手当（Allocation de mère au foyer），特別教育手当（Allocation d'éducation spéciale）などである。

まず住宅手当は，住宅供給の刺激策として1948年に家賃自由化が実施される際，ベビーブームと都市化が進むなかで家賃高騰が国民生活に与える影響を考慮して，同年9月1日，所得制限付きで創設された。つぎに専業主婦手当は，賃金労働者世帯向けの単一賃金手当を自営業に代表される非賃金労働者向けに設計した手当であり，1955年8月6日に設けられた。そして特別教育手当は，障害児を育てるにあたって必要とされる支出を補うために，1963年7月31日に新設された[26]。

1970年代には，家族給付の予算総額の伸びが抑制されていくこととなり，この時期に新設された諸手当は，いわゆる社会的弱者に対象を絞り込んだり所得制限を課したりする選別主義的性格を帯びていた[27]。

たとえば，1970年12月23日法により創設された孤児手当[28]（Allocation d'orphelin）は，両親または片親を亡くした児童の保護者に対して所得制限のもとで支給されることとなった[29]。1971年7月13日法による障害児手当（Allocation aux mineurs handicapés）は，所得制限のもと，20歳未満の障害児のうち特別障害手当を受給していない者を対象に設けられた。同法によって，障害者手当（Allocation aux adultes handicapés：AAH）も新設された。この手当は，20歳から65歳までのフランス国民で身体機能損失率80%以上の最重度の障害者を対象としており，同手当の給付額以上の老齢年金または障害年金を受給できない場合に，所得制限のもとで支給されることとなった[30]。1972年1月2日法

---

26)　Montalembert (2008), p. 152; Damon (2006), p. 21.

27)　Montalembert (2008), p. 152; Damon (2006), pp. 22-23.

28)　orphelinには，「両親を亡くした児童」の意味だけではなく，「父ないし母のどちらか一方を亡くした児童」という意味もある。日本語の「孤児」とは違う意味を含んでいる点に注意を要する。

29)　Bethouart, Philippe Steck (2012), p. 338. なお，孤児手当は，1984年12月22日法により家族扶養手当（Allocation de soutien familial）に取って代わられ，現在にいたる。

30)　Bethouart, Steck (2012), p. 339.

による養育費手当（Allocation pour frais de garde）は，育児中の女性が働きやすくなるよう支援することを目的に所得制限付きで創設された。また，育児に専念する女性の老齢年金については，母親向け老齢年金保険（Assurance vieillesse pour les mères de famille）を制度化し，その拠出金を家族手当金庫が負担することとなった[31]。1974 年 7 月 16 日法による新学年度手当（Allocation de rentrée scolaire）は，学用品購入などの準備を支援するため，6 歳から 16 歳の学齢期にあたる児童を抱える世帯を対象に，新学年度の開始時期に年に 1 回，所得制限のもとで支給される制度として創設された[32]。1975 年 6 月 30 日法によっておこなわれた障害児関係の給付改革では，旧来の特別教育手当と障害児手当を統合して新たな特別教育手当（Allocation d'éducation spéciale；AES）が創設された[33]。1976 年 7 月 9 日法によって創設された単親手当（Allocation de parent isolé）は，最低保障所得基準に満たない所得のひとり親すべてに対して，その不足額を最長 1 年間あるいは末子が 3 歳に達するまで受給できるようにした[34]。1977 年 7 月 12 日法による家族補足手当（Complément familial）は，旧来の専業主婦手当・単一賃金手当に取って代わるものであり，3 人以上の子どもを扶養する多子世帯に所得制限付きで支給されることとなった[35]。

　1980 年代のミッテラン政権から現在までの時期は，主に 3 歳未満の乳幼児を対象とする諸手当の新設・再編が顕著にみられる。乳幼児の保育が社会問題化しはじめたのは 1970 年代であるが，とりわけ 1980 年代半ば以降はその深刻さを増した。ジュリアン・ダモン（Julien Damon）は，その背景に女性の社会進出があったことを指摘している。すなわち，1960 年代初頭から職業活動に従事する女性が持続的に増加するようになり，1976 年には共働きカップルの数が一人働きカップルを上回るようになり，1982 年には母親が就労している子

31）　Bethouart, Steck (2012), p. 340.

32）　Damon (2006), p. 25.

33）　Montalembert (2008), p. 152. なお，特別教育手当は，2005 年 2 月 11 日法によって再び改革がなされ，障害児教育手当 Allocation d'éducation de l'enfant handicapé となった。

34）　Bethouart, Steck (2012), p. 342.

35）　Montalembert (2008), p. 152.

どもが半数を超え，1999 年調査では 25 歳から 49 歳までの女性の労働力率は約 80% を記録するまでになったとし，乳幼児の保育需要が高まるようになった背景を論じているのである[36]。

　こうした状況下で，1985 年 1 月 4 日法により，乳幼児手当（Allocation pour jeune enfant；APJE）が設けられた。この手当は，産前・産後手当と 3 歳未満の家族補足手当を統合したもので，3 歳未満児童を 1 人以上扶養している家族を対象としていた。妊娠 3 か月目から子どもが生後 6 か月に達するまでの期間についてはすべての子どもに支給されるものの，3 歳に達するまでの延長については所得制限が課せられていた。1985 年 7 月 4 日法はまた，養育親手当（Allocation parentale d'education；APE）を新設し，すでに子どもを 2 人扶養している家庭において出生・3 歳未満児の養子受入れなどの際に，育児にともない自らの職業活動を断念ないし抑制した親に対して支給するものとした。この手当の受給にあたって，所得制限は課されないものの，過去の就労実績が条件となっていた。1986 年 12 月 29 日法により創設された家庭保育手当（Allocation de garde d'un enfant à domicile；AGED）は，3 歳未満児童の家庭内保育に従事するベビーシッターを雇用する際に要する社会保障関連費用（社会保険の労使拠出金など）の一部を補う目的で設けられた[37]。1990 年 7 月 6 日法は，認定保育ママ雇用家庭補助（Aide à la famille pour l'emploi d'une assistante maternelle agréée；AFEAMA）を新設した。これは，6 歳未満の子どもを認定保育ママの自宅で保育してもらう際，その雇用契約にともなう報酬の一部に充当するための補助金を雇主たる親の側に支給する制度であった[38]。近年の乳幼児向け家族給付改革としては，乳幼児受入れ給付（Prestation d'accueil du jeune enfant；PAJE）の制度化が重要である。すなわち，2004 年度社会保障予算法は，家族問題会議（Conférence de la

---

36)　Damon (2006), p. 25.
37)　Montalembert (2008), p. 152. 家庭保育手当を受給する親には，職業活動に従事することが求められた。また，1994 年の家族法により，対象年齢は 6 歳未満までに拡充された（宮本（2010），147-148 ページ）。
38)　Montalembert (2008), p. 152；宮本（2010），147-149 ページ。

96

famille)[39]の提言に即して 5 つの乳幼児向け諸手当（乳幼児手当 APJE・養子手当
AA・養育親手当 APE・家庭保育手当 AGED・認定保育ママ雇用家族補助 AFEAMA）を
整理・再編し，乳幼児受入れ給付 PAJE を制度化したのであった。

4．現行家族給付制度の概要

これまで検討してきたように，社会保障の一構成制度となったフランス家族
給付は，19 世紀後半に生成・展開してきた家族手当を基礎に据えつつ，出産・
労働・住宅・障害・扶養形態・学校教育・世帯構成・乳幼児保育などの分野に
おける家族の多様なニーズに応じるべく種々の手当を新設・再編してきた。現
在，社会保障法典（L511-1 条）に規定されている家族給付部門の手当は，乳幼
児受入れ給付 PAJE，家族手当 AF（Allocations familiales），家族補足手当 CF
（Complément familial），住宅手当 AL（Allocation de logement），障害児養育手当
AEEH（Allocation d'éducation de l'enfant handicapé），家族扶養手当 ASF（Allocation de
soutien familial），新学年度手当 ARS（Allocation de rentrée scolaire），付添い日額手当
AJPP（Allocation journalière de présence parentale）の 8 種類である。

本節では，現行家族給付部門を構成する諸手当のうち「家族を直接支える給
付」の概要を考察していく[40]。ここでは，社会保障会計委員会（Commission des
comptes de la Sécurité sociale）の分類にしたがい[41]，「家族のための給付」に位置
づけられる家族手当・家族補足手当・家族扶養手当・新学年度手当と「乳幼児
のための給付」に位置づけられる乳幼児受入れ給付について，それぞれの受給

39）　家族問題会議（Conférence de la famille）とは，1994 年 7 月 25 日法にもとづいて政
　　府が 1996 年から 2007 年まで開催していた家族問題に関する年次会議のことであり，
　　政府側と家族団体・労働組合・経営者団体などが家族政策の方向性を審議・検討す
　　る場となっていた（Comité d'histoire de la Sécurité sociale〔dirigé par Michel Laroque〕
　　（2005），pp. 164-165; Montalembert（2008），p. 155）。
40）　諸手当の概要に関する本節の叙述は，家族手当金庫 CAF ウェブサイト（http://
　　www.caf.fr/）に掲載されている現行制度の解説にもとづく。また本節では，とくに断
　　りのない限り，2014 年 4 月 1 日現在の給付額・所得制限額等を記す。
41）　Commission des comptes de la Sécurité sociale（2014），p. 95 (http://www.securite-sociale.
　　fr/IMG/pdf/rapport-ccss-2014v2-2.pdf；2014 年 7 月 27 日閲覧).

第 4 章　フランス家族給付の重層的制度体系　97

要件・給付額・支給期間などを検討する。

4-1　基礎的手当 = 家族手当の概要

家族給付の基礎をなす家族手当（Allocations familiales）は，20 歳未満の子ども 2 人以上を扶養している者に対して，所得にかかわらず自動的に給付される。第 1 子については適用除外である。また，所得制限は課されていない。

　給付額は，2014 年 4 月 1 日現在，子ども 2 人の場合には月額 129.35 ユーロ（1 万 8,109 円[42]），子ども 3 人ならば 295.05 ユーロ（4 万 1,307 円），以下扶養児童が 1 人増えるごとに 165.72 ユーロ（2 万 3,201 円）を加算される。また，扶養児童が 14 歳に達すると，月額 64.67 ユーロ（9,054 円）の加算額が支給されるようになる。支給期間は，対象児童が 20 歳に達する前まで，とされている。

4-2　多様なニーズに対する手当の概要

　普遍主義的性格を帯びている家族手当に加えて，各世帯の多様なニーズに対処するべく現在 7 つの諸手当が設定されている。

(1)　乳幼児受入れ給付（PAJE：Prestation d'accueil du jeune enfant）

　乳幼児受入れ給付は，出生ないし養子縁組により新たに児童を迎え入れた家族を対象に，その扶養負担を補うための制度である。この新たな給付制度は，児童扶養のための 2 つの手当（出生手当金・養子縁組手当金〔Prime à la naissance：Prime à l'adoption〕，基礎手当〔Allocation de base〕）と，職業活動・保育方法の自由選択に関する 3 つの手当（就業自由選択補足手当〔Complément de libre choix d'activité：CLCA〕，就業自由オプション補足手当〔Complément optionnel de libre choix d'acti-

---

42)　本章では便宜的に，日本銀行が公表している裁定外国為替相場（2014 年 4 月適用分）を利用し，1 ユーロ = 140 円で換算する。裁定外国為替相場については，日本銀行のウェブサイト（https://www.boj.or.jp/about/services/tame/tame_rate/kijun/kiju1404. htm：2014 年 5 月 5 日閲覧）を参照。

vités；COLCA〕，保育方法自由選択補足手当〔Complément de libre choix du mode de garde；CMG〕），合計 5 つの手当を内包している。

① 出生手当金・養子縁組手当金（Prime à la naissance；Prime à l'adoption）

出生手当金は妊娠 7 か月目に，養子縁組手当金は 20 歳未満の養子を受け入れる際に，それぞれ家庭状況に応じた一定の所得制限のもと（表 4-3 参照），出産ないし養子縁組にともなう支出を補うべく一時金として支給される。両手当金の所得制限は高めに設定されているので，平均賃金[43]を得ている中間層も受給が可能である。

この一時金の給付額は，出生の場合で児童 1 人あたり 923.08 ユーロ（12 万 9,231 円），養子の場合で児童 1 人あたり 1,846.15 ユーロ（25 万 8,461 円）である。

② 基礎手当（Allocation de base）

基礎手当は，家庭状況に応じた一定の所得制限のもと（表 4-4 参照），新たな児童を迎え入れてから原則 3 年間，第 1 子から支給される。出生の場合につい

表 4-3　出生手当金・養子縁組手当金の所得制限（2014 年 4 月 1 日現在）

（単位：ユーロ）

		扶養児童 1 人	扶養児童 2 人	扶養児童 3 人
出生	1 人働き世帯	35,480	42,576	51,091
	2 人働き世帯・単親世帯	46,888	53,984	62,499
養子	1 人働き世帯	35,480	41,878	48,276
	2 人働き世帯・単親世帯	45,077	51,475	57,873

（注）1：出生手当金の所得制限は，子どものいない世帯についての上限年収を示している。有子世帯については，養子縁組手当金の所得制限と同額になる。
2：扶養児童 4 人目以降の所得制限については扶養児童が 1 人増えるごとに，出生手当金の場合は上限年収 8,515 ユーロ，養子縁組手当金の場合は 6,398 ユーロ，それぞれ引き上げられる。
（出所）CAF ウェブサイト（http://www.caf.fr/aides-et-services/s-informer-sur-les-aides/petite-enfance/la-prime-a-la-naissance-et-la-prime-a-l-adoption；2014 年 5 月 3 日閲覧）より作成。

43）　INSEE によれば，2010 年度の平均賃金は 2 万 4,518 ユーロであった（INSEE ウェブサイト http://www.insee.fr/fr/themes/series-longues.asp?indicateur=salaires-sexe-eqtp；2014 年 4 月 5 日閲覧）。

表 4-4　基礎手当の所得制限（2014 年 4 月 1 日現在）

（単位：ユーロ）

		扶養児童 1 人	扶養児童 2 人	扶養児童 3 人
満額給付	1 人働き世帯	29,700	35,056	40,412
	2 人働き世帯・単親世帯	37,733	43,089	48,445
半額給付	1 人働き世帯	35,480	41,878	48,276
	2 人働き世帯・単親世帯	45,077	51,475	57,873

（注）　扶養児童 4 人目以降の所得制限については扶養児童が 1 人増えるごとに，満額給付の場合は上限年収 5,356 ユーロ，半額給付の場合は 6,398 ユーロ，それぞれ引き上げられる。

（出所）　CAF ウェブサイト（http://www.caf.fr/aides-et-services/s-informer-sur-les-aides/petite-enfance/l-allocation-de-base；2014 年 5 月 3 日閲覧）より作成。

ては，出生日から 2 歳の最終月まで，養子の場合については，その手続き終了後 3 年間（ただし，20 歳未満に限る）が支給期間となる。ただし，出生の場合については別の受給要件もあり，3 回（①誕生後 8 日目，②同 9 か月ないし 10 か月目，③同 24 か月ないし 25 か月目）にわたる乳幼児検診の受診が義務づけられている。給付額は，所得制限によって満額給付と半額給付の 2 種類に分けられる。満額給付の場合は対象児童 1 人あたり月額 184.62 ユーロ（2 万 5847 円），半額給付の場合は 92.31 ユーロ（1 万 2,923 円）が支給される。なお，家族補足手当（CF）との併給は認められない。

③　就業自由選択補足手当（Complément de libre choix d'activité；CLCA）

就業自由選択補足手当は，児童を養育するために職業活動を完全休止あるいは一部抑制する場合に，一定の条件のもとで給付される。受給要件のなかには老齢年金拠出に関するものも含まれており，たとえば第 1 子を対象とする手当を受給する場合には過去 2 年間に，第 2 子の場合には過去 4 年間に，第 3 子以降の場合には過去 5 年間に，いずれも 8 四半期分以上の拠出が求められる。給付額は労働時間に応じて増減され，職業活動を完全に休止している場合には満額給付の月額 390.52 ユーロ（5 万 4,673 円），所定労働時間の 50％以下に抑えた短時間勤務をおこなっている場合には 252.46 ユーロ（3 万 5,344 円），所定労働時間の 50％は超えるものの 80％以下に削減した短時間勤務の場合には 145.63 ユーロ（約 2 万 388 円）が支給される。支給期間は扶養児童数によって

異なっており，子ども 1 人の場合には 6 か月間，子ども 2 人以上の場合には末子が 3 歳の誕生日を迎える前月まで[44]，とされる。なお，家族補足手当（CF）との併給は認められない[45]。

④　就業自由選択オプション補足手当（Complément optionnel de libre choix d'activités；COLCA）

就業自由選択補足手当よりも短期間に手厚い給付額を享受したい場合には，就業自由選択オプション補足手当を選ぶこともできる。受給要件としては，3 人以上の児童を扶養していることと，職業活動を休止することが求められる。また，就業自由選択補足手当と就業自由選択オプション補足手当は，どちらか一方しか受給できない。給付額は月額 638.33 ユーロ（8 万 9366 円）であるが，基礎手当を受給していない場合には 824.04 ユーロ（11 万 5,366 円）に増額される。支給期間は，対象児童が 1 歳の誕生日を迎える前月までであり，養子縁組の場合には受入れ日から最長 12 か月間とされる。

⑤　保育方法自由選択補足手当（Complément de libre choix du mode de garde；CMG）

保育方法自由選択補足手当は，職業活動と子育ての両立を図るために，6 歳未満の児童を認定保育ママ・ベビーシッター・小規模保育所などに預ける場合に給付される。受給要件としては，当然のことながら職業活動の継続が求められるが，その他にも託児方法によって特定の条件が定められている。

たとえば，保育ママを直接雇用してその自宅に児童を預ける場合には，被用者である保育ママは県当局の認定を受けている有資格者である必要がある。また，児童 1 人分に支払われる賃金総額は，日額 47.65 ユーロ（6,671 円）以下に抑えなければならない。実際の給付額は選択する保育方法の他に，①申請者

---

44)　ただし，3 歳以上 20 歳未満の養子を受け入れ合計 2 人以上の子どもを扶養している場合については，少なくとも 1 年間の受給が認められる（フランス行政機関公式サイト Service-Public.fr http://vosdroits.service-public.fr/particuliers/F313.xhtml#N1023B；2014 年 4 月 10 日閲覧）。

45)　同上サイト，2014 年 4 月 11 日閲覧。

第 4 章　フランス家族給付の重層的制度体系　101

表 4-5　保育方法自由選択補足手当の給付額（認定保育ママを直接雇用した場合）
（2014 年 4 月 1 日現在）

（単位：ユーロ）

扶養児童数	受給者の年収（R）		
1 人	R≦20,285	20,285＜R≦45,077	45,077＜R
2 人	R≦23,164	23,164＜R≦51,475	51,475＜R
3 人	R≦26,043	26,043＜R≦57,873	57,873＜R
児童の年齢	給付額（対象児童 1 人あたり；月額）		
3 歳未満	460.93	290.65	174.37
3 歳〜6 歳	230.47	145.34	87.19

（出所）CAF ウェブサイト（http://www.caf.fr/aides-et-services/s-informer-sur-les-aides/petite-enfance/le-complement-de-libre-choix-du-mode-de-garde；2014 年 5 月 3 日閲覧）より作成。

の所得，②扶養児童数，③対象児童の年齢などによって異なるが（表 4-5 参照），認定保育ママを雇用する場合については，支払われる報酬の最大 85% が給付される。なお，保育ママを雇用する親の側は雇主という立場になるので，社会保険の雇主負担分を拠出する義務が生じるが，その拠出金すべてが補助の対象となる。

（2）　家族補足手当（Complément familial）

家族補足手当は，多子世帯の生活支援をおこなうために 3 歳以上 21 歳未満の児童を 3 人以上扶養する者に対して，一定の所得制限のもと，扶養児童数と所得状況に応じて月額 168.35 ユーロないし 185.20 ユーロが給付される（表

表 4-6　家族補足手当の給付額と所得制限（2014 年 4 月 1 日現在）

（単位：ユーロ）

給付額	世帯類型	扶養児童数別の所得制限		
		3 人	4 人	5 人
185.20	1 人働き世帯	R≦18,648	R≦21,756	R≦24,864
	2 人働き世帯・単親世帯	R≦22,812	R≦25,920	R≦29,028
168.35	1 人働き世帯	18,648＜R≦37,295	21,756＜R≦43,511	24,864＜R≦49,727
	2 人働き世帯・単親世帯	22,812＜R≦45,623	25,920＜R≦51,839	29,028＜R≦58,055

（出所）CAF ウェブサイト（http://www.caf.fr/aides-et-services/s-informer-sur-les-aides/enfance-et-jeunesse/le-complement-familialcf?active=tab1；2014 年 5 月 3 日閲覧）より作成。

4-6 参照）。

(3) 家族扶養手当（Allocation de soutien familial）

家族扶養手当は，親の死亡・認知拒否などにより，一方の親ないし両親から
の支援を受けられない子どもを育てている場合に，支給される。給付額は，自
分の子どもを1人で育てている場合には扶養児童1人につき月額95.52ユーロ
（1万3,373円），実の親からの支援がない子どもを受け入れて育てている場合に
は同127.33ユーロ（1万7,826円）となる。受給に際し，所得制限は課されて
いない。

(4) 新学年度手当（Allocation de rentrée scolaire）

新学年度手当は，6歳から18歳の児童が新学年度に必要とする費用を補う
ために，一定の所得制限のもと，原則として新学年度に向けた準備をする8月
末に給付される。所得制限は扶養児童数に応じて異なっており，たとえば
2013年度における扶養児童1人の場合の上限所得は2万3,687ユーロ（331万
6,180円），2人の場合は2万9,153ユーロ（408万1,420円），3人の場合は3万
4,619ユーロ（484万6,660円）であり，以降扶養児童が1人増えるごとに
5,466ユーロ（76万5,240円）引き上げられる。一方，給付額については，扶
養児童の年齢に応じて3段階に分けられている。2013年度の例を示すと，
6〜10歳には360.47ユーロ（5万466円），11〜14歳には380.36ユーロ（5万
3,250円），15〜18歳には393.54ユーロ（5万5,096円）が支給される。

5. おわりに

19世紀後半に，職場内の個別賃金に上乗せするかたちで官民両部門におい
て徐々に拡大していった家族手当は，20世紀初頭にはグルノーブルをはじめ
とする各地の同業者たちにより組織化が進められ家族手当補償金庫の創設に結
びついた。1932年法により家族手当は国家制度化し，1938年・1939年改革を
経た後，第二次世界大戦終結後に再編された。伝統的な家族手当の他に専業主

婦や出産関連の諸手当が整備され，家族給付部門は社会保障の重要な構成制度
と位置づけられるにいたった。その後，他部門への財源流出，住宅費補助・障
害者支援・孤児対策・乳幼児保育・教材費補助・ひとり親支援・多子奨励・女
性労働対策など多様なニーズを取り込んだ種々の手当が創設・再編されてき
た。

　第1節および第2節では以上の展開を時系列に沿って概観し，第3節では歴
史的経緯を織り込んで成立してきた現行家族給付制度（レジーム）の代表的な諸手当に絞っ
てその概要を検討した。その過程で，フランス家族給付にみられる制度的特徴
が浮き彫りになった。すなわち，フランスの家族給付制度は，そのいわば基礎
部分に普遍主義的性格の家族手当を据え，そのうえに，各世帯の多様なニーズ
に応じた諸手当を幾層にも重ねるいわば重層的な体系が歴史的に構築されてき
たのである。家族手当の普遍性に関しては，これまで家族手当へ所得制限を導
入しようとの試みがおこなわれたこともあるが，その選別主義的改革を 1997
年に実行に移したリオネル・ジョスパン（Lionel Jospin）内閣は，わずか10か
月で所得制限の撤回に追いやられた。家族手当の普遍性は，現在でもなお堅持
されている。

　フランスでは家族給付の重層的な給付体系に見合った規模の予算が確保され
ている，という点も重要である。たとえば，2011年度には，家族手当・家族
補足手当・家族支援手当・新学年度手当など「家族のための扶養給付」に約
168億 3,900万ユーロ（2兆 3,574億 6,000万円），乳幼児迎え入れ給付などの
「乳幼児のための給付」に約124億 7,100万ユーロ（1兆 7,459億 4,000万円）が
充てられた。すなわち，両者をあわせた「家族を直接支える給付」（住宅関連諸
手当・年金拠出金免除などを除く）は，約293億 1,000万ユーロ（4兆 1,034億円）
にのぼった[46]。2011年度の名目 GDP が 2兆 10億ユーロ[47]（280兆 1400億円）
だったのを考えると，GDP の約 1.46％を家族給付に費やしたことになる[48]。

---

46)　Commission des comptes de la Sécurité sociale (2014) p. 171.

47)　総務省統計局ウェブサイト http://www.stat.go.jp/data/sekai/0116.htm；2014年5月5
　　日閲覧。

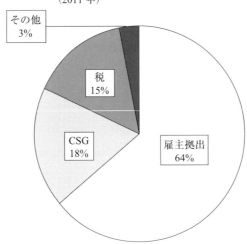

図4-3　家族給付部門（一般制度）の財源構成（2011年）

（出所）Commission des comptes de la Sécurité sociale (2014), p. 17（http://www.securite-sociale.fr/IMG/pdf/rapport-ccss-2014v2-2.pdf；2014年7月27日閲覧）より作成。

　これだけの予算規模を支えるために，フランスでは家族給付財源における雇主拠出の位置づけが重視されている，という点にも留意すべきである。たとえば，社会保障会計委員会（Commission des comptes de la Sécurité sociale）の報告によれば[49]，図4-3に示されているとおり家族給付財源全体の64％を雇主拠出が

---

48) 国立社会保障・人口問題研究所ウェブサイトの「社会保障統計年報データベース」によると，わが国における2011年度の「家族手当」（児童手当・児童扶養手当・特別児童扶養手当等）給付費は約3兆2,047億3,200万円である（http://www.ipss.go.jp/ssj-db/ssj-db-top.asp；2014年5月5日閲覧）。同年度の名目GDPは約471兆3,110円なので（前掲，総務省統計局ウェブサイト），ひとり親や障害児向け給付を含めた広義の「家族手当」にはGDPの0.68％を費やしたにすぎない。なお，2011年時点の20歳未満人口は，日本が約2,278万1,000人（国立社会保障・人口問題研究所〔2013年〕『人口統計資料集2013』〔人口問題研究資料第328号〕2013年1月，32ページ），フランスが1,544万408人（INEDウェブサイト http://www.ined.fr/fr/france/structure_population/sex_ages_definitif/；2014年5月5日閲覧）であった。
49) Commission des comptes de la Sécurité sociale (2014) p. 17.

占めている。第3節の図4-1で確認したように，家族給付の雇主拠出率はピーク時の16.75％から現在の5.25％へと大幅に引き下げられてはいるが，雇主拠出を主な財源に据え家族給付制度を管理・運営していく姿勢そのものはなおも引き継がれている。その背後には，伝統的な家族手当が労働問題とのかかわりのなかで個別賃金に上乗せするかたちで生成・展開してきたという歴史的経緯が確認できる[50]。

　フランス家族給付制度は，普遍主義的性格を維持した家族手当（わが国の児童手当に相当）を基礎に据えつつ重層的な給付体系を構築し，各世帯の多様なニーズにも対応するべく一定の予算を確保しており，その財政は伝統的に雇主拠出が中心になって支えているのである[51]。

付記：本章は，「平成25年度科学研究費助成事業（学術研究助成基金助成金）基盤研究
　　　（C）課題番号25380771」の交付を受けて進められた研究成果の一部である。

参 考 文 献

　フランス行政機関公式サイト Service-Public.fr　http://www.service-public.fr/
　上村政彦（1959）「フランスにおける家族手当立法」（『九大法学』6）。
　上村政彦（1966）「フランスの社会保障─家族手当制度を中心として─」（社会保障研究所『季刊社会保障研究』東京大学出版会，2（1））。

50）　フランス家族給付の特徴としては，その他に，各手当の給付額を基準賃金月額に依拠して毎年改定している点や，新学年度手当のように受給申請の必要がない自動給付制度が一部に導入されている点も指摘できる。

51）　家族給付の歴史を振り返ると，その主要財源に雇主拠出を位置づけるフランス的特徴は明確である。しかしながら2014年1月14日，オランド大統領は政権獲得後3回目の記者会見に臨んだ際，経営者団体MEDEF（フランス企業運動）に提案した「責任協定 le pacte de responsabilité」という新たな施策に言及し，そのなかで家族給付部門の雇主拠出を2017年までに撤廃する方針を明らかにした。その主な意図は，企業の労務コストを年間300〜350億ユーロ軽減して雇用創出につなげることにある（Le Monde 電子版 http://www.lemonde.fr/economie/article/2014/02/28/pacte-de-responsabilite-mode-d-emploi_4375625_3234.html；2014年7月27日閲覧）。もっとも，この改革方針については，代替財源が明らかにされていない点や主要労組のCGT（フランス労働総同盟）が反対姿勢を示している点など実現に不透明な部分も多い（CGTウェブサイト http://www.cgt.fr/IMG/pdf/Pacte_de_Resp_Declaration_propositionsCGT280214.pdf；2014年7月27日閲覧）。今後の展開に注目する必要があろう。

大塩まゆみ（1996）『家族手当の研究』法律文化社。

国立社会保障・人口問題研究所「社会保障統計年報データベース」http://www.ipss. go.jp/ssj-db/ssj-db-top.asp

国立社会保障・人口問題研究所（2013）『人口統計資料集 2013』（人口問題研究資料第 328 号）2013 年 1 月。

総務省統計局ウェブサイト　http://www.stat.go.jp/data/sekai/0116.htm

都村敦子（1989）「家族給付」（社会保障研究所『フランスの社会保障』東京大学出版会）。

内閣府『平成 25 年版　子ども・若者白書（全体版）』第 1 部 3 章 3 節　http://www8. cao.go.jp/youth/whitepaper/h25honpen/b1_03_03.html；2014 年 5 月 7 日閲覧。

日本銀行ウェブサイト　https://www.boj.or.jp/about/services/tame/tame_rate/kijun/kiju 1404.htm/

深沢敦（2008）「フランスにおける家族手当制度の形成と展開（上）」（『立命館産業社会論集』43（4））。

宮本悟（1995）「フランスにおける家族手当制度の形成過程─ 1932 年「家族手当法」の成立とその後」（『中央大学経済研究所年報』26（Ⅰ）号）。

宮本悟（1996）「第四共和政下におけるフランス家族手当制度の展開」（中央大学『大学院研究年報』経済学研究科篇，26）。

宮本悟（2000）「フランス家族手当制度の歴史的生成過程」（『社会政策学会誌』3）。

宮本悟（2007）「フランス家族手当制度の選別主義的改革─ 1997 年改革による所得制限の導入─」（『中央大学経済研究所年報』38）。

宮本悟（2010）「フランスにおける乳幼児受入れ給付導入の社会的影響」（佐藤清編著『フランス─経済・社会・文化の諸相』中央大学出版部）。

山口俊夫（1978）『概説フランス法　上』東京大学出版会，166 ページ。

Bethouart, Bruno, Philippe Steck (2012), *Prestations familiales : une histoire française*, Comité d'histoire de la Sécurité Sociale.

Bichot, Jacques *Histoire et évolution de la politique familiale en France*, (http://www. uniondesfamilles.org/histoire-politique-familiale-france.htm).

CAF ウェブサイト　http://www.caf.fr/

Ceccaldi，Dominique (1957), *Histoire des prestations familiales en France*, Edition de l'Union Nationale des Caisses d'Allocations Familiales.

CGT ウェブサイト　http://www.cgt.fr/IMG/pdf/Pacte_de_Resp_Declaration_propositions CGT280214.pdf

Comité d'histoire de la Sécurité sociale (sous la direction de Michel Laroque) (1999), *Contribution à l'histoire financière de la Sécurité Sociale*, Association pour l'étude de l'Histoire de la Sécurité Sociale.

Comité d'histoire de la Sécurité sociale (dirigé par Michel Laroque) (2005), *La Sécurité Sociale ─Son histoire à travers les textes─ (tome VI; 1981-2005)*, Association pour l'étude de l'Histoire de la Sécurité Sociale.

Commission des comptes de la sécurité sociale (2009), *Les comptes de la Sécurité sociale: Rapport octobre 2009.*

第4章　フランス家族給付の重層的制度体系　107

Commission des comptes de la sécurité sociale (2010), *Les comptes de la Sécurité sociale: Rapport septembre 2010.*

Commission des comptes de la sécurité sociale (2011), *Les comptes de la Sécurité sociale: Rapport septembre 2011.*

Commission des comptes de la sécurité sociale (2012), *Les comptes de la Sécurité sociale: Rapport octobre 2012.*

Commission des comptes de la Sécurité sociale (2014), *Les comptes de la sécurité sociale: Résultats 2013 et prévisions 2014 (juin 2014)* (http://www.securite-sociale.fr/IMG/pdf/rapport-ccss-2014v2-2.pdf).

Damon, Julien (2006), *Les politiques familiales*, Presses Universitaires de France.

INED ウェブサイト　http://www.ined.fr/fr/france/structure_population/sex_ages_definitif/

INSEE (1966), *Annuaire statistique de la France*, Résumé rétrospectif.

INSEE, «Taux de cotisations sociales (part patronale) - Pour la SS - Allocations familiales - Sur la totalité du salaire» (http://www.insee.fr/fr/bases-de-donnees/bsweb/serie.asp?idbank=000483615).

INSEE ウェブサイト　http://www.insee.fr/fr/

Jullian, Lucien «Introduction du colloque», *Il y a 90 ans naissaient les allocations familiales*, (http://www.securite-sociale.fr/IMG/pdf/public_lyon_90_ans.pdf).

Laroque, Pierre (dir.) (1985), *La politique familiale en France depuis 1945*, La Documentation française.

Le Monde 電子版　http://www.lemonde.fr/economie/article/2014/02/28/pacte-de-responsabilite-mode-d-emploi_4375625_3234.html；2014 年 7 月 27 日閲覧。

Montalembert, Marc de (2008), *La protection sociale en France. 5e édition*, La Documentation française.

OECD (2008), *Growing unequal?: income distribution and poverty in OECD countries.*

Pison, Gilles (2014), «1914-2014: un siècle d'évolution de la pyramide des âges en France», in INED, *Population & Sociétés*, N°509.

第 5 章

中国における最低生活保障制度の統合について

1. は じ め に

中国における社会救済制度は 1950 年代に都市部・農村部別，さらに対象別に設立されたものに遡る。1979 年以降の経済改革政策実施は，これらの社会救済制度では対応できない新たな国民生活問題を生み出しただけでなく，その存続の経済基盤すら失わせてしまった。たとえば，農村経済改革により，農家を生産単位とする生産請負制が確立され，それが人民公社体制下の集団経済に取って代わり，人民公社集団経済を存続の基盤としていた五保扶養制度はそのままでは扶養対象がなくなり，改革しなければ存続できなくなった。一方，都市経済改革によって国有企業の独立採算制が確立され，経営不振の企業は破産を余儀なくされ，大量の失業者を生み出すだけではなく，各企業によって運営されていた従業員世帯への社会救済事業は機能しなくなった。このような経済的・社会的背景のもとで，政府はパイロット方式を用いて，社会救済制度の改革を模索し，1994 年 1 月に扶養義務者がおらず（または扶養義務者に能力がない），労働能力がなく，収入もない老人，障害者および孤児を対象とする「農村五保扶養条例」を国務院によって公布し，続いて 1999 年 9 月に「都市部住民最低生活保障条例」を公布した。これにもとづいて都市住民最低生活保障制度が設立された後に，国務院は 2007 年 7 月に「全国における農村最低生活保

障制度設立に関する通知」を通達し，これにしたがって，各地の県・市レベル
の地方政府はそれぞれの管轄範囲内において，農村最低生活保障制度を創設し
た。

　都市部・農村部別の最低生活保障制度は，従来の貧困家庭を対象とする都市
部・農村部別の社会救済制度に取って代わり，原則としてすべての国民に最低
生活を権利として保障し，社会の安定を維持するうえで重要な役割を果たすも
のである。しかしながら，最低生活保障制度は中央政府の統一プランにもとづ
いて設立されたものではなく，パイロット方式を使った結果，貧困基準の算定
方式と調整方法，扶助をえるための資格条件，ミーンズ・テスト（資力調査）
の内容など，いずれにおいても地域的に大きな差異が存在していた。

2. 最低生活保障制度統合の必要性

　前述のように，最低生活保障制度は各地の県・市レベルの地方政府が中央政
府のガイドラインにもとづいて設立したものである。そのために，最低生活保
障制度は都市部・農村部別に分断され，さらに県・市ごとに分断され，公平性
が乏しく，国民所得格差への調節機能が阻害され，貧困状態に陥った流動人口
への適切な救済策になりえない。主な問題点を以下のようにまとめた。

　①　地域的に分断されている最低生活保障制度は，国民所得再分配の役割を
うまく果たしていないこと。改革開放政策実施以来，わずか数年間を除いて，
都市部（町を含む）と農村部住民の所得格差が毎年増大してきた。たとえば，
2013年の全国都市部住民1人あたりの可処分所得は2万6,955元，農村部住
民1人あたりの可処分所得（中国の場合，農村部では純収入という）は8,896元，
両者の比率が1980年の2.5倍から2013年の3.0倍まで上昇し，構造的に不均
衡の臨界点に達している。これに対して，本来社会保障制度の一環としての最
低生活保障制度は，農村部における数多くの貧困世帯への扶助によって，都市
部と農村部住民の所得格差を縮小させるべきであるが，都市部における貧困基
準額が農村部より高いため，所得格差を拡大させているのが現状である。2009
年の貧困基準を例にとれば，全国都市住民最低生活保障制度の貧困基準額の平

均値は 1 人あたり月 227.8 元で，対象者に支払われた扶助額の平均値は 1 人あたり月 165 元であった。これに対して，同じ年の全国農村最低生活保障制度の貧困基準額平均値は 1 人あたり月 100.8 元で，都市基準額の半分にも満たず，救助対象に支払われた救助額の平均値はわずか 1 人あたり月 64 元であった[1]。そのほか，最低生活保障制度の認定は戸籍所在地での申請を条件としているから，出稼ぎ労働者は，流入地で貧困状態に陥っても，適切な救助を受けることができず，凍死や餓死事件が一部の都市でみられた。これらの問題をもたらしたのは制度の不統一のほかない。

　②　貧困基準額の地域的格差が大きく，困窮者の特別ニーズを考慮していないこと。民政部が公表した統計データによると，全国 36 の主要都市で住民 1 人あたり可処分所得に対する貧困基準額の占める割合は，最大 30％，最低 16％，平均 22％であった[2]。この問題を引き起こした主な原因は 2 つある。ひとつは貧困基準額を定める権限が各地の県・市レベルの地方政府に委ねられ，救助にかかる資金も主に県・市レベルの地方政府によって調達されるからである。もうひとつは，貧困基準額の算定方式が地域的に異なり，かつ毎年物価や収入の変動に応じて調整するメカニズムがいまだに確立されていないからである。たとえば，上海市では，1993 年にマーケット・バスケット方式を用いて貧困基準額を算定し，北京市でも 1995 年にマーケット・バスケット方式を用いて極貧線，衣食線（温飽線），発展線という 3 つの貧困ラインを制定したが，1995 年福州市ではエンゲル係数を用いて貧困ラインを制定し，広州市では社会平均収入の 3 分の 1 を貧困ラインとした。また，2009 年大連市では前年度都市部と農村部における住民 1 人あたり消費支出の 30〜35％を貧困ラインとし，2005 年浙江省では都市部住民の貧困基準額を地元最低賃金の 40％，農村部における住民の貧困基準額を地元都市住民の貧困基準額の 60％とした[3]。貧困基準額の算定方式が統一的ではないので，貧困基準額の地域的格差が大き

---

1)　民政部，「2009 年民政事業発展統計公報」。
2)　民政部，「2009 年民政事業発展統計公報」。
3)　姚（2011），77 ページ。

い。たとえば，2010年第2四半期の貧困基準額の最高は上海市と江蘇省の連雲港市で450元，最低は新疆自治区の塔城市で117元，差は3.85倍であった[4]。そのほか，各地の貧困基準額は，健康な成人のニーズを満たすことを前提条件とし，世帯規模や救助対象の特別ニーズを考慮していないので，介護が必要な老人や障害者，普通の人より多い栄養を必要とする妊産婦，持病のある人などにとって，現行の貧困基準額の決定方法では，彼らの個人的な特別ニーズを満たすことは難しいのである。

　③　最低生活保障を得るための収入，資産，労働能力などの資格条件が統一されておらず，すべての申請者に公平な扶助を与えることは困難であること。周知のように，最低生活保障制度は，貧困者の収入，資産および労働能力によって最低生活を維持できない家庭に対して救助を与える制度であり，まずは個人の収入，資産および労働能力の活用が求められる。つまり，申請者世帯の経済状況を確認するために，ミーンズ・テストをおこなわなければならない。しかしながら，収入，資産及び労働能力の活用については，中央政府は明確な基準を定めておらず，そのために，各地の市と県ではミーンズ・テストをおこなう際の調査項目や救助条件はバラバラで，担当者の個人判断によるといっても過言ではない。

　④　ミーンズ・テストをおこなう際に関係機関，会社，銀行および国民からの協力をえることが困難であること。救助申請者およびその法定扶養者の収入，資産，預貯金，株券，住宅などの情報をえるために，関係のある就職先，社会保険機構，銀行，証券会社，土地管理部門，税務部門などの証明書または情報が必要であるが，社会救助法がないので，ミーンズ・テストをおこなう際，お客様の秘密を守るためという口実で，証明書の提出が拒否され，必要情報を入手できないことはよくある。

　⑤　ミーンズ・テストの実施方法に問題があること。民政部門の職員不足に

---

　4)　中華人民共和国民政部「2010年第二季度城市居民最低生活保障标准」(http://files2.
　　mca.gov.cn/cws/201008/20100827165154572.htm;2010-9-24)。

より，ミーンズ・テストは無報酬の住民委員会あるいは村民委員会に託されているのが現状である。住民委員会あるいは村民委員会のメンバーは，普段把握している住民家庭基本状況にもとづいて，申請者に収入証明書を求め，家庭を訪問し，さらに近所の人に申請者の収入，資産，仕事状況を聞き，評議会で救助者を選び，選ばれた者の名前を住民委員会あるいは村民委員会の掲示板に貼り，公示する。こういうやり方は申請者の尊厳が損なわれる恐れがあり，漏救の問題を導きがちである。

⑥　中央・省区市・県レベルの政府の財政責任を明確に定めていないこと。都市部における住民の最低生活保障制度であれ，農村部における住民の最低生活保障制度であれ，県・市レベルの政府によって実施され，資金も主にこのレベルの政府によって担われている。ここ数年，中西部地区への中央政府の地方交付金額がだんだん増えてきているにもかかわらず，法律上各レベルの政府の財政責任は明確に定められていないがゆえに，県・市レベルの政府はできる限り，扶助基準額を低く設定しようとしているのが実情である。そのため，最低生活保障制度の趣旨に反し，貧困者の一部が救助されていないのである。たとえば，1人あたり1日1.25アメリカドルの収入という世界銀行の絶対貧困基準ではかると，2009年，中国には1.5億人の貧困者がいるが[5]，2009年度末に7,107万人しか（都市部における住民2,347.7万人と農村部における住民4,759.3万人）最低生活保障制度の救助を受けていなかった[6]。

3. 最低生活保障制度統合の原則について

現行の最低生活保障制度の問題点を抜本的に改革するために，下記の諸原則にしたがって，県・市ごとにさらに都市・農村別に寸断されている最低生活保障制度を統合する必要がある。

---

5)　国務院総理温家宝のコペンハーゲン気候変動会議での重要な演説，2009年12月18日（news.xinhuanet.com/world/2009-12/18content_12667890.htm）。

6)　民政部：「民政事業発展統計公報」（2007-2009年）。

3-1 無差別平等原則

「中華人民共和国憲法」第33条には，「国家は公民の人権を尊重し，保障する。すべての公民は法律上一律平等である」と明記されている。したがって，人権の中核としての生存権は憲法によって無差別平等に保護されるべきである。さらに，1991年11月1日に中国政府によって発表されたはじめての人権白書──「中国の人権状況」には，「一つの国家と民族にとっては，人権はひとまず生存権と発展権である。生存権がないと，その他の人権は論外である」と書かれており，また「基本的な衣食問題が解決されれば，生存権問題も解決できる」とも書いてある。そこで，国民の生存権と発展権を確保するために設立された最低生活保障制度は，貧困状態に陥った貧困者に扶助を与える際に，無差別平等原則にしたがわなければならない。すなわち，都市部と農村部を分けず，民族，人種，性別，職業，家族の背景，宗教，教育程度とは関係なく，貧困者に必要となる現金収入あるいは人的・物的サービスを平等に提供しなければならないのである。

3-2 補足性原則

　市場経済体制のもとで，個人生活の原則は自己責任という自助努力原則を貫かなければならない。社会保障制度制定の目的は，個人生活の原則を破棄することではなく，国民の生存権と発展権を保障するために，自助努力で維持できない最低生活分を社会扶養の責任で補うことである。言い換えれば，国民所得の初回分配によって生存に必要な収入あるいはサービスを得ることができない場合には，足りない分は国家によって補足されるが，まずは，貧困者の所有している労働能力，収入，資産などの活用や，継承法によって贈与された財産の利用，貧困者に対する民法上の扶養義務者による扶養が要求される。

3-3 必要最低限原則

　国民の生存権と発展権を確保するために，最低生活保障制度の扶助基準は最低限の生活を維持するのに必要な収入とサービスを満たさなければならない

が，貧困者の年齢，性別，健康状態，家庭規模によって，ニーズが異なる。そ
こで，最低生活保障制度の扶助基準は，一般的に心身とも健康な人の最低限の
生活のニーズを満たすと同時に，老人，持病のある人，妊産婦，児童などの特
別なニーズも充足しなければならない。すなわち必要最低限原則にしたがわな
ければならない。なぜなら，貧困ラインを最低生活水準以下に設定すると，貧
困者に対する最低生活保障という政策目的は達成できず，最低生活水準以上に
設定すると，惰民養成という問題になり，社会保障の政策目標に反するからで
ある。

3-4 職業訓練・扶助と結びつける原則

　最低生活保障制度の目的は国民を貧困状態から脱出させ，自立的生活を送ら
せることである。1980年代半ば以降，国有企業改革によって一部の労働者が
職を失い，貧困状態に陥った。これらの貧困者にとって，職業訓練によって再
就職したり，生業扶助で起業したりすることは，貧困状態から脱出するもっと
も有力な手段である。そのために，最低生活保障制度による救助は，単なる金
銭給付だけではなく，金銭給付を職業訓練や扶助と結びつけるという原則にし
たがって，あらゆる社会資源を動員し，貧困者の再就職を促進し，起業するた
めの優遇政策を制定しなければならないのである。

4. 最低生活保障制度の統合について

　「国民経済と社会発展の第十二回五ヵ年計画の要綱」では，都市部と農村部
の発展を統一的にアレンジし，積極的かつ着実に都市化を推進し，都市部と農
村部住民に基本的な公共サービスを平等に享受させることを目標とする国家発
展戦略が盛り込まれた。この国家発展戦略を貫き，すべての国民に最低生活保
障を含む，基本的な公共サービスを平等に享受させ，とくに農民工をはじめと
する流動人口が必要なときに扶助を得ることができるようにするために，都市
部と農村部，さらに県，市ごとに寸断されている最低生活保障制度の内容を統
合しなければならない。本節では制度統合，貧困ラインの算定方式，扶助をえ

116

るための資格条件，ミーンズ・テストの実施および政府の責任分担をめぐって
いかにして統合するかを検討した。

4-1 制度統合

都市部と農村部，さらに県，市ごとに分断されている最低生活保障制度を統
合するために，制度的には，扶助基準を向上させるうえで，農村部における扶
養義務者のいない貧困な高齢者，障害者および孤児を対象とする五保供養制
度[7]を最低生活保障制度に統一する。それと同時に，貧困ラインの算定方式お
よびその調整方法，救助の資格条件，ミーンズ・テストの実施も民政部によっ
て全国一律にその内容を規定する。さらに特別ニーズを満たすための医療扶
助，教育扶助，住宅扶助の項目を生活扶助と切り離し，適用対象を生活扶助の
貧困者からすべての国民にまで拡大させる必要がある。

4-2 貧困ラインの算定方式およびその調整

現行の最低生活保障制度の貧困基準の算定方式を統一するために，貧困ライ
ンの設定権限を地方政府から中央政府に移すべきである。

(1) 貧困ラインの算定方式

世界各国においては貧困ラインを設定する際，マーケット・バスケット方
式，エンゲル係数方式，生活様式方式，消費支出の割合方式，社会平均（中
位）収入の割合方式などがよく使われる。どの方式を選ぶかは各国の社会保障
の政策目標，国民の困窮状態，地域的所得格差などによって決まる。

現在，中国における社会保障の政策目標はすべての国民に生存と発展の機会
を与え，人間本位の科学的発展観という民生政策を貫くことである。経済発展
水準は地域的にバラツキが大きく，さらに同じ地域でも，都市部と農村部住民

---

7) 1950年代に初めて創設され，1994年の「農村五保供養条例」によって，扶養の基
準や内容，基金などについて明確に決められた。その基準は農村最低生活保障制度
のそれより高いので，いまだに農村最低生活保障制度に吸収されていない。

の可処分所得の格差が大きい。たとえば2013年省・自治区・直轄市の1人あたりGDPランキングによれば，もっとも高い天津市の10万1,699元は，もっとも低い貴州省の2万2,982元の約4.43倍で[8]，同じ天津市でも都市・町戸籍住民の1人あたり可処分所得は3万2,658元，これに対し，農村戸籍住民の純収入はわずか1万5,405元，都市部の半分以下である[9]。このような社会経済背景のもと，1.5億人いる貧困者の衣食住を保障するために，貧困ラインは，絶対的貧困と相対的貧困を同時に克服しなければならない。ここでは飲食費の算定はマーケット・バスケット方式で生存にもっとも必要な熱量と栄養を確保し，飲食費以外の生活経費は可処分所得または純収入の割合方式で算定する。これは，貧困者間の生活水準の差を縮小させるとともに，貧困者に経済発展の成果を享受させるためである。地域的なバラツキが大きい家賃や，医療，教育，就職については単独で扶助基準を設定することが望ましいと考える。

(2) 貧困ラインの設定と調整

① 飲食費

飲食費を算出するために，まず民政部は，中国栄養学会が薦めた，成人の必要熱量と栄養基準にもとづいて，食べ物の種類と数量を決め，主食，副食，調味料の栄養割合と前年度全国CPIから成人男性シングル世帯の飲食費を計算し，1カロリーの単価を求める。つぎに国家統計局社会調査チームがすべての省都都市・自治区首府都市・直轄市，地区レベルの都市，県レベルの都市の各種食物の値段を調査し，各都市の値段で計算した飲食費と全国CPIから計算した飲食費の比率をそれぞれ求める。この比率は年が変わっても変わらないとすると，前年度全国CPIの伸び率から各地域における成人男性の飲食費基準を計算でき，それを成人男性の必要熱量で割ると，1カロリーの単価を求める

---

8) 2013年各省市GDPのランキング（http://www.guancha.cn/economy/2014_03_18_214661.shtml）。

9) 2013年天津市国民経済と社会発展統計公報（http://district.ce.cn/newarea/roll/201403/31/t20140331_2577502_2.shtml）。

ことができる。そこからは，すべての適用対象に共通であるが，1日の必要熱量に1カロリーの単価をかけると，1日あたりの生活費を求めることができる。老人，妊産婦，障害者，児童など特別ニーズのある者に対して，それぞれ扶助基準の20%を加算することは合理的である。

② 飲食費以外の経費

都市部と農村部では住民の生活様式が異なり，収入の格差も大きい。しかし，家賃の地域格差が大きいことを除けば，衣類費，水道料金，電気料金，ガス代，電話代などは全国どこでも同じである。そこで，各省・自治区・直轄市の都市・農村別，世帯類型別（1人世帯，2人世帯，3人以上の世帯）の飲食費以外の経費に関するデータを国家統計局社会調査チームの都市・農村住民生活実態調査によって調査し，住宅費を引いた額を，その省・自治区・直轄市の1人あたりの可処分所得または純収入で割って，えられた比率が年が変わっても変わらないと仮定すると，毎年国家統計局の公表する前年度各省・自治区・直轄市の1人あたり都市住民可処分所得または農村住民の純収入の伸び率で，各省・自治区・直轄市の都市・農村別，世帯類型別の飲食費と住宅費以外の救助基準額を算出することができる。そのうえで，暖房費は寒い地域における加算項目として取り扱えばよい。

補足説明として，最低生活保障を受ける際，家具，食器および寝具などの基本的な生活用品が欠けている貧困者に対しては，一時扶助費を支給し，一時扶助費は恒常的な貧困水準に含めないことが望ましい。

③ 施設扶助の基準

最低生活保障は自宅に住むことが原則であるが，貧困者が敬老院，身体障害者施設，児童施設に収容される場合は，施設でかかる生活費および介護費は入所者が負担できない分だけを支給し，死亡の際には，埋葬費を支給する。

④ 特別な扶助基準の設定

住宅，医療，教育などの需要は，国民の生存および発展に必要不可欠である。しかし，これらへの扶助は最低生活水準を貧困ラインまで引き上げるような飲食費とそれ以外の経費への救助とは性格が異なり，その需要による支出増

のため，貧困者の生活を最低生活水準以下に落とすことを防ぐ目的で扶助が必要である。全国一律の基準を決めることが難しいので，特別扶助のかたちで個別に基準を設定すればよい。

（ア）住宅扶助について

住宅は国民の生存を維持するために必要不可欠であるが，家賃は地域格差が大きく，かつほとんどの農村部住民は自宅を所有しているので，住宅扶助の対象を都市部住民に限定し，都市レベル別の住宅扶助基準を設定したほうが合理的である。具体的には，国家統計局社会調査チームの都市部・農村部住民生活実態調査によって，省都レベルの都市と直轄市，地区レベルの都市，県レベルの都市それぞれの世帯別家賃を調査し，それぞれ1人あたりの家賃を算出し，その値を全国1人あたりの可処分所得で割って，各都市レベルの世帯別1人あたりの家賃の占める全国1人あたりの可処分所得の比率を求め，この比率は年が変わっても変わらないとすると，前年度1人あたりの可処分所得の伸び率で各都市レベルの世帯別1人あたりの家賃扶助基準額を求めることができる。申請者の世帯類型と可処分所得にもとづいて，住宅扶助額を算出する。一方，農村部における住宅のない貧困者に対しては，住宅費は一時扶助のかたちで支給することが合理的であろう。

（イ）教育扶助について

すべての児童に同じスタートラインから正規学校教育を受けさせるために，教育扶助は入学前の保育教育と小学校から中学校までの義務教育の両方を含むべきである。貧困家庭の子どもが保育園または幼稚園から，公立小学校，中学校，高校・専門学校で教育を受けるための扶助として，学習用品費，社会実践費およびその他の雑費，寮の家賃などを支給の対象にすべきであろう。

（ウ）医療扶助について

中国では，数多くの世帯が家族の罹病によって貧困状態に陥っている。四川省困窮労働者のファイリングデータベースによれば，本人あるいは家族の罹病によって貧困状態に陥っている世帯は5.81万戸に達し，すべての登記困窮労働者世帯の22.9%を占める。そのほか，都市労働者貧困調査では，1,000人の

120

被調査者のうち，罹病によって困窮状態に陥る人の割合は 35.3％であること
が示されている[10]。そこで，国民が貧困状態に陥ることを防ぐために，医療
救助は貧困状態に陥ってから救助するという現行の方法を改め，医療保険制度
と連動させ，そのための条件を設定すべきである。具体的方法として，国民生
活実態調査によって，すべての国民世帯を高収入世帯，中収入世帯，低収入世
帯に分け，救助基準は世帯類型別医療費の世帯収入に占める割合で決める。つ
まり医療保険の適用病種に対して，世帯単位で毎月かかった医療費の自己負担
分の患者世帯収入に占める割合が救助基準に達すると，超える分は医療扶助で
補填するというやり方である。

4-3　就職促進・生業扶助について

　社会扶助の目的は自力で貧困状態から脱出できない貧困者に社会援助を提供
し最低生活を維持させるとともに，その自立を促し，助けることである。そこ
で，労働能力のある貧困者に就職の機会を与えることや生業扶助をおこなうこ
とは貧困者を貧困状態から抜け出させるもっとも有力な手段である。中国政府
は，貧困地域の経済発展の外部環境の改善と貧困世帯への生業扶助を内容とす
る貧困扶助開発活動を 1985 年から全国規模で実施しはじめ，顕著な効果を得
ている。今後，政府は，貧困扶助開発活動を最低生活保障制度のなかへ組み入
れ，金銭給付を提供するとともに，都市貧困者を含むすべての労働能力のある
貧困者に対して，各種の社会組織を動員し，就職斡旋，必要な労働技能の習得
支援，起業のための資金貸付等をおこなうべきである。

4-4　救助資格条件の統一について

　最低生活保障は自助努力で維持できない最低生活への補足であるから，貧困
者の利用しうる資産・能力その他あらゆるものを最低生活の維持のために活用

---

10)　多種類の措置を同時に実施することで，罹病によって貧困状態に陥るリスクを軽
　減する（多措并挙化解“因病致貧”風険），2014-03-10 資料出所：中工ネット—労
　働者日報（北京）。

することを救助の要件としなければならない。そのために，中央政府は最低生活救助を得るための資格条件，言い換えれば，現金・貯金，収入および資産の最大保有量について明確な基準を定める必要がある。

①　現金・貯金について

困窮者が申請の受理から救助を受けるまで時間がかかる。その間の緊急支出に備えるために，貧困者家庭の手持現金・貯金の保有限度は少なくとも申請者世帯類型の扶助基準の2倍まで認めるべきである。

②　資産について

資産は，生活基盤にあたるものとそうでないものがあるので，民政部は生活基盤にあたるものと，その保有量について明確な基準を設けるべきである。その目安として，当該地域の普及率が70％を超える家電製品は保有を認め，また例外として，普通の家庭にはないが，申請者がそれまでの収入を稼ぐために用いた「贅沢品」（たとえばピアノ）の保有を認めるべきであろう。保有の限度を超える資産は売却や賃貸に出しそれで収入をえなければならない。

③　収入について

いわゆる収入は恒常的でかつ生活のためにえるものを指し，以下の4種類からなる。（ア）本人の労働によりえた賃金・農業収入・その他の自営業収入，（イ）財産収入，（ウ）年金，失業手当などの収入，（エ）仕送り，贈与による収入，である。働くことはエネルギー消費につながるもので，就労にともなう支出も増大するから，貧困者およびその家族の就労意欲を向上するために，収入の認定に際して，勤労にともなう必要経費を控除すべきである。そこで，本節では現行の最低生活保障制度に収入控除が設けられていないことを指摘し，それを改善するために，日本における生活保護制度の収入控除を参考に，（ア）基礎控除（労働収入の20％），（イ）少額不安定収入の不加算，（ウ）再就職または新規就労控除（6か月以内毎月労働収入の50％），からなる収入控除制度の導入を提案する。

4-5 社会救助法の制定

　困窮状態に陥ったすべての国民の救助を受ける権利を確保し，最低生活保障の濫救と漏救問題を防ぐために，速やかに社会救助法を制定しなければならない。これによって，中央，省・自治区・直轄市，地区レベルの市，県レベルの市政府の救助資金分担義務を明確に定め，部門，機関，会社，事業単位，個人のミーンズ・テストに対する協力義務を明確に規定し，さらに最低生活保障制度の円滑な実施を保障するために，収入証明書や資産証明書の偽造に対して，関係のある個人および部門・会社等に対する処罰規定を設ける必要がある。

4-6 ミーンズ・テストの改革について

　数多い申請者のなかから救助条件の満たす貧困者をスクリーニングし，濫救・漏救問題を克服するために，専門な調査機関によって的確に申請者の収入と資産保有状況を把握しなければならないのである。そのために，下記の改革をおこなうべきである。

　① 現行では，住民・村民委員会がミーンズ・テストの担い手になっているが，これをあらため，住民・村民委員会を単なる協力機関とし，国家統計局の各レベルの調査チームにミーンズ・テストグループを設置すること。その目的は，国家統計局社会調査チームの全国的機構網と調査員の豊富な社会調査の知識と経験を利用し，救助に必要な情報を的確に入手し，民政部門の救助担当者の主観的な憶断を最低限に抑えるとともに，ミーンズ・テストのコストを節約することである。

　② ミーンズ・テスト用情報システムを構築すること。貧困者の収入，資産，貯金などの情報を的確に把握し，ミーンズ・テストにかかる時間と費用を節約するために，インターネットを利用し，ミーンズ・テスト情報システムを構築することが有効である。具体的には，上海市の住民経済状況照合システムを参考に全国の住民経済状況照合システムを構築し，これによって，民政部が人力資源と社会保障部，財政部，住宅建設部，中国人民銀行，証券監督管理委員会，中国銀行業監督管理委員会の管轄する下級業務取扱機構の住民情報シス

テムに入り，申請者世帯の納税収入，預貯金，住宅，株券などの情報を獲得すれば，貧困者世帯の的確なスクリーニングは簡単になる。

4-7　流動人口への救助について

　改革開放政策の実施にともなって現れた都市非公有制経済は，農村余剰労働力の都市での就職・起業の機会を提供し，とくにここ数年工業化・都市化政策が農村労働力の都市への移転を一層促進した。「中国流動人口発展報告 2013」によると，2012 年中国の流動人口は 2.36 億人にのぼり，全国民 6 人中 1 人は流動人口である。しかし，現行の最低生活保障制度では，貧困者への救助は戸籍所在地の県・市レベルの地方政府によっておこなわれており，戸籍所在地を離れ，流入地で貧困状態に陥った流動人口は，必要なときに扶助を受けることは困難である。これを防ぐために，最低生活保障制度のなかに，流動人口への特別救助項目を設け，貧困状態に陥った流動人口に対する救助は，流入地政府の義務で，救助に必要な費用は後に中央政府に請求するというような措置が必要である。なぜなら，流動頻度が高く，かつ流入先が確定的ではない流動人口への救助は，流入先政府，流出先政府および中央政府の間で予算配分が難しいからである。

5．お わ り に

　以上，中国における最低生活制度改革の必要性およびその方法について述べた。以下，要点をまとめる。

　1980 年代の経済体制改革にともなって現れた新たな国民生活問題に対処するために，各地の県・市レベルの地方政府はパイロット方式で都市・農村別の最低生活保障制度を設立した。しかし，救助基準の算定方式や調整方法，救助の資格条件およびミーンズ・テストの内容は地域によって大きな差異があり，さらに申請は戸籍所在地でおこなうことを条件としているため，すべての国民にナショナル・ミニマムを平等に保障することが困難で，流動人口への適時な救助も難しい。そこで，本章は最低生活保障制度統合の必要性を説き，無差別

平等原則，補足性原則および必要最低限原則にもとづき，制度統合，貧困基準の算定方式，救助の資格条件，ミーンズ・テストの実施および政府の責任分担をめぐっていかにして統合するかを試みたのである。具体的には下記のとおりである。

①制度統合については，救助基準を向上させること，さらに，農村部における五保供養制度を最低生活保障制度に統一すると同時に，特別ニーズを満たすための医療扶助，教育扶助，住宅扶助の項目を生活扶助と切り離し，適用対象を生活扶助の貧困者からすべての国民にまで拡大させる必要がある。

②貧困基準の算定方式については，衣食住の最低生活問題を抱える国民の数が多く，すべての国民に生存と発展の機会を与え，人間本位の科学的発展観という社会保障の政策目標を貫き，経済発展の地域的不均衡による可処分所得の格差が大きいことを念頭に，本章では飲食費の救助基準をマーケット・バスケット方式で算定し，飲食費以外の生活経費の基準は可処分所得または純収入の割合方式で算定し，さらに地域バラツキが大きい家賃や，医療，教育，就職については単独で扶助基準を設定することが望ましいと考える。

③就職促進・生業扶助については，貧困扶助開発活動を最低生活保障制度に組み入れ，金銭給付を提供するとともに，都市貧困者を含むすべての労働能力のある貧困者に対して，各種の社会組織を動員し，就職斡旋，必要な労働技能の習得支援，起業のための資金貸付等をおこなうべきである。

④扶助資格条件の統一については，現金・貯金，収入および資産の最大保有量について明確な基準を定める必要がある。とくに，収入の認定に際して，勤労にともなう必要経費を控除すべきである。

⑤中央，省・自治区・直轄市，地区レベルの市，県レベルの市政府の救助資金分担義務および部門，機関，会社，事業単位，個人のミーンズ・テストに対する協力義務を明確に定めるために，速やかに社会扶助法を制定しなければならない。

⑥ミーンズ・テストの改革については，現行では，住民・村民委員会がミーンズ・テストの担い手であるが，それを改め，住民・村民委員会を協力機関と

し，国家統計局の各レベルの調査チームにミーンズ・テストグループを設置
し，同時にミーンズ・テスト用情報システムを構築する。

　⑦流動人口への扶助については，最低生活保障制度に流動人口への特別扶助
項目を設け，流入地政府が救助をおこない，その費用は後に中央政府に請求す
るというような仕組みを作る必要がある。

参 考 文 献

小沼正（1980）『貧困―その測定と生活保護』東京大学出版会。

篭山京（1991）『公的扶助論』社会福祉選書⑥，光生館。

篭山・江口・田中（1968）『公的扶助制度比較研究』光生館。

樫原朗（1993）『イギリス社会保障の史的研究Ⅲ―戦後の社会保障のはじまりから
　　1986年社会保障法へ―』法律文化社。

工藤恒夫（2003）『資本制社会保障の一般理論』新日本出版社。

厚生労働省編（2011）『世界の厚生労働2011』2009〜2010年海外情勢報告。

小山路男（1978）『西洋社会事業史論』光生館。

社会保障研究所編（1989）『西ドイツの社会保障（2）』東京大学出版会。

社会保障研究所編（1995）『社会保障論の新潮流』有斐閣。

National Assistance Act of 1948, UK (http://www.legislation.gov.uk/ukpga/Geo6/11-12/29/
　　contents).

郑功成（2011）《中国社会保障改革与发展战略》救助与福利卷，人民出版社。

唐钧（1997）「确定中国城镇贫困浅方法的探讨」社会学研究［J］1997年第2期。

杨立雄（2011）最低生活保障制度存在的问题及改革建议「中国软科学」［J］2011
　　年第08期。

姚建平（2011）「城市居民最低生活保障标准统一问题探讨」社会科学2011年第9
　　期。

第 **6** 章

中国の基本医療保障システムの特徴
——医療保険と医療扶助の関連性から——

1. は じ め に

　1978 年の改革開放政策は中国全土に新しい風を吹き込んだ。1989 年の天安
門事件を経験したにもかかわらず，2001 年の WTO 加盟，2010 年の GDP 世界
第 2 位への躍進が物語っているように，わずか 30 数年の間に，中国経済は大
きく成長し，劇的に変貌した。その成長は一言でいえば，計画経済から社会主
義市場経済への体制移行が功を奏したからである。その体制移行にともない，
経済システムだけでなく，国民の生活を保障するシステムも新たにつくりなお
した。つまり，従来の「単位」保障[1]に代わり，近代的な社会保障制度体系が
構築された。

　中国の社会保障制度の構築も経済発展と同様に，そのスピードは目を見張る
ものであった。社会保障制度の改革は 1986 年にはじまり[2]，「皆保険・皆年

---

　1)　計画経済期に，都市部においては国有企業を中心とする「単位」（勤務先，職場）
　　によって運営されていた労働保険制度である。農村部においては「人民公社」によ
　　って運営されていた集団保障（合作医療制度と生活困窮者に対する救済制度・五保
　　戸制度）があるが，農民間の相互扶助制度にすぎない。
　2)　1986 年，年金保険，失業保険といった具体的な制度づくりがはじまり，また国家
　　の政策としても社会保障が認められた。同年 4 月 11 日に採択された「国民経済と社

金」体制（一部任意加入）と最低生活保障制度を含む制度体系が創設されたのは 2011 年のことであった[3]。とくに，胡錦濤政権が登場してから，「和諧社会」（調和のある社会）というスローガンを掲げ，民生（国民生活）を重視し，社会保障制度の拡大に大きく貢献した。なかでも，2003 年の SARS を契機に，医療保険の制度整備が急ピッチで進められたことは特筆に値する[4]。ランセット誌は 2008 年，2010 年および 2012 年に 3 回にわたって，中国の医療改革を特集し，中国の経験は世界の医療改革に新たな論拠素材を提供したと高く評価した。しかし，医療保険制度だけでは，すべての国民が必要とする医療サービスを受けられるとは限らない。保険料が支払えない低所得者や，高額の自己負担を強いられる重病患者などはその典型である。その場合，公的扶助による医療扶助が，彼らにとっては最後のセーフティネットであり，まさしく「命綱」である。

　本章は 3 つの基幹医療保険制度と医療扶助制度からなる中国の基本医療保障システムについて考察をおこなう。まず，分析の背景として中国の医療保険および医療扶助の形成過程をそれぞれ整理し，つぎに医療保険と医療扶助の関連性から中国基本医療保障システムの特徴を析出し，最後に全体の総括と日本への示唆をまとめる。

2.　「皆保険」体制の成立

2-1　改革開放期の医療保険制度改革

　中国の医療保険制度改革は，1980 年代の後半からはじまった年金保険制度や失業保険制度に比べ，少々出遅れて，1990 年代に入ってから始動した。1990 年代の中国は市場メカニズムに適応させるための国有企業改革の最中に

　　会発展の第七次五カ年計画」のなかで，社会保障の概念は国家公式文書ではじめて定義され，さらに社会保障改革に関する単独の章が設けられた。
3)　詳しい形成過程は朱（2014）を参照されたい。また，第二次大戦後，日本も短期間で「皆保険・皆年金」体制を整えたが，中国との人口規模の違いを考慮しなければならない。
4)　澤田（2013），1-2 ページ。

あった。計画経済期においては，労働者の就業と生活はすべて「単位」を通じて保障されたため，生産の場と生活の場が一体となり，国有企業の非生産的部分が肥大化し，市場原理導入後，国有企業の経営を大きく圧迫することになった。1997年のアジア金融危機を契機に，朱鎔基首相の主導下でラディカルな国有企業改革がおこなわれ，それにともない都市部の年金，医療，失業および最低生活保障制度が相次いで改革された。とくに医療保険改革が政府の5大改革のひとつとしてあげられた[5]。1998年12月に，国務院は「都市部従業員基本医療保険制度に関する決定」を公布し，全国都市部従業員の統一的な医療保険制度が実施された。この従業員基本医療保険制度は，都市部すべての企業（国有企業，集団企業，外資系企業，私営企業など），行政機関，事業体，社会団体，民間非営利組織の雇用労働者を対象とし，財源は雇用側と個人が共同負担するものであった。雇用側は前年現役就業者の賃金総額の6%を，従業員は前年個人賃金総額の2%を拠出すると規定された。

しかし，1990年代の医療保険改革はあくまでも国有企業にあわせておこなわれていたため，都市部の従業員のみを対象とし，多くの農村部住民が埒外であった。また，従来公共財として扱われた医療は，1992年から病院の利益追求が強まり，商品化，市場化傾向がピークに達した[6]。それが医療費の高騰をもたらし，医療サービスを必要とする人々が適切な医療サービスを受けられないという事態を引き起こした。農村部はもちろん，都市部の低所得層のなかでも顕著に現われ，「看病難，看病貴」（「診療を受けにくい，医療費が高い」）が医療問題の代名詞となった。

2-2　ポスト改革期の医療保険制度改革

2000年代に入り，江沢民政権を引き継いだ胡錦濤政権は経済成長優先路線，都市重視・農村軽視の政策を見直し，「科学的発展観」，「和諧社会」を提唱し

---

5)　その他の改革は食糧流通体制改革，投融資体制改革，住宅体制改革および財政税収体制改革である。

6)　李・張（2014），13ページ。

た。胡錦濤政権の登場は中国のマクロ政策に 2 つの転換をもたらした。ひとつはこれまでの経済成長至上主義を修正し，民生問題に注目したことで，社会保障政策を見直すようになった。もうひとつは都市部と農村部がともに発展するという理念を掲げ，農村改革に力を入れるようになった。たとえば，2002 年の第 16 回党大会で「三農問題」（農業・農村・農民問題）が強調された。そして，2003 年に SARS 危機が発生し，農村部での医療保障システムの脆弱さが明らかになり，その構築が緊急を要した。

2003 年 1 月に，国務院は衛生部，財政部，農業部が連名で出した「新型農村合作医療制度の構築に関する意見」を伝達し，2010 年までに全国範囲で新型農村合作医療制度を確立することを目標にした。

新型農村合作医療の具体的な内容は以下のとおりである。①任意加入である。農村部住民は世帯単位で任意加入し，保険料を納める。郷，村は資金支援をし，中央財政と地方財政は毎年一定の専用資金を投入する。②1 人あたりの保険料は年間最低 10 元とし，経済条件がよい地域では，適宜引き上げることができる。地方財政は 1 人に対して最低 10 元を，中央財政は毎年中部と西部地域（市を除く）の加入者に対して，1 人あたり 10 元を補助する。③合作医療基金は主に高額医療費や入院医療費の補助に使われる。条件の揃った地域では，高額と小額医療費を両方補助する方法も考えられる。

そして，2005 年に，中国の医療改革は大きな転換点を迎えた。同年 7 月に，中国国務院発展研究センターと WHO による「中国医療衛生体制改革に対する評価と提案」という報告書が発表され，これまで中国の医療改革は基本的に不成功とし，大きな社会反響を呼んだ。2006 年に，呉儀副首相をリーダーとする医療改革の専門チームが結成し，中国の医療改革は新たな段階に入った。その年の 1 月に，「新型農村合作医療実験工作をさらに推進することに関する通知」が出され，政府の財政支援を強化する方針が決められた。その後，1 人あたりの財政補助（中央＋地方）は 2006 年の 40 元から 2013 年の 280 元に増加し，制度の普及を後押しした。

一方，都市部では，2007 年 7 月に「都市部住民基本医療保険」が成立し，

今までの医療保険にカバーされなかった子どもや障害者などを新たに加入対象に加えた。実験都市は当地の経済発展水準や財政能力にあわせて保険料を決める。2009年に，個人拠出のほか，1人の加入者に対して，政府は年間最低40元の補助金を80元に，また中西部地域の加入者への20元の補助金を40元に引き上げた。実験都市は新たに229都市増え，全国80%の地級市に普及し，大学生の基本住民医療への加入も推進されている。

　2007年の都市部住民基本医療保険の成立によって，中国では，制度上国民がなんらかの公的医療保険制度に加入できる「皆保険」体制ができあがった。つまり，中国の医療保障システムの基幹的な3つの公的医療保険制度——都市部従業員基本医療保険制度，都市部住民基本医療保険制度，新型農村合作医療制度（以下は「新農合」と略す）が出揃った。枠組みができたとはいえ，3つの基幹制度のうち，都市部従業員基本医療保険制度は強制加入であるが，そのほかの2つは原則的に任意加入である。しかし，実際は上述のように政府による強力な財政支援があったため，この2つの制度は急速に普及した。表6-1および表6-2の加入状況をみると，都市部住民基本医療保険は2007年の4,291万人から2012年の2億7,122万人に，新農合は2005年の1億7,900万人から

表6-1　都市部従業員と住民基本医療保険制度の加入状況
　　　　（2005～20012年）

（単位：万人）

	従業員基本医療加入者数			住民基本医療加入者数
		現役従業員	定年退職者	
2005	13,783	10,022	3,761	—
2006	15,732	11,580	4,152	—
2007	18,020	13,420	4,600	4,291
2008	19,996	14,988	5,008	11,826
2009	21,937	16,411	5,527	18,210
2010	23,735	17,791	5,944	19,528
2011	25,227	18,948	6,279	22,116
2012	26,467	—	—	27,122

（出所）『中国衛生統計年鑑』2011年版，2013年版より。

表6-2 新型農村合作医療制度の加入状況（2005～2012年）

	加入者数 （億人）	加入率 （％）	1人あたりの 平均保険料 （元）	累計給付者数 （億人）
2005	1.79	75.66	42.10	1.22
2006	4.10	80.66	52.10	2.72
2007	7.26	86.20	58.90	4.53
2008	8.15	91.53	96.30	5.85
2009	8.33	94.19	113.36	7.59
2010	8.36	96.00	156.57	10.87
2011	8.32	97.48	246.21	13.15
2012	8.05	98.26	308.50	17.45

（出所）『中国衛生統計年鑑』2011年版，2013年版より。

2012年の8億500万人に増加した[7]。2012年現在，この3つの公的医療保険制度の合計加入者数はすでに13億3,500万人に達しており，国務院医療改革弁公室は基本医療保険制度における「全覆蓋」（すべての国民をカバーすること）が実現されたと公言した[8]。

3. 都市部および農村部医療扶助制度の形成と統合

3-1 都市部における医療扶助制度の形成

中国の最低生活保障制度は，1990年代後半の国有企業改革によって発生した大量な失業者・一時帰休者の救済に対応するために，まず都市部でつくられた。1999年9月に，「都市部住民最低生活保障条例」が公布され，労働能力の有無に関係なく，最低生活保障基準以下の都市部住民はすべて適用対象となった。具体的には，①従来の社会救済の対象である「三無人員」，②失業基本手

---

7) 新農村合作医療制度の加入者数は2010年をピークに減少しているが，加入率のほうは上昇しつづけている。その理由は都市化の進展と考えられる。2011年に，中国の都市部人口ははじめて農村部人口を上回り，都市部人口比率は51.27％に達した。

8) 「国務院医改弁：基本医療保険制度実現全覆蓋」（CCTV網 http://m.news.cntv.cn/2013/11/01/ARTI1383279405474896.shtml；2014年5月1日アクセス）。

第 6 章　中国の基本医療保障システムの特徴　133

当の受給期間が切れても就職できず，1 人あたりの収入が最低生活基準以下の
住民，③最低賃金，基本生活費，年金をもらっても，その世帯の 1 人あたりの
収入が最低生活保障基準以下の住民，である。これは明らかに国有企業から排
出された余剰人員を念頭に置いてつくられた制度であるといえる。そのため，
尚暁援氏が指摘したように，この最低生活保障制度は，元国有企業の従業員に
対する一種の「補償」である[9]。

　しかし，1999 年の条例では，財源を地方政府が負担すると規定していたた
め，貧困地域での実施はきわめて困難であった。財源の制約を受け，多くの地
域では，「財源ありき」の運営となり，それはただちに保障基準の低さ，漏救
問題として現われた[10]。民政部はこれらの問題を重要視し，2001 年の 1 月に
「都市部住民の最低生活保障工作をさらに強化することに関する通知」を公布
した。この通知は「応保尽保」というスローガンを掲げ，条件を満たすすべて
の都市部困窮人口を最低生活保障範囲内に包摂することが強調され，また，そ
れを遂行するためには，中央政府は財政投入を大幅に増やした[11]。

　「応保尽保」に続き，2003 年に「分類施保」が提起され，対象別に加算給付
をおこなうことが決められた。2004 年に，それを具体化した「都市部住民最
低生活保障工作をさらに強化・規範化することに関する通知」が出され，「三
無人員」や，障害者，重病患者および高齢者といった特別困窮世帯を政策的に
重視すべきと強調された。

　最低生活保障制度は 2000 年代に入り，量的（「応保尽保」）・質的（「分類施

---

　9)　尚（2007），213 ページ。
10)　1999 年の各地の最低生活保障基準は，当地の平均可処分所得の 24〜38%，平均消
　　費支出の 26〜51% に相当する水準にすぎない。さらに，当地の平均食費と比較した
　　結果，最低生活保障基準が食費を下回る行政地区は，31 地区中 23 もある（朱
　　（2013），112 ページ）。また，制度発足の約 1 年後に，国務院の専門会議で提示され
　　た資料によると，2000 年 6 月までに，最低生活保障基準以下の貧困者数は 1,382 万
　　人であるのに対して，実際給付を受けている貧困者数はわずか 303 万人でしかなか
　　った（楊（2001），16 ページ）。
11)　1999 年の中央財政支出はわずか 4 億元であったが，2001 年に一気に 23 億元に引
　　き上げられた。

保」）に改善されたが，2003 年の SARS の発生および同年に全国範囲でおこな
われた衛生服務調査によって，都市部低所得層の医療問題がクローズアップさ
れた。表 6-3 に示されているように，衛生部の 3 回の調査を通じて，所得が低
くなるほどなんの医療保険も享受していない人の割合が増えていることがわか
る。2003 年現在，最低所得層（I）におけるその割合は 76％ にも達している。
また，表 6-4 をみると，経済的理由で外来受診できない人と入院できない人の
比率は，2003 年において，それぞれ 36.4％，56.1％ となっており，いずれも
1993 年より高くなっている。つまり，経済的困難で，もっとも医療が必要な
人たちに医療サービスが提供されていないという現象がおこっているのであ
る。

　低所得層では医療に対するニーズがあるにもかかわらず，ほとんどが医療保
険に加入していないため，高額の医療費を負担できず，適切どころか，最低限
の医療サービスでさえ受けられない。この深刻な事態に対処するため，2005
年 2 月に，民政部・衛生部・労働保障部・財政部が「都市部医療扶助制度の試
行工作に関する意見」を公布し，2 年をかけて実験的に模索し，さらに 2〜3

表 6-3　1 人あたり年間平均所得 5 分位階級別医療保険を
享受していない人の割合

(単位：%)

	I	II	III	IV	V
1993	49.9	30.9	21.5	17.6	18.8
1998	71.9	52.7	41.1	30.8	24.6
2003	76.0	55.1	41.1	28.6	19.5

（注）所得の低い方から並べた 5 分位階級である。
（出所）衛生部統計信息中心編（2004），86 ページより。

表 6-4　経済的理由で医療サービスを受けられない人の比率

(単位：%)

	1993	1998	2003
受診していない人	4.3	32.3	36.4
入院していない人	41.0	60.0	56.1

（出所）陳・王主編（2004），98 ページより。

年をかけて管理も実施も規範化された全国的な制度をつくり上げるという工程
表を明示した。扶助対象は，①最低生活保障受給者のうち，都市部従業員基本
医療保険に加入していない者，②従業員基本医療保険に加入していても個人負
担がなお高い者，③その他の特殊困難を抱えている者と規定された。各地方政
府は扶助基準を決め，指定医療機関を選定する。

3-2　農村部における医療扶助制度の形成

　一方，農村最低生活保障制度の模索は実は1990年代にはじまっていた。し
かし，1990年代後半になっても，正式文書はなかなか出されず，財源や運営
の規範化が問題となり，結局地方政府の模索に終わってしまった。2000年代
に入り，国有企業改革から「三農問題」へと政策の重点が変わり，農村部の社
会保障構築も重要視されるようになった。2002年の第16回党大会報告におい
ては，「条件が整った地域では，農村の年金，医療および最低生活保障制度を
模索する」ことが決定され，同年10月の「農村衛生工作をさらに強化するこ
とに関する決定」においては，はじめて農村における医療扶助制度の構築に言
及し，医療保障システムに関しては，新農合と医療扶助制度の2層構造が示さ
れた。

　そして，2003年11月に民政部・衛生部・財政部は「農村医療救助を実施す
ることに関する意見」を公布し，各地方政府に対して制度の枠組みを提示し
た。この「意見」は農村医療扶助制度を「政府の財政投入と社会各界からの資
金支援等多チャンネルの資金調達によって，重病に患った農村部の五保戸およ
び農村貧困世帯に対して医療扶助を実施する制度」であると規定したうえで，
扶助方法を以下のように定めた。①新農合が実施されている地域においては，
扶助対象の保険料相当額を全額あるいは一部支給し，扶助対象を新農合に加入
させ，新農合の医療サービスを享受できるようにする。重病患者の場合，高い
個人負担が世帯の基本生活に影響するため，適当な医療扶助を給付する。②新
農合が実施されていない地域においては，重病患者のいる世帯に適当な医療扶
助を給付する。③国家規定の特殊伝染病に関する治療費は，ほかの規定にもと

づき適当な医療扶助を給付する。

2004 年に，北京師範大学の社会発展・公共政策研究所がおこなった農村部貧困世帯調査は，農村部の貧困問題の深刻さを明らかにした[12]。同年，北京市，天津市，上海市，浙江省および広東省で，農村部における最低生活保障制度が実施され，2006 年には 23 の行政地区に発展した。2007 年に，各地の実施を追認したかたちで「全国における農村最低生活保障制度設立に関する通知」が国務院から公布され，公的扶助制度が農村部まで普及した。都市部の「先最低生活保障・後医療扶助」という発展経路に対して，農村部のそれは「先医療扶助・後最低生活保障」であった。

3-3　都市部と農村部の医療扶助制度の統合

社会科学院が発表した『社会藍皮書 2007』によると，深刻な社会問題として，もっとも多くあげられたのは「看病難・看病貴」（57.95%）で，2 位の「就業・失業」（33.45%）を大きく引き離した[13]。まさにこの時期，2007 年から 2008 年にかけて，医療の供給側の改革をめぐる議論が本格化し，各種利益団体と世論を巻き込んだ「医療大論争」がおこった[14]。この大論争は，2009年 4 月に公布された「医薬衛生体制改革の深化に関する意見」（新医改方案）によって終止符が打たれた。2009 年から 2011 年までの 3 年間の重点改革課題として，①基本医療保障制度の整備，②国家基本薬品制度の導入，③末端医療サービスシステムの改善，④公衆衛生サービスの均等化，⑤公立病院改革の推進があげられた。基本医療サービスを保障し，末端医療機関を強化するという方針にしたがい，2 か月後の 6 月に，民政部・財政部・衛生部・人力資源と社会保障部が「都市部・農村部の医療扶助制度をさらに整備することに関する意

---

12)　この調査によると，「赤貧世帯」（常にご飯を食べられず，重度飢餓状態に陥っている世帯）のうち，常に調味料や，お菓子・果物，服を買えない世帯の割合はそれぞれ 87.5%，92.1%，88.7%にのぼる（張・徐・王（2007），65 ページ）。

13)　汝・陸・李主編（2006），25 ページ。

14)　李・張（2014），16 ページ。

第6章　中国の基本医療保障システムの特徴　137

見」（以下は「整備意見」と略す）を公布した。「整備意見」は医療問題が困窮層のもっとも関心のある，切実かつ喫緊な問題であるという認識を示し，「医療扶助制度と関連社会保障制度との連携をよくし，都市部と農村部を一体化する医療扶助制度の構築を模索する」という目標を立てた。

　具体的には，①都市部と農村部の最低生活保障の受給世帯および五保戸を対象とし，徐々に重病患者のいる世帯や特別困窮世帯といったその他の経済的困窮な世帯まで範囲を拡大していくこと，②都市部住民基本医療保険あるいは新農合の加入に支援し，負担できない自己負担分の医療費に対して補助すること，③入院扶助を主とし，外来受診扶助をも兼ねること，④給付スタートラインを徐々に引き下げ，給付の最高限度額を合理的に設定し，給付率をさらに高めること，⑤中央財政が困難地域に対して補助金を支給し，地方財政（省レベル）も投入を増やすこと，が定められた。

　中国の社会保障制度は形成過程から都市部と農村部とで別々に構築されていたため，「一国二制度」的なかたちとなっている[15]。この2，3年来，社会保

表6-5　医療扶助の受給者数および給付費

(単位：人，万元)

	都市部			農村部		
	累計受給者数		総給付費	累計受給者数		総給付費
	医療費扶助	医療保険加入		医療費扶助	医療保険加入	
2005	1,150,000	—	32,000.0	—	—	57,000.0
2006	1,872,000	—	81,240.9	3,770,970	25,173,413	280,508.0
2007	4,420,227	—	144,379.2	2,413,000	13,171,000	114,198.1
2008	4,436,000	6,426,000	297,000.0	7,595,000	34,324,000	383,000.0
2009	4,103,725	10,958,912	412,043.1	7,299,800	40,591,380	646,245.8
2010	4,600,756	14,612,455	495,203.0	10,192,429	46,154,190	834,810.0
2011	6,721,549	15,498,059	676,408.4	14,718,336	48,252,969	1,199,610.4
2012	6,898,816	13,871,473	708,801.6	14,837,582	44,904,129	1,329,104.8

　（出所）『中国衛生統計年鑑 2013』より。

---

15)　田多・李（2014），252ページ。

険制度を統合する声が高まり，住民基本年金保険制度に関しては，すでに
2014年2月に統合することが決まった[16]。しかし，以上みてきたように，制
度統合においては，医療扶助は実はその先駆けであった。2011年現在，全国
で計411の県が統合した医療扶助制度を実施している[17]。2012年の医療扶助
給付費は都市部・農村部をあわせると，全国で203億7,906万元に達し，2009
年の105億8,289万元より急激に増加した（表6-5）。

4. 中国基本医療保障システムのとらえ方

4-1　社会保険と公的扶助の統合

　周知のように，社会保障制度は，第一次世界大戦後の大量失業という社会問
題に対応するため，社会保険制度と公的扶助制度とを組み合わせたかたちで創
設されたのである。しかし，社会保障は単に「社会保険＋公的扶助」というツ
ギハギ的なものであれば，あえて社会保障と論ずる必要はないであろう。社会
保障制度は，社会保険制度や公的扶助制度に比べ，すべての国民を適用対象と
する普遍性や国民の生存権保障として受給・利用できる権利性という新しさな
いし特徴を有しているほか，制度の仕組みとしての社会保険制度と公的扶助制
度の統合という点は社会保障を理解するうえでの要ともいえる[18]。

　では，両制度の統合とは一体どのようなものであろうか。田多英範氏は「こ
の二つの制度が相互に何らかの関連をもちながら，いいかえれば二つの制度が
相互に接続して両制度の間に落ち込む者が出ないようにいわば両制度が協力・
協同して貧困問題へ対応」[19]していると説明する。この説明には2つのポイン
トがあると思われる。ひとつは社会保険と公的扶助が貧困問題へ対応するため

---

16)　2014年2月に，国務院は「統一した都市部と農村部の住民基本養老保険制度を構
　　築することに関する意見」を発表した。政府は2015年までにすべての省での統合を
　　（2013年末まで，すでに15の省で実施されている），2020年までには全国範囲での
　　統合を実現させる計画である。
17)　中国審計署（2012）「全国社会保障資金審計結果」（中国政府網）。
18)　田多（2009），13ページ。
19)　田多（2009），14ページ。

に協同する。もうひとつは両制度の間に落ち込む者が出ないように，いわば両制度の「死角地帯」をなくすことである。

4-2　医療保険制度と医療扶助制度の融合

では，中国の基本医療保障システムについてどう考えるべきなのか。図6-1は中国の基本医療保障システムを示している。都市部においては，雇用労働者を対象とする従業員基本医療保険と非就業者を対象とする住民基本医療保険があり，農村部においては新農合がある。この3つの制度は社会保険制度であるが，低所得層や病気によって貧困に陥っている者に対しては，公的扶助制度の医療扶助がある。もちろん，医療保険制度と医療扶助制度が相互に接続しているが，よくみると，住民基本医療保険と新農合は医療扶助と重なる部分がある。

実は，上記でみてきたように，医療扶助の適用対象に対して，住民基本医療保険および新農合への加入援助も給付内容のひとつである。つまり，低所得層は政府が保険料を負担することによって，公的扶助の受給対象であると同時に，社会保険の被保険者でもある。病気になったとき，まず医療保険の給付を受け，自己負担分を支払う。それが困難な場合，医療扶助の給付によって，自己負担分が軽減される。重い病気など医療費が嵩む場合，扶助額も引き上げら

図6-1　中国の基本医療保障システム（2012年）

（出所）筆者作成。

れる。

　たしかに，医療保険制度と医療扶助制度が連携して，病気というリスクをもたらす貧困問題に対応するという点においては，田多氏のいう「統合」と理解してもよいが，しかしこれだけでは中国の特徴を説明できない。なぜなら，福祉国家と呼ばれる国々ではこの種の「統合」（社会保険と公的扶助とが連携している）が一般的であるからである。問題は統合の程度，つまり，どの程度両制度の「死角地帯」をなくしているのかということである。中国の場合，医療保険（とくに住民基本医療保険と新農合）とはいえ，政府が低所得者の保険料の全額あるいは一部を補助するため，税金投入による「所得再分配」の性格が強い。また，「因病致貧・因病反貧」（病気が原因で貧困に陥り，病気が原因で貧困から脱出しても再び陥る）という現象は，都市部や農村部の低所得層の間で広汎にみられ，医療扶助だけでの救済が難しいため，「リスクの分散」の原理にもとづき彼らを医療保険に加入させた。その結果，医療扶助制度の受給者の一部と医療保険制度の加入者とが重なり合うという中国独特の構図となった。医療保険の給付を受けるためには，保険料を払わなければならないが，実際，保険料を支払えない低所得層は社会保険制度から排除され，未加入者となる。また，彼らの所得は必ずしも最低生活保障基準を下回るとは限らないので，医療扶助を受けることもできない。彼らはいわば医療保険と医療扶助の狭間に落ち込んでしまう人々である。しかし，中国の場合，政府が低所得層に代わって保険料を支払うことによって，両制度の狭間に落ち込む人々をなくしたという意味で，両制度が統合ではなく，「融合している」といってもよいであろう。したがって，筆者は中国の基本医療保障システムの特徴を「医療保険と医療扶助の融合」と概括する。

4-3　社会保険主義の貫徹

　中国の「医療保険と医療扶助の融合」に関して，もう１点指摘しなければならない。それは医療保険と医療扶助とが政府の保険料代替払いを通じて融合しているということである。言い換えれば，中国の基本医療保障システムは社会

保険制度の排除原理をなくし，本当の意味での「皆保険」を実現したシステムである。とくに，医療扶助における医療保険への加入援助はほかの国ではみられない給付内容である。なぜ中国は社会保険方式にこだわるのであろうか。

　まず考えられるのは地方財政の制約である。改革開放直後の 1980 年代は，中央財政収入が低下した。このような状況を打開し，中央財政収入が全財政収入に占める割合を高めるため，1994 年に「分税制」が導入された。その結果，中央・省レベルへの財政資源の集中が進行する一方で，行政権限は下級への移管が進められたため，とくに県・郷鎮・村レベルで多大な財政難が生じた。2002 年の中央・地方政府の支出をみると，地方政府は全政府支出の約 7 割，文教・衛生面では 9 割を支出している。さらに，県・郷鎮レベルの財政支出は教育支出の 7 割，医療・衛生の 55〜60％を負担している[20]。一方，資料によると，中国の 3000 余りの県のうち，財政赤字の県は半数以上である。財政部科学研究所の蘇明研究員の試算によると，2001 年 6 月現在，郷鎮レベルの負債額は 1,776 億元，村レベルの負債額は 1,483 億元にものぼる[21]。また，50 年代の土地改革，80 年代の家庭生産請負制の導入と並んで，「農村の第 3 次革命」と呼ばれる税費改革は 2000 年に安徽省で試行され，2003 年には全国範囲で実施された。税費改革の焦点は農民の負担を軽減することであるため，今まで郷や村が徴収していた公共サービス費用はすべて廃止され，末端の郷・村財政には大きな打撃を与え，その影響は直ちに末端の公共サービス供給に現れた。たとえば，2003 年に民政部が主催した従来の救貧制度である五保戸制度の実態調査によると，一部の地域では，5 つの保障（衣・食・住・医療・葬儀，未成年者は葬儀の代わりに教育）のうち，「食」と「葬儀」だけが残り，「食」だけになった地域さえあった[22]。さらに追いうちをかけるように，2003 年のSARS 危機がおき，多くの都市部・農村部の低所得層の医療問題が顕わになっ

20）　津上（2004）。

21）　「所得税改革玄機」（新浪網 http://finance.sina.com.cn/g/20030124/1004306335.shtml；
　　　2014 年 5 月 12 日アクセス）。

22）　洪・房・邱（2004），51 ページ。

た。地方財政が困窮しているなか，大量の低所得層をすべて医療扶助で対応することは事実上困難であろう。そこで，医療保険の保険料を政府が支払い，医療保険のプール基金である程度カバーするという，より実行可能な方法を選んだと思われる。

　もうひとつ，モラルハザードに関する問題があげられる。もともと計画経済期には，中国には「単位」保障が存在し，都市部労働者およびその家族は保険料を負担せず，わずかな自己負担（ほとんど無料に近い）で医療サービスを受けることができた。これは医療側と患者側両方に，モラルハザードの問題を引きおこし，過剰診療が横行していた。のちに，医療費の増大は国や国有企業にとって大きな負担となり，医療改革に踏み切った理由でもあった。したがって，同じ轍を踏まないよう，すべて公費である扶助方式より，一部自己負担を強いる社会保険方式のほうがモラルハザード問題を回避できると判断したのであろう。

5. お わ り に

　中国は，2007 年に制度上国民がなんらかの公的医療保険制度——都市部従業員基本医療保険制度，都市部住民基本医療保険制度，農村新型合作医療制度——に加入できる「皆保険」体制ができあがった。一方，2003 年に農村部医療扶助制度，2005 年に都市部医療扶助制度がそれぞれ成立し，2009 年の新医改方案の公布により，両制度が統合された。

　都市部住民基本医療保険制度と農村新型合作医療制度の普及には，政府が低所得層に保険料の全額あるいは一部を支給したため，「所得再分配」の性格が強いことが確認できる。また，医療扶助の受給対象に対しても，政府が医療保険に加入するための保険料を負担し，社会保険の「リスクの分散」による対応がみられた。その結果，低所得層が病気になった場合，医療保険の被保険者として医療保険による給付を受給することができるだけでなく，さらに自己負担が困難な場合，医療扶助の受給者として医療扶助による給付を受けることもできる。したがって，中国の基本医療保障システムは，政府の保険料代替払いに

第6章 中国の基本医療保障システムの特徴 143

よって，本当の意味での「皆保険」が実現され，「医療保険と医療扶助の融合」
という特徴を有しているといえよう。この中国独特の基本医療保障システムは
当時の地方財政状況とモラルハザード問題への忌避からの現実的な選択だと思
われる。

中国と日本の公的扶助は国際的にみて，制度的にともに「包括的」・「体系
的」である。また，大きな割合を占めている医療扶助にどう対処すべきなのか
という課題も共有している。日本では，近年，「医療扶助の適正化」が注目さ
れるなか，医療扶助と医療保険（とくに国民健康保険制度）の統合・一体化も議
論されるようになった[23]。しかし，医療扶助を国民健康保険に移管する案が
提出されても，なかなか実現できない。その反対論拠は2つあると思う。第1
に，保険料を支払えない者を保険に加入させると，国民健康保険の財政運営が
さらに難しくなる。第2に，生活保護受給者に自己負担を強要すれば，最低生
活を維持できなくなる恐れがある。

中国の「医療保険と医療扶助の融合」システムは日本にとって参考例となり
うると思う。まず，財政運営に関して，中国の場合，中央政府と地方政府が保
険料を代替払いすることによって解決した。それだけではなく，保険料の支払
いという社会保険加入のハードルをなくすことによって，社会保険に加入でき
る「内部者」と社会保険から排除される「外部者」という国民の階層化[24]を
回避できた点からも評価できる。つぎに，自己負担に関して，軽減措置で対応
できると考える。たとえば，天津市は，扶助対象のために政府が最高ランクの
保険料を納付し，医療サービスを受ける時の自己負担を最小限にしたうえ，高
額医療費について別の扶助が設けられている。蘇州市では，「1つのカード」
と呼ばれる医療保険と医療扶助の受給における一体化運営が実現され，給付内
であれば，低所得層の窓口での自己負担も必要がなくなった。

もちろん，中国の基本医療保障システムも，給付スタートラインや最高給付

---

23) 鈴木（2008），阿部（2010）を参照されたい。
24) キム（2005），23ページ。

限度額の設置など多くの課題を抱えている。2010年の国際調査によると，医療を受けられない，医療費を払えない不安は中国が一番強く[25]，中国の医療保障の実行効果はまだ望ましい水準に達していないのが現状である。巨大な人口を抱えている中国は，少子高齢化問題にも直面し，今後いかにすべての国民に適切な医療サービスを提供するのか，注目していきたい。

参 考 文 献

阿部彩（2010）「医療費軽減制度」埋橋孝文・連合総合生活開発研究所編『参加と連帯のセーフティネット―人間らしい品格ある社会への提言』ミネルヴァ書房。

岩井紀子・埴渕知哉編（2013）『データで見る東アジアの健康と社会―東アジア社会調査による日韓中台の比較3』ナカニシヤ出版。

衛生部統計信息中心編（2004）『中国衛生服務調査研究―第三次国家衛生服務調査分析報告』中国協和医科大学出版社。

小塩隆士（2013）『社会保障の経済学』日本評論社。

キム・ヨンミョン（2005）「韓国福祉国家の性格と類型―新自由主義を超えて」武川正吾・キム・ヨンミョン編『韓国の福祉国家・日本の福祉国家』東信堂。

洪大用・房莉杰・邱暁慶（2004）「困境与出路：後集体時代農村五保供養工作研究」『中国人民大学学報』第1期。

澤田ゆかり（2013）「社会保障制度の新たな課題―国民皆保険体制に内在する格差への対応」大西康雄編『中国　習近平政権の課題と展望―調和の次に来るもの』アジア経済研究所，（http://www.ide.go.jp/Japanese/Publish/Download/Kidou/pdf/2013_china_07.pdf；2014年4月30日アクセス）。

朱珉（2013）「中国都市部における最低生活保障制度の形成」（『経済学論纂』53（3・4））。

朱珉（2014）「中国―『単位』保障から社会保障制度へ」田多英範編著『世界はなぜ社会保障制度を創ったのか―主要9ヵ国の比較研究』ミネルヴァ書房。

尚暁援（2007）『中国社会保護体制改革研究』中国労働社会保障出版社。

鈴木亘（2008）「医療と生活保護」阿部彩・国枝繁樹・鈴木亘・林正義著『生活保護の経済分析』東京大学出版会。

田多英範（2009）『日本社会保障制度成立史論』光生館。

25）　大阪商業大学JGSS研究センターが，2010～2011年にかけて，韓国・中国・台湾の研究機関と共同で東アジア社会調査を実施した。その調査によると，医療を受けられない不安について，「非常に不安」と答えた割合は中国が46.0%で，日本の14.2%，韓国の12.9%を大きく上回った。医療費を支払えない不安についても，中国は61.1%，日本は19.9%，韓国は17.0%となっている（岩井・埴渕編（2013），60-61ページ）。

田多英範・李蓮花（2014）「福祉国家に向かう経済大国：中国」持田信樹・今井勝人編著『ソブリン危機と福国家財政』東京大学出版会。

張秀蘭・徐月賓・王韋華（2007）「中国農村貧困状況与最低生活保障制度的建立」『上海行政学院学報』第3期。

陳佳貴・王延中主編（2004）『中国社会保障発展報告（2001～2004）』社会科学文献出版社。

津上俊哉（2004）「中国地方財政の現状と問題点―近時の変化を中心に」『RIETI Discussion Paper Series 04-J-020』（http://www.rieti.go.jp/jp/publications/dp/04j020.pdf；2014年5月12日アクセス）。

汝信・陸学芸・李培林主編（2006）『2007年：中国社会形勢分析与予測』社会科学文献出版社。

楊宜勇（2001）「中国的城市貧困問題被厳重低估」『計画与市場』第12期。

李蓮花・張瑩（2014）「中国医療改革の現状と課題」久保英也編著『中国における医療保障改革』ミネルヴァ書房。

「国務院医改弁：基本医療保険制度実現全覆蓋」CCTV網。

「所得税改革玄機」新浪網。

中国審計署（2012）「全国社会保障資金審計結果」中国政府網（http://www.gov.cn/zwgk/2012-08/02/content_2196871.htm；2014年5月8日アクセス）。

第 7 章

個人単位化からディーセント・ワークへ

1. は じ め に

安倍首相は，2014年3月19日の経済財政諮問会議と産業競争力会議の合同会議において，配偶者控除の縮小・廃止を検討するよう指示した。安倍政権はアベノミクスの"第3の矢"として「民間投資を喚起する成長戦略」を推し進めており，そのなかで女性の活用を掲げているが，今回の配偶者控除の縮小・廃止の検討には，女性の社会進出を促す狙いがある。配偶者控除については，会社員の夫と専業主婦の妻という世帯の場合，妻の年間給与所得が103万円以下であれば，妻には所得税が課税されず，夫の税額が減額される仕組みとなっており，働いている妻には自らの年収を103万円以下に抑えようとするインセンティブが働く。これがいわゆる「103万円の壁」である。この「壁」がなくなれば（あるいは低くなれば），103万円以下の低い年収で（主にパートタイムの）仕事をするメリットが薄れることになる。そうなれば，より高額の年収を目指してフルタイムなどで働く女性が増え，女性の社会進出がよりいっそう進められるというのが，安倍政権の企図するところであろう。

この配偶者控除だけではなく，「国民年金の第3号被保険者制度」や「被用者保険（医療保険）における被扶養配偶者認定制度」など，わが国の税制や社会保障制度は，基本的に共働き世帯よりも，片働き（妻が専業主婦である）世帯

を優遇する仕組みとなっている。こうした「世帯単位」の仕組みを，個々人の
ライフスタイルに関係ない「個人単位」の仕組みに変えていこうとする動き
は，実は今回がはじめてのことではない。

　1999 年に成立した「男女共同参画社会基本法」の基本理念のひとつとして
「社会における制度，慣行についてできるだけ中立なものにするよう配慮する」
ことが謳われたのを契機にして，2000 年代の前半に，税制・社会保障制度・
雇用システムなどの社会制度を見直そうとする動きが，政府の設けたさまざま
な研究会から提起された。たとえば，社会保障構造のあり方について考える有
識者会議の「21 世紀に向けての社会保障」(2000 年) や内閣府男女共同参画社
会影響調査専門調査会の「『ライフスタイルの選択と税制・社会保障制度・雇
用システム』に関する報告書」(2002 年) などである。ここで展開された論点
は，「就業形態の多様化や家族形態の変化に社会制度が合っていない。したが
って，制度の単位を世帯単位から個人単位に変えるべきである」といったもの
であった。具体的には，税制における「配偶者控除・配偶者特別控除の縮小，
廃止」，社会保障制度の「公的年金の個人単位化，短時間労働者への厚生年金
の適用拡大，第 3 号被保険者の見直し，離婚時の年金分割など」「健康保険等
も個人単位の制度とする方向で検討する」などが提言された。

　このような個人単位化を進めようとする動きの背景には，どんな思惑があっ
たのであろうか。財界を含めた政府側の建前は，社会制度が個人単位に変わる
ことによって，個々人のライフスタイルの選択を尊重するような仕組みができ
るということであった。これ自体は，非常に重要なことであるが，本音として
は，国や企業の負担を軽減させる狙いがあったということは，その後の構造改
革路線をみれば自明であろう。

　それでは，労働者側は「個人単位化」へ向かう動きをどのようにとらえてい
たのであろうか。労働者側のリアクションのひとつとして，全国労働組合総連
合 (以下，全労連) が 2002 年 10 月に公表した「税・社会保障・賃金の『個人
単位化』『ライフスタイルに中立な社会制度』に対する考え方の素案」(以下，
「素案」) が存在する。「素案」では，社会制度を「個人単位化」することに原

則的には賛成であるが，政府・財界主導で実現した「個人単位化」と，労働者主導で実現する「個人単位化」とでは，大きな隔たりがあるという結論に達している[1]。

本章は，社会制度を「個人単位」に変えようとする動きが再びみられる現状を踏まえて，国民・労働者にとって社会制度がどうあるべきかについて検討することを目的とする。そのために，全労連が公表した「素案」で提言された内容を改めて見直し，さらに「素案」が公表された 2002 年から 10 数年を経て，「個人単位化」について労働者側からどのようなとらえ直しがおこなわれているのかを分析していく。

2. 全労連「個人単位化」プロジェクト「素案」（2002 年）

2-1 「素案」の論点——税制

「素案」は税制については，根本的な問題点として，大企業や高額所得者を優遇した不公平な税制度であることが，好景気になっても税収が増えない構造を作ったと批判している。そこでまず，直接税の税率を引き上げることを提言する。法人税は，1984 年の 43.3％から 1999 年には 30.0％にまで低下し，さらに租税特別措置などにより大企業の実質的な負担率はもっと低くなっていることを指摘している。また所得税は，1983 年の最高税率 75.0％から 1999 年の37.0％にまで下落したことを指摘し，高所得者の税負担の軽減化を批判している。応能負担の原則に立てば，法人税や所得税などの直接税が租税の中心になるのは当然であろう。ところが，このように直接税を軽減させていった一方で，間接税の代表格である消費税を 1989 年から導入する（1997 年には 3％から5％に税率引き上げ）。消費税は，逆進性の強い税制で，低所得者にとってはとて

---

1) 「素案」が公表された翌年の 2003 年に全労連は，素案を「たたき台」として単産・地方，団体，意見を出した個人等が参加して「素案の検討会」を開催した。ここで出された修正案をもとにして，2004 年に「男女平等社会にむけ，賃金・税・社会保障の『個人単位化』に対する考え方（中間まとめ）—問題点の整理と職場討議のための提案—」を公表する。修正はされたものの，基本的には内容は変わらないので，本章では「素案」を中心に分析している。

150

も重い負担となる。ここでは「素案」は，直接税中心の税制に戻すことを提言している。

つぎに，基礎控除についての提言である。最低生活費の非課税原則に立てば，生活扶助基準の月額 14 万 7,697 円・年額 177 万 2,364 円（2002 年当時の 2 級地-2 における若年単身者の金額）を算定基礎として，およそ年額 180 万円までを非課税にすべきと主張している。ちなみに，現在は基礎控除＝ 38 万円，給与所得控除＝ 65 万円の計 103 万円が，一般的な雇用者の基礎控除額であり，ここでの「素案」の提言とは 77 万円の開きがある。

その他に，配偶者関連の控除については，配偶者控除は「配偶者」に限定した控除とはしないで扶養控除に一本化する，配偶者特別控除は先の基礎控除の 180 万円までの引き上げにともなって廃止する，などの提言をおこなっている。この部分は，とくに「個人単位化」にかかわる提言であろう。

2-2 「素案」の論点——社会保障

「素案」は，社会保障制度の基本を「すべての人たちが，無理のない負担（税と保険料）で，人間らしく豊かで安心できる老後・障害・遺族の生活保障（年金の最低保障水準），安心して受診できる医療制度，失業や労働災害時の保障，公的保育・福祉などを受けられるようにする」ことだとして，以下の事項の提言をおこなっている。①社会保障制度を憲法 13 条，14 条，25 条にもとづく本来の姿に戻す，②負担増・給付減を止める，③雇用を確保し，経済を立て直す，④年金制度を改善する，の 4 点である。とくに，④の年金制度の改善については，「全額国庫負担の最低保障年金制度」の確立をあげており，年金制度を中心に改革を進めるべきだとしている。この他の改善点として，国民年金における国庫負担割合の 3 分の 1 から 2 分の 1 への増額，年金の受給資格要件の 25 年から 10 年への短縮，無年金者および無年金障害者への救済，年金積立金の民主的運営などをあげている[2]。

---

2) ちなみに，国民年金における国庫負担割合の 3 分の 1 から 2 分の 1 への増額，年

第7章　個人単位化からディーセント・ワークへ　151

　さらに，「素案」は政府や財界が推し進めようとしている「個人単位化」「女性の年金のあり方の見直し」に対して，「まずは女性が働き続けられる条件の整備が必要であり，個別に制度を見直しても，問題は解決しない」としている。そのうえで，「全額国庫負担の最低保障年金制度」の創設は「第3号被保険者問題」を解決する，厚生年金の「モデル年金」の単位を「世帯」から「個人」へと変更する，パート労働者等の厚生年金加入については当面本人の選択制にするなどの提言を行っている。ここでは，「世帯単位」から「個人単位」へ切り替えるためには，諸条件整備が必要であると主張しているところがポイントである。具体的な条件として，男女の賃金格差是正，ワーク・ライフ・バランスがはかれるような労働時間規制，子どもの養育や教育，介護，医療，住宅などを社会的に保障するシステムの構築などをあげているが，言い方を変えれば，「個人単位化」よりもこれらの条件整備のほうが先決であるということであろう。

2-3　「素案」の論点——賃金・雇用システム

　「素案」では，賃金・雇用システムにおいては，賃金格差を最大の問題点として，その是正を取り組むべき課題の第一に取り上げている。ここでポイントとなるのは，「男女差別是正の立場からの個人単位化」は是であり，「多様な雇用を能力・成果による均衡待遇の賃金格差構造に組み換えようとする個人単位化」は非であるとしている点である。つまり，「素案」は男女の賃金格差を是正するような「個人単位化」であれば賛成であり，パート，派遣，正規など働き方によって賃金に差をつけるような「個人単位化」には反対であるということである。

　これまで労働者側はその運動により，若年単身者の低い初任給に対して規制を加える力をもっていなかった代わりに，ライフサイクルによる世帯単位での

金の受給資格要件の25年から10年への短縮については，2012年に成立した年金改革諸法案で実現が決まっている。

生計費の上昇にあわせた右肩上がりの賃金を獲得してきた。しかし，それは同時に，女性労働は家計補助的な労働であるとみなし，世帯主である男性労働とはまったく異なる処遇基準で扱うことで，低賃金を女性労働者に強いることにつながった。いうなれば，「世帯単位」の賃金と男女平等の賃金は，両立しない構造にあるということである。それでは，賃金の「個人単位化」を進めれば，賃金の男女格差は是正されるのであろうか。「個人単位化」をめざすにあたって「素案」では，当面の課題として，①賃金は生計費を充足するものを確保する，②賃金の底上げのために，全国一律の最低賃金制を確立する，③均等待遇・同一価値労働同一賃金原則を実現する，④家族手当，住宅手当等の生活関連手当は安易に廃止・縮小するのではなく，諸手当の性格・内容と水準を見極めて，育児・介護・教育・住宅などの社会的サービスの整備，社会保障・社会福祉の拡充を行っていく，⑤雇用の多様化・柔軟化・流動化への規制緩和を許さない，などをあげている。ここでも社会保障制度と同様に，「個人単位」へ切り替えるための前提条件を掲げているのだ。

2-4 「素案」の総括

「素案」では，「経済社会の発展によって，従来の『世帯単位』の制度の社会的基盤に変化が生じ，歴史の発展にふさわしい新たな社会システムとルールのあり方，構築が問われる時代に到達」したとして，「個人単位化」はめざすべき発展方向であり，基本的にその実現に賛成の立場に立っている。

ところが，「『個人単位』に切り替えるには，すべての不当な差別の撤廃，これまで私的領域として『世帯単位』で担保してきた労働力の世代的再生産の仕組みと費用を社会が代わって担保する社会システムと制度，労働時間の短縮など，男性も女性も仕事と家庭を両立できる労働条件の整備等が不可欠」であると，上述したように実現のための前提条件もあげている。つまり，前提条件が整わないうちは，「個人単位化」は進めないほうがよいという論調になっているのだ。「世帯」をもった者の立場からすると，「個人単位化」で失うものが出てくるので，その推進には慎重である姿勢が見て取れる。とくに，賃金・雇用

システムの部分において，「個人単位化」がトーンダウンしていることは否めない。それは，「個人単位化」によって，明らかに賃金が“目減り”することに対する抵抗感が労働者側にあったからであろう。この「素案」が，各単産であまり活発に議論されなかったのは，「個人単位化」について立場や考え方によってさまざまな意見が存在し，労働組合全体として意見を1つに集約することが難しかったからと考えられる。

　そして「素案」が，「個人単位化」にいま一歩切り込めなかったことの理由は，この「素案」を取りまとめるにいたった経緯にもある。2002年3月，全労連では女性局を中心に部局横断的な「税・社会保障・賃金の『個人単位化』プロジェクト」を立ち上げ，7か月後に「素案」を提起する。全労連としては，「個人単位化」を積極的に検討するというよりはむしろ，前述した政府の方針提起にどう対応するかが問われ，検討せざるをえなかったというのが実情であった。したがって，当時の全労連がそれほどまでに「個人単位化」に注視して，取り組んだ結晶としての「素案」ではなかったのである。

3.「素案」後の変化

　「素案」が公表されてから10余年，中間まとめが公表されてからも10年が経っているが，この間の経済状況の変化を受けて，新たな提言が労働側から出されている。本章では，経済状況にどんな変化があったのかを概観し，次章の新たな提言の分析につなげていく。

3-1　この十数年間における変化──賃金デフレの進行

　この十数年間におけるもっとも特徴的な変化は，デフレ経済の進行であろう。なかでも賃金デフレはとくに注目すべき特徴である。1997年以降，ずっと下がりつづけている先進国は，日本のみである。なぜ，これだけ長期にわたり賃金が下がり続けたのか。

　その要因は，第1に，非正規雇用が増大したことである。総務省の就業構造基本調査では，男女別雇用者（役員を除く）に占める非正規の職員・従業員の

割合は 2002 年の 31.9% から 2012 年の 38.2% へと 6.3 ポイント上昇している（ちなみに，さらに 10 年前の 1992 年には 21.7% であり，20 年間で 16.5 ポイントも急上昇している）。この間に，雇用者数は，正規雇用から賃金の低い非正規雇用への異動が増えたという事実をあわせて考えると，労働者全体のもらう賃金は減少したと考えることができるだろう。たとえば，非正規雇用で代表的なパートタイム労働で考えてみると，仮に，雇用労働者に占めるパートタイムの比率が，1993 年時点から変化しなかったとすると，1997 年の賃金を 100 としたときに，2004 年でも 97.1 までしか下落していないという分析結果が出ている[3]。実際には，90 を下回っているので，やはり正規の割合が減り，非正規の割合が増えたことの影響が大きかったとみるべきであろう。

　では，どうしてここまで非正規雇用が増大したのか。これは 90 年代後半から 2000 年代前半にかけて断行された構造改革・規制緩和路線が非正規化を後押ししたと考えられる。代表的なものをあげると，

　　1998 年「大規模小売店舗法」の廃止
　　1999 年「労働者派遣の原則自由化」
　　2002 年「タクシーの規制緩和」
　　2003 年「有期雇用の期間の上限延長」
　　2004 年「製造業への派遣解禁」

などであるが，この他にも，公務員改革や郵政民営化などもあげられるだろう。

　賃金デフレが進んだ第 2 の要因は，大企業が賃上げを抑制したことである。2014 年の春闘では十数年ぶり財界がベースアップを容認し話題になったが，それまでは労働者の定期給与はずっと抑制されつづけてきた。賃上げ抑制は大企業だけの問題ではなく，中小企業へも波及し，ベースアップはもちろん，定

3）　労働運動総合研究所編（2012），24-25 ページ。

期昇給さえも廃止・縮小する中小企業が増えている状態にあった。

　さて，このように労働者が受け取る賃金が減少すると，まず消費に大きな影響が現れる。労働者は，モノやサービスを買うことを手控えるようになる。そして，モノやサービスが売れなくなると，企業は経営規模を縮小せざるをえなくなる。企業はさらに労働者の賃金を下げることになる。

3-2　この十数年間における変化──貧困・格差の深化

　先に述べた賃金デフレの影響を受けて，貧困・格差が拡大・深化したこともこの十数年間における変化である。

　相対的貧困率は，2000 年の 15.3％から 2009 年には 16.0％に上昇している。また生活保護受給者数も増大している。図 7-1 は，生活保護受給者数の推移を示したものである。1990 年代後半以降から年々増加する傾向にあったが，とくに 2008 年の金融危機以降の増大は著しいことがわかる。生活保護の捕捉率は 2～3 割といわれており，生活保護を受けている生活困窮者は氷山の一角で，実際にはその何倍もの生活困窮者が存在している。

　量的な変化だけでなく，質的な変化もみられる。図 7-2 は，生活保護の開始

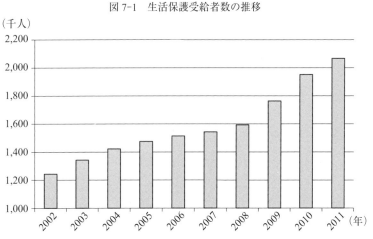

図 7-1　生活保護受給者数の推移

（出所）厚生労働省「福祉行政報告例」。

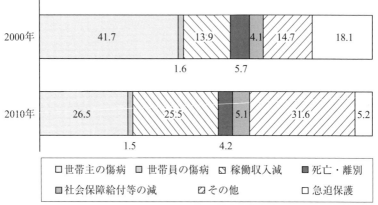

図7-2 生活保護の開始理由別構成比の推移

(出所) 厚生労働省「福祉行政報告例」。

理由の変化を示したものであるが，10年前に比べて「稼得収入の減少」の割合が増えている。経済的な状況の悪化が，生活保護受給者増大の背景にあることがわかる。

3-3 この十数年間における変化——ディーセント・ワークの重要性の高まり

十数年前は，今ほどディーセント・ワークという言葉がひろがっていなかったし，それほど着目されていなかった。それは，相対的に十数年前はまだまだ「まともな仕事」が多かったということであろう。しかし，この十数年間で仕事そのものが激変し，「ブラック企業」に代表されるように「まともではない仕事」が急増するなかで，このディーセント・ワークという言葉のもつ意味の重要性が高まったのであろう。

ディーセント・ワークは，ILOが1999年からその実現を最重要課題として掲げている目標である。日本語に訳すと「まともな仕事」という意味であるが，もっと内容を深めた意訳をすれば「働きがいのある人間らしい仕事」になるであろうか。ILOは，ディーセント・ワーク実現のための戦略目標として，①中核的な労働基準の尊重と遵守（労働基本権の保障，男女差別・人種差別の撤廃），②良質な雇用の確保（雇用の機会があり，家族と自分の暮らしを支える収入が

あること），③社会的保護の拡充（国際労働基準で定められた8時間労働制や最低賃金などの確保，安全衛生の保障，社会保障の全ての人々への保障など），④社会的対話の促進（意志決定の場への参加と，労働者・政府・使用者の三者の対話の仕組みの保障）を掲げた。

　いっぽう，厚生労働者ではこのディーセント・ワークの概念を以下のように整理している。「ディーセントワークとは，人々が働きながら生活している間に抱く願望，すなわち（1）働く機会があり，持続可能な生計に足る収入が得られること，（2）労働三権などの働く上での権利が確保され，職場で発言が行いやすく，それが認められること，（3）家庭生活と職業生活が両立でき，安全な職場環境や雇用保険，医療・年金制度などのセーフティネットが確保され，自己の鍛錬もできること，（4）公正な扱い，男女平等な扱いを受けること，といった願望が集大成されたものである」。厚生労働省の概念には，ILO があげている「社会的対話」が抜けているが，「働きがいのある人間らしい仕事」というイメージを把握することは可能であろう。

　現在のわが国の状況は，ディーセント・ワークとはまったく反対といってもよいほどである。非正規雇用が増えるなかで，希望する職は少なくなり，働いても最低生計費に満たない賃金。ブラック企業が横行し，労働者は物言えない（言わない？）状態。ワーク・ライフ・バランスが崩れ，仕事か家庭生活かを選択しなければならない女性たち。セーフティネットは底抜けで，ちょっとのことで転落してしまう「すべり台社会」。同じ仕事をしていても，非正規だから，女性だからというだけで差別される「身分」。この十数年間にディーセントに近づくどころか，そこから遠ざかってしまっている。だからこそ，ディーセント・ワークの実現が，国民・労働者にとって切実な課題になっているのである。

4．労働総研プロジェクト「提言」（2012年）

4-1 「素案」から「提言」へ

前節では，「素案」以降の十数年間でどんな状況の変化があったのかを整理

した。それを踏まえて，労働総研（労働運動総合研究所）が2012年8月に公表
した提言「人間的な労働と生活の新たな構築をめざして」（案）（以下，「提言」）
を分析していく。ここではまず，「提言」を公表した労働総研について触れて
おきたい。「素案」を公表した全労連と，労働総研は別組織ではあるが，労働
総研の設立趣意書に「（労働総研は）新しいナショナルセンター・全国労働組合
総連合との緊密な協力・共同のもとに，運動の発展に積極的に寄与する調査研
究・政策活動をすすめるためのもの」と述べられているように，両者の関係は
きわめて緊密である。その意味で，「素案」も「提言」も同じ潮流から発信さ
れた雇用や社会保障などに関する政策提言といってよいだろう。したがって，
本章では「提言」を労働者側による「個人単位化」のとらえなおしと考えて，
考察していく。

　「提言」では，1990年代後半以降，とくに21世紀になってから，わが国の
「労働と生活」が一段と厳しくなったことを，「雇用」「社会保障」「コミュニテ
ィ」の3つの側面から説明している。「雇用」分野で規制緩和による一連の労
働法制の改悪＝「労働ビックバン」が進められ，「社会保障」分野では「小さ
な政府論」による一連の福祉・公的支援の切り捨てが断行され，「コミュニテ
ィ」分野では雇用・社会保障の破壊に関連して，社会的排除が広がったと指摘
する。そして提言は，この三側面に対応して，「人間的な労働と生活」を取り
戻すことを目的にし，「安定した雇用」「頼りになる社会保障」「人間性を認め
合うコミュニティ」の実現を目指した改革提言をおこなっている[4]。本章で
は，このなかで2つの柱となっている「安定した雇用」「頼りになる社会保障」
について「個人単位化」の観点から考察してみたい。

4-2　雇用分野での政策提言——「安定した雇用」

「提言」では，新自由主義的な政策の対抗軸として，「人間的な労働」を確立

---

4)　ただし，「人間性を認め合うコミュニティ」については，特別に章などは設けられ
　　てはおらず，他章で言及するに留めている。

することを目標に掲げており，その「人間的な労働」の実現に必要な施策の骨格を明らかにして，そのことによって労働運動に寄与したいとしている。それでは，ここでいうところの「人間的な労働」とは，どのような労働なのであろうか。「提言」のもっとも強調する要素が，雇用の安定である。先に述べたように，「提言」が提起する政策の二本柱のうち，いっぽうの柱が「安定した雇用」である。労働者の生涯が安定するためには，何よりも雇用の安定が欠かせない。「提言」の第2章は，雇用分野での改革提言に充てられているが，その第1節「雇用提言」のなかで「安定した雇用」の実現への道筋として，①雇用は正規雇用（期間の定めのない雇用）を原則とすること，②非正規労働者・失業者の生活と権利を保障すること，③ジェンダーの平等，④公務・公共労働の役割が発揮されることの4点をあげている。ただ，「個人単位化」実現の前提条件として関連性があるものの，第1節では具体的に「個人単位化」について言及していない。より直接的に「個人単位化」がかかわるのは，第2節「賃金政策の提言」においてである。

第2節「(4)『社会の再生産を可能とする賃金』の保障の課題」では，少子化に歯止めがかからない状況を受けて，「次の世代の再生産のためにも，賃金の個人単位化を前提として，世帯形成年齢にあたる労働者には，男女を問わず，『社会の再生産を可能とする賃金』を保障させる課題がある」としている。では，「社会の再生産を可能とする賃金」とはいかなるものか。ここでは具体的に「親1人が子ども1人を扶養しながら，働き続けられる賃金」として，現状では年額420万円，月額35万円程度を目標として掲げている。この数字は，労働総研が全労連と共同で首都圏や東北地方で実施した最低生計費試算調査を参考にして出されたものである[5]。個人単位化を進めるうえで，社会が再生産できるような賃金の最低基準を定めることを，もっとも重要視していることがうかがえる。

---

5)　筆者が，2010年に静岡でおこなった最低生計費試算調査では，シングルマザー世帯の生計費として，30代母親と子ども1人で年額約368万円，月額約30万6,000円を計上している。中澤編著（2012），13ページ。

第2節ではこのほかに，最低賃金の引き上げ，男女間および正規非正規間の賃金格差是正などについても改革提言をおこなっている。「提言」では，賃金格差の是正について，均等待遇原則の確立の必要性を強調しているが，先に述べたように，雇用分野の改革提言は正規雇用（期間の定めのない雇用）に力点が置かれている。いっぽう「素案」では，賃金格差の是正に力点が置かれていた。この差異は，どのようにして労働者が「安定した雇用」を手に入れるかの方法論にかかわる。労使の交渉によって「安定した雇用」が実現されるというのが，「提言」における戦略である。そして，この交渉力を強くするのは労働者の団結力であるが，現状では新自由主義的な政策により労働者はバラバラに分断され，組織化されない非正規雇用が増大するなかで，労働者全体の団結力が弱体化している。ここで労使の交渉力を強化するために考えられる方策とは，正規雇用を増やすことと，非正規雇用を組織化することの2つである。もちろん，この双方が重要であることはいうまでもないが，「安定した雇用」の実現への道筋として，雇用＝正規雇用（期間の定めのない雇用）を原則とすることを第一に掲げている点で，「提言」は，正規雇用を増やすことを重要視しているといえるだろう。

4-3 社会保障分野での提言——「頼りになる社会保障」

「提言」は，現在の課題を「労働と生活の再生産の不調」といい表している。これは，「労働」分野と「生活」分野で同時的に不調が進行している状態のことを指している。このように「労働と生活」を一体的にとらえている点が，「提言」の特徴といえるだろう。先の「安定した雇用」が「労働」分野での政策提言だとしたら，「生活」分野の政策提言が「頼りになる社会保障」である。

「提言」では，「頼りになる社会保障」へと改革していくために，国民の「人間的な労働と生活」のあらゆる領域で，「最低限保障」（ナショナル・ミニマム）を再構築することを強調している。具体的には，以下のような項目をあげている。①雇用における最低限保障の確立（失業者の捕捉率が2割程度しかない雇用保険を抜本的に改善する，無拠出の失業扶助制度を創設するなど），②賃金の最低限保

障の確立（前述した全国一律の最低賃金制の確立，賃金の企業規模間格差，男女間格差の解消など），③人間らしい労働の最低限保障の確立（長時間労働の是正，処遇格差の是正など），④人間的生活基盤の最低限保障の確立（住宅，教育，医療，福祉，交通，地域環境，社会施設など，地域社会が機能するために不可欠な諸条件の確保），⑤低所得高齢者の年金底上げ（最低保障年金の確立），⑥生活困窮に陥った時のための所得の最低限保障の確立（すべての生活困窮者に対応することができるよう，生活保護法を「生活保障法」に改める，福祉現場の公務員を増員するなど）。ここでは，先に述べたように「労働と生活」を一体的にとらえているからこそ，「頼りになる社会保障」の実現のために，雇用における最低限保障を確立することを最重要の課題としてとらえている点が特徴であろう。したがって，具体的な提言では，労働にかかわる改革提言が多くなっている。「個人単位化」に関していえば，「素案」では触れられていた「第3号被保険者問題」，厚生年金の「モデル年金」の単位，パート労働者等の厚生年金加入などには言及されていない。

　さて「提言」は，国が国民の生存権に対して責任をもつという大原則（たとえ，それが「建前」だったとしても，大きな重石となってきた大原則）が，1981年「臨調・行革」に先行して1979年『新経済社会7ヵ年計画』で登場した「日本型福祉社会論」によって切り崩されるようになったと指摘している。もうこの時点で，2012年に成立した「社会保障制度改革推進法」で謳っているような「自助・共助・公助の適切な組み合わせ」の原型となる「個人の自助努力と家庭や近隣，地域社会等の連帯を基礎にしつつ，効率の良い政府が適正な公的福祉を重点的に保障する」という表現が使われているのだ。それ以来，30数年にわたって社会保障が連続的かつ大規模に弱体化させられてきた。「提言」では，原点に立ち返り，国家責任による生存権保障の実現＝「社会保障が行き届いた，安心・安全な社会」を目指す政府を要求している。社会保障制度が，公助によって成り立っている点を強調し，まずは国家責任によって生存権を保障すべきであるとしているのは，「提言」の評価すべきところである。

4-4 「素案」から「提言」への流れ

「提言」では，労働と生活を人間的なものに再構築するために，労働組合が
どのような戦略をもつべきかが論じられているが，そこに「個人単位化」とい
う言葉はほとんど見当たらない。それは，「個人単位化」は目指すべき方向性
ではなくなったことを意味するのであろうか。

「提言」は，2012 年に出された時点では（案）がついており，内外の意見を
広く集めていた。労働総研は，それらの意見を取り入れて提言を再編集し，最
終報告として 2013 年 4 月に『[提言] ディーセントワークの実現へ』（新日本出
版社）を取りまとめている。ここでは，目指すところとして，「私たちの労働
と生活を ILO の提起するディーセントワークに近づけよう」と述べ，ディー
セント・ワークに「人間らしい働きがいのある仕事と生活」との説明を付け加
えている。「提言」で使われた「人間的な労働と生活」とは，ディーセント・
ワークとかなり近い概念ということであろう[6]。

ところで，ディーセント・ワークの概念と，「個人が自立しておらず，ある
差別の上に労働や生活が成り立っている状態」とは，まったく正反対である。
個々人がそれぞれ「自立した個人」として社会を構成するようになって，はじ
めてディーセント・ワーク＝人間らしい働きがいのある仕事と生活の実現があ
る。ディーセント・ワークの原点は「自立した個人」であり，「個人単位化」
の先にディーセント・ワークの実現があると考えることができるのではないだ
ろうか。この意味で，「個人単位化」という言葉自体はあまり見えなくなった
が，それは決して目指されないものではなく，やはり目指すべき方向性である
ことを再認識すべきであろう。

---

6)　「提言」の段階では，ディーセント・ワークはそれほど頻繁に使われていなかっ
た。ところが，最終報告『[提言] ディーセントワークの実現へ』では，タイトルに
ディーセント・ワークが加えられ，随所で使われるキータームとなっている。その
理由は，本文でも述べたように，「人間的な労働と生活」とディーセント・ワークと
が近い概念であったこともあるが，労働総研が全労連の推進しているキャンペーン
に配慮したかたちで，あえてディーセント・ワークを強調した事情もある。

4-5 非正規の視点

さて，非正規労働者の割合は約4割に迫るほどに達しており，非正規雇用問題を避けていては，ディーセント・ワークも労働者側が求めるところの「個人単位化」も到底実現できない。また，非正規の割合は男性で18.9%であるのに対して，女性では53.8%となっており，非正規問題は，女性労働問題ともみなすことができよう。もちろん，上述したように「提言」ではジェンダー平等や均等待遇原則の実現について触れている。しかし，全体を通して正規労働者（＋男性労働者）に向けた提言になっている印象は否めない。

「提言」では，「職場のすべての労働者を視野に入れた要求と運動」を大切にすべきと述べている。ところが，現実には正規と非正規の要求と運動は必ずしも一致していないのが現状である。それは，両者の利害が一致していないと思われていることに起因している。この現状をきちんと踏まえたうえで，真に「すべての労働者」を視野に入れた提言にしなければならないだろう。「これからの労働運動には，組織された労働者は，自らの労働条件はもとより，すべての労働者を視野に入れて交渉を進めることが要請されている」と，未組織労働者の要求＝ナショナル・ミニマムの確保を取り込んでいかなければならないとしている。具体的には，このナショナル・ミニマムの基軸として，全国一律の最低賃金制を位置づけ，その抜本改革を提案している。その内容は，①最低賃金を平均賃金の50%以上に引き上げる，②当面は時給1,000円以上にする，③生活保護基準引き下げの阻止などである。

筆者は，非正規雇用の最低基準や均等待遇が実現されることが，ディーセントワークや「個人単位化」を実現するために，これからの労働運動が最優先で取り組むべき課題であると考えている。

5. おわりに——個人が自立するためには

ここまで，国民・労働者にとって税・社会保障・雇用システムなどの社会制度がどうあるべきかについて，労働側から出された提言を中心に検討してきた。冒頭でも触れたように，社会制度の「個人単位化」は今後も進められてい

くであろう。その進められ方いかんで，個人が自立できる社会にもそうでない社会にもなりうる。どのような社会を目指すべきなのか，さらに議論を深めていく必要がある。

最後に，実際に「個人の自立」が実現している（あるいは，進んでいる）国々のことについて触れておこう。各国によって歴史や経済，国民性などさまざまに異なるので，各国の諸制度をそのままわが国に取り入れることは難しいであろうが，それらを参考にしていくことは有効であると考えるからである。

図7-3および図7-4は，男女別勤続年数別にみた日本とEU各国の賃金カー

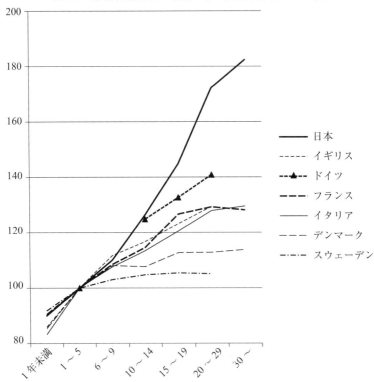

図7-3 勤続年数別賃金の国際比較（製造業男子，2006年）

（勤続年数1～5年の賃金を100とする）

（注）日本については，勤続年数が「1～5年」は「1～4年」に，「6～9年」が「5～9年」に相当する。
（出所）労働政策研究・研修機構『データブック国際労働比較（2011年版）』。

図 7-4 勤続年数別賃金の国際比較（製造業女子，2006 年）

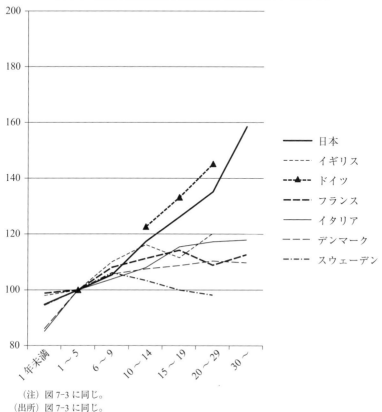

（注）図 7-3 に同じ。
（出所）図 7-3 に同じ。

ブである。日本では，勤続年数とともに賃金が右肩上がりで上昇していくが，EU の多くの国では，年齢が上昇しても，勤続年数が伸びても，それほど賃金が増えていかず，フラットな線を描いている。では，年齢が上昇するにつれて家族が増える・住宅を購入する・子どもが成長して教育費がかかるなどで，生計費が上昇した際に，フラットな賃金カーブを描く国々では，賃金と生計費とのギャップをどのように埋めているのであろうか。

　そのギャップを埋めているのは，税制や社会保障給付などである。フランスを例に取り上げると，社会保障をはじめとした生活保障制度が充実していて，教育費や住宅費，医療費などの国民の自己負担分を減らし，その多くが公的給

付によって賄われている社会となっている。とくに，家族手当や育児休暇など
の育児支援制度が充実している点は特徴的である[7]。

　過度に賃金に依存した社会は，さまざまな生活問題を引き起こしてきた。も
し，教育費や住宅費，医療費などが賃金に頼らないで済むようになれば，社会
の様相はかなり違ってくるはずである。社会制度を見直す作業は，これまでの
社会そのものを見直す作業でもある。非常な労力を要する作業であるが，今後
も研究部会活動において継続していきたい。

参 考 文 献

中澤秀一編著（2012）『これだけは必要だ！静岡県の最低生計費』本の泉社。

労働運動総合研究所（2012）『デフレ不況脱却の賃金政策』新日本出版社。

労働運動総合研究所（2013）『社会保障再生への改革提言』新日本出版社。

労働運動総合研究所（2013）『ディーセントワークの実現へ　暴走する新自由主義
　　との対抗戦略』新日本出版社。

労働総研・研究所プロジェクト（2012）「人間的な労働と生活の新たな構築をめざ
　　して― 2025 年にむけての労働総研の提言（案）―」（『労働総研クォータリー』
　　87）。

---

7)　フランスもかつては日本同様に出生率がきわめて低い国であった。ところが，
　2008 年出生率は 2.02 にまで回復している。フランスの婚外子率は 5 割を超えている
　が，これはフランスでは，育児支援制度の充実によって個人で子どもを産み育てら
　れる社会になっていることを意味している。日本の婚外子率が 2％程度であることを
　考えると，フランスはより個人の自立が進んでいる社会であると考えるべきであろ
　う。

第 8 章

カテゴリカルな判断情報にみる企業行動の特性
——リーマン・ショック，東日本大震災の影響を探って——

1. は じ め に

　企業の活動状況や景気動向を迅速にとらえるために法人企業を対象に実施される調査に，景況調査[1]と呼ばれる調査類型がある。日本では，法人企業景気予測調査（財務省）や全国企業短期観測調査（日本銀行）がその代表であり，調査実施後に作成・公表される，いわゆる業況判断 DI（ディフュージョン・インデックス）や見通し DI は景気の先行きを占う重要な経済指標として結果数値の高低が注目される。またアンケート形式の調査の簡便さもあり，地方自治体や商工会議所，業界団体・組織など，さまざまなところで独自に調査・集計され，広く利用されている。

　景況調査の方法的特性は，判断や見通しといった用語が示すように企業（回答責任者）の主観を通して実績判断や見通し（将来予想や計画）を問うところにあり，そこでは数量や計数ベースではなくカテゴリカルな選択肢法が中心となる。そのため，経済学的には期待形成や予想理論の文脈で Theil（1971）などが

---

　1)　景況調査の特長や性格については，たとえば OECD（2003），坂田（2006）を参照されたい。

早くから注目し，予想—実績値表に象徴されるような集計表形態で予想や期待特性の解析が試みられてきた。しかし，調査技術上カテゴリカルな選択肢法が採用されているため，数量ベースの実績値中心の計量分析の考え方からすると，この種の情報は代用的，副次的指標，もしくは周辺情報として受け取られ，Zimmermann などの一部の研究グループ[2]を除いて，個票レベルで本格的な計量分析が試みられることはあまりなかった。

本章では，法人企業景気予測調査（財務省）個票を素材に，リーマン・ショックおよび東日本大震災を含む分析期間において，景況感や労働にかかわる企業行動の実像が調査票情報にどのように映し出されているのか，その特徴を抽出しようと試みるものである。因果的解釈を明確にするため，実績判断項目を目的変数として，説明変数には目的変数と同期の変数は含めず，過去のラグ付き変数だけを採用している。またこの種の情報に対してはロジット，あるいはプロビット・タイプのモデルアプローチが盛んに利用されているが，ここではカテゴリー間にできるだけ制約を課さない分割表解析のアプローチで課題に接近する。

2. 先行研究と課題

景況（あるいは業況）調査個票にもとづく欧米を中心としたミクロデータ分析の総論的サーベイと近年の動向は，Zimmermann（1997）および CIRET（the Centre for International Research on Economic Tendency Surveys）[3]に詳しい。むしろここでは景況調査ミクロデータ分析の方法的要諦を簡単に説明し，本章での課題とその問題背景を少し詳しく示すことにしよう。

景況調査はすでに述べたように，実績とともに予想（見通し）を尋ねることから，パネル化（あるいは，それに準ずる処理）が可能であれば，実績×予想，予想×実績，実績×実績，予想×予想などの組み合せに応じて，予想形成，予

---

2) Kawasaki & Zimmermann（1981），Kawasaki, McMillan & Zimmermann（1983），およびサーベイ論文としては Zimmerman（1997）を参照されたい。

3) CIRET については，https://www.ciret.org/（2014 年 8 月 20 日付）を参照のこと。

第 8 章 カテゴリカルな判断情報にみる企業行動の特性　169

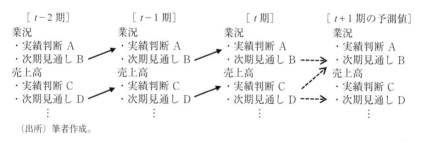

図 8-1　景況パネルの項目連関

(出所) 筆者作成。

想パフォーマンス，構造分析，予測など，主観情報を取り込んだ分析が可能となる（図8-1参照）。たとえば，BとAの系列を照合していくと，景況の次期見通しの予想パフォーマンスを，DとCの系列から売上高の次期見通しの予想パフォーマンスが検討できる。因みに，Aの系列だけ，あるいはCの系列だけ追っていけば，それぞれの自己相関的な特性がミクロベースで分析できる。またC，D系列からA系列へというように，他の変数項目との連関についても分析が可能となる。

このようなデータ特性を利用して，坂田 (1996, 2000) では，バブル経済崩壊後1990年代を対象期間にDOR景況調査（中小企業家同友会）個票データにもとづき，中小・零細企業についての回答構造（項目間連関）の安定性を指摘している。さらに，予想—実績値表による予想パフォーマンスの比較分析[4]によって，

(1) 分析期間全体では，見通し値が実績に一致する比率は，当期の実績値が来期も続くと予想する方式での適中率より劣る，

(2) 上昇や下降といった局面では (1) の特徴が成立するが，横ばいや不変といった局面では，次期見通し項目を用いた適中率が若干上昇，

(3) 次期見通し項目の値は，過去の実績値の動きに引きずられる，

ことなどを指摘した。

---

4) 具体的には，次期見通し項目の適中率は，t期の調査での$t+1$期に関する次期見通し値と$t+1$期の調査での実績値との比較によって得られ，それを実績外挿（t期における当該企業の実績を$t+1$期の予測値とする）方式の適中率と比較した。

他方，短期 DI 予測値として，ミクロ予測 DI 指標の作成も試みている（坂田，2001）。DOR 景況調査データをパネル化し，実績判断項目を目的変数として，当該時点までの利用可能な情報から将来の実績値の動き（回答値）を予測し，DI 予測値（「ミクロ予測 DI」と呼ぶ）を算出している。景況判断 DI（前年同期比実績）については，ミクロ予測 DI 値が比較対照の方法のなかでは二乗誤差が最小であること，実績値の変化方向を見極めるという点では，分析期間の後半において次期見通し DI 値の方がパフォーマンスが高く，逆にミクロ予測 DI 値で変化方向のぶれや遅れが目立つという結果を得ている。

本章の問題意識はこの延長線上にある。法人企業景気予測調査では大企業のパネル化が可能であることから，大規模企業においても景況ミクロデータのアプローチは有効なのか，リーマン・ショックと東日本大震災という 2 つの異質なショックを含む期間においてどのような統計的特性を有しているのか，ミクロ予測 DI のパフォーマンスを含めて検証することにしたい。

3. データのパネル化と解析モデル

3-1　解析用パネルデータの作成とその特徴

解析用データ，およびパネル対象企業の詳細を下記に整理しておく。

使用データ：法人企業景気予測調査・四半期データ（財務省，以下「本調査」とも呼ぶ）

対 象 業 種：製造業企業

分 析 期 間：2004 年第 1 四半期から 2012 年第 4 四半期までの 36 四半期（リーマン・ショック，東日本大震災含む）

パネル対象企業：企業コードによる完全照合でパネル化が可能な資本金10 億円以上の企業

なお，企業コードは一致しているが，対象企業の名称に不一致がある企業については，たとえば合併・統合による顕著な特性変化の可能性があり，前後で

第 8 章　カテゴリカルな判断情報にみる企業行動の特性　171

同一企業として取り扱うことが不適切なケースも考えられる。そこで資本金規模（対数値）による異常値検知（Smilnof-Grubbs Test）[5]をおこない，有意に棄却されたもの，つまり異常値が検出された場合には同一企業とはみなさず今回はパネル化していない。

　ところで，パネル調査（あるいは個票リンケージによるパネル化）には周知のように標本脱落による推定バイアスの問題がある。図 8-2(a) は，連続して構成可能なパネル期間別に始点となる時点あたりの平均該当企業数をグラフ化したものである。脱落の影響は長期時系列を作成しようとするほど大きくなるので，当然，対応するサンプルサイズは小さくなる。たとえば，四半期ベースで 1 ないし 2 年程度の変化を追うというのであれば，5 ないし 9 期間の連続パネルであるが，その場合平均 1,500〜1,600 社，これに対して分析期間全体の 36 四半期の通期パネルでは 900 社弱まで対象企業数が減少する。半減とはいかないまでも 4 割の企業が脱落してしまう。

　対応する企業属性の変化を資本金規模の分布でとらえなおすと，図 8-2(b) が示すように，パネル期間が 1〜2 年程度であれば平均資本金 13〜15 億円程度であるのに，36 四半期パネルでは 20 億円近くに達し大規模企業の方向へシフトしている。比例的に，標準偏差も増大しており，分析上留意すべきである。

　このような脱落バイアスと標本サイズを考慮して，パネル分析としては，分析時点から過去に遡って 4 期もしくは 8 期ラグまでの変数を利用できるケースをモデル分析の対象とした。時点ごとに標本企業の多少の出入りはあるが，本研究の目標母集団は，資本金 10 億円以上製造業企業であること，および手法的には分割表解析のアプローチであることを考慮すれば，分析上とくに問題はないことを確認している[6]。

---

5)　異常値検知については，奥野・山田（1995），55 ページを参照。
6)　自己相関については 2 年前までのラグ付き変数を候補として，四半期データで 9 期間パネルデータを利用した分析を試みたが，実際的には 1 年前までの 5 期間パネルで十分であるので，最適変数モデルの分析を含め，自己相関以外の分析では 5 期間パネルデータを使用している。

図8-2(a)　連続パネル期間別平均企業数　　図8-2(b)　連続パネル期間別資本金額

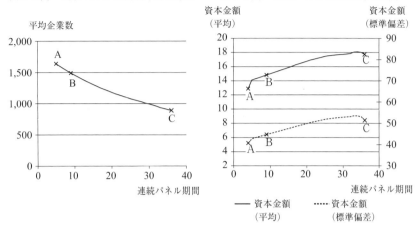

(注)　A：5期間以上連続パネル（平均1,638社，資本金額の平均1,289百万円・標準偏差4,072百万円），B：9期間以上連続パネル（平均1,490社，資本金額の平均1,483百万円・標準偏差4,474百万円），C：36期間連続パネル（平均890社，資本金額の平均1,773百万円・標準偏差5,140百万円）。
(出所)　筆者作成。

3-2　探索モデルとミクロ予測 DI の作成

ラグ付き変数を含め，目的変数に対して最適の説明変数セットを探索的にもとめるが，カテゴリカルデータによる分割表解析アプローチとして，情報量規準 AIC の応用プログラムである CATDAP（坂元他　1983；坂元　1985）による処理法を適用している[7]。なお，最適モデルの探索にあたっては，単純な変数の選択だけでなく，年次，四半期情報を利用した時点プール（統合）やカテゴリーの併合結果も評価している。

カテゴリカルな変数を用いる分割表モデルの表記の煩雑さを軽減するため，ここで改めて目的変数を Y_0 と表記しよう。予測的なモデルを想定しているので，目的変数と説明変数という切り分けでは，Y の添え字には t，X には $t-1$ 以前のラグ付き表記が前提であるから，それは省いて代わりに，目的変数には

---

7)　本研究では，統計数理研究所（坂元慶行氏開発）から提供された CATDAP プログラムを用いて解析をおこなった。

0 を添え，カテゴリー数やセル数の表記にもそれを利用する。逆に，0 が付されていないものはすべてラグ付き説明変数に関する定義情報であるとする。そして，モデルを次のように定義する。

$$Model(Y_0 ; \boldsymbol{X}') : p(r_0 \,|\, \boldsymbol{r}) = \theta \,(r_0 \,|\, \boldsymbol{r}') \tag{1}$$

ただし，

目的変数：Y_0，カテゴリーは $r_0 = 1, \cdots, C_0$

全説明変数セット：$\boldsymbol{X} = \{X_1, \cdots, X_k\}$，そのカテゴリーセットを $\boldsymbol{r}$

説明変数セットの任意のサブセット：$\boldsymbol{X}'$，そのカテゴリーセットを $\boldsymbol{r}'$

$\boldsymbol{X}'$ における分割表のセル度数：$n(r_0, \boldsymbol{r}')$

$\boldsymbol{X}'$ の周辺度数：$n(\boldsymbol{r}')$

$\boldsymbol{X}'$ の総カテゴリー数：$C_{\boldsymbol{X}'}$。

説明変数のカテゴリーセット $\boldsymbol{r}'$ のもとでの目的変数のカテゴリー r_0 の確率分布 $p(r_0 \,|\, \boldsymbol{r}')$ を統計モデル $\theta \,(r_0 \,|\, \boldsymbol{r}')$ として表現している。カテゴリーの併合を考慮した最適モデルの探索にあたっては，赤池情報量規準 AIC を用いるが，分割表モデルの場合，AIC は次式で求められる。

$$AIC(Y_0 ; \boldsymbol{X}') = (-2)\sum_{r_0, \boldsymbol{r}'} n(r_0, \boldsymbol{r}') \log \frac{n \cdot n(r_0, \boldsymbol{r}')}{n(r_0) n(\boldsymbol{r}')}$$
$$+ 2(C_0 - 1)(C_{\boldsymbol{X}'} - 1) \tag{2}$$

目的変数と説明変数に用いた質問項目を次に整理しておく。

［目的変数 Y_0 となる質問項目：カテゴリー］

a. 貴社の景況（季節調整済・前期比実績）：

　　1. 上昇　2. 不変　3. 下降　4. 不明

b. 従業員数：1. 不足気味　2. 適正　3. 過剰気味　4. 不明

c. 臨時・パートの数[8]：0. なし　1. 増加　2. 不変　3. 減少　4. 不明

8）臨時・パートについて法人企業景況調査は，その「有無」をまず尋ねて，「有り」

[説明変数 $X = \{X_1, \cdots, X_k\}$ の質問項目[9)]]

・判断項目（当期，1 期先予想，2 期先予想）：貴社の景況，国内の景況，売上
　高，経常利益，国内需要，海外需要，製（商）品・サービスの販売価格，
　原材料・製（商）品の仕入れ価格，製（商）品在庫，原材料在庫，資金繰
　り，金融機関の融資態度，生産・販売などのための設備，従業員数（過不
　足感），臨時・パートの有無×臨時・パートの数（増減），今年度における
　資金調達方法

・地域 5 区分（北海道・東北，関東，北陸・近畿，中国・四国，九州・沖縄）

・年次，および四半期コード：四半期プール，年次プール解析のために使用

　探索的最適モデルの推定結果を利用し，さらにミクロベースの来期の景況判
断 DI 予測値を算出することにする。景況判断 DI として通常作成される指標
は，本調査では（貴社の）景況判断への質問に対し，「上昇」を選ぶ回答比率か
ら「下降」の回答比率を差し引くことで求められる。この関係式をそのまま予
測に援用して，

$$
\text{景況判断 DI ミクロ予測値} = \text{「1. 上昇」の予測比率（\%）}
$$
$$
- \text{「3. 下降」の予測比率（\%）}
$$

と定義する。この方式はいわば，DI の定義にもっとも忠実な考え方といえる。
そして，本研究のアプローチは，（貴社の）景況判断に対する質問項目へのミク
ロベースのカテゴリカルな回答分布の解析であるから，その成果を利用して，
景況判断に対する回答（上昇，不変，下降）の予測分布を求めることができる。
　いま，t 期の DI を DI_t，目的変数となる景況判断項目を I_t，その最適説明変

の場合にその増減を問うている。本研究では，両者をまとめて，「なし」を含む 5 つ
のカテゴリーをもつ項目として処理している。なお，本文中のクロス集計表では
「なし」は省略し，表章していない。
9)　説明変数に使用した質問項目は，地域 5 区分を除いてすべて 1 期から 4 期（もし
　くは 8 期）までのラグ付き変数となる。

数セットを $\boldsymbol{J}_t$ とし，目的変数のカテゴリーを $i_t{\in}I_t$，説明変数セットのカテゴリーを $\boldsymbol{j}_t{\in}\boldsymbol{J}_t$ と表すことにする。また景況判断の回答分布を $p(i_t)$，とくに「1. 上昇」の確率であれば $p(i_{t,1})$，「3. 下降」であれば $p(i_{t,3})$ などと表す。このとき定義より，$DI_t/100 = p(i_{t,1}) - p(i_{t,3})$ であるから，目的の来期 DI 予測値 $\widehat{DI}_{t+1}$ は，

$$\widehat{DI}_{t+1}/100 = \hat{p}(i_{t+1,1}) - \hat{p}(i_{t+1,3}) \tag{3}$$

と書ける。一般に，今期の回答分布と前期までの説明変数の分布との間には条件付確率を用いて，以下の関係が成立する。

$$p(i_t) = \sum_{\boldsymbol{j}} p(i_t|\boldsymbol{j}_{t-1})p(\boldsymbol{j}_{t-1}) \tag{4}$$

同様に次期の景況判断実績項目の分布 $p(i_{t+1,.})$ に対しては，

$$p(i_{t+1}) = \sum_{\boldsymbol{j}} p(i_{t+1}|\boldsymbol{j}_t)p(\boldsymbol{j}_t) \tag{5}$$

が成立するので，この関係を利用して次期の分布の予測値 $\hat{p}(i_{t+1,.})$ を求めることを考える。

しかし，来期 $t+1$ 期の景況判断実績項目の分布を求めるにあたって，t 期（現時点）までの任意の予測変数の分布 $p(\boldsymbol{j}_t)$ は既知であるが，当然 $t+1$ 期の情報がないので $p(i_{t+1}|\boldsymbol{j}_t)$ が未知のままである。本章では，t 時点の目的変数の分布をもっともよく再現する 1 期前までの最適な予測変数セット $\boldsymbol{J}_{t-1}^*$ を探索し，その条件付き分布で置き換える（推定する）ことにする。

$$\hat{p}(i_{t+1}|\boldsymbol{j}_t) \approx p(i_t|\boldsymbol{j}_{t-1}^*) \tag{6}$$

そして，$(t+1)$ 期の景況判断項目の分布を次式で予測する。

$$\hat{p}(i_{t+1}) = \sum_{\boldsymbol{j}} \hat{p}(i_{t+1}|\boldsymbol{j}_t)p(\boldsymbol{j}_t) = \sum_{\boldsymbol{j}} p(i_t|\boldsymbol{j}_{t-1}^*)p(\boldsymbol{j}_t^*) \tag{7}$$

ここでは，予測時点に対する最適モデルには変化はなく，また条件付き分布のパラメータはある程度安定しているものと仮定する。上記の最終式では，す

176

べて現時点までのデータとして既知であるから，予測時点の目的変数の周辺分布が推計できる。

4. 結 果 概 要

すでに述べたように，本章では法人企業景気予測調査の設問，a.「貴社の景況」，b.「従業員数（過不足感）」，c.「臨時・パートの数（増減）」に関する実績判断項目への回答を通して，企業の景況実績，従業員数過不足，および非正規雇用増減をめぐる状況や影響要因がそれらにどのように反映されているのか，CATDAP の解析結果を検討していくことにしたい。

以下の変数表記では，目的変数である設問 a.「貴社の景況」，b.「従業員数（過不足感）」，c.「臨時・パートの数」の項目をそれぞれ簡単に「景況_$$$$」，「従業員数_$$$$」，「非正規_$$$$」とする。「$$$$」には期間，時点など時間属性情報を付記することにし，「第 4 四半期」というプールした状態での a.「貴社の景況」が目的変数ならば「景況_Q4」，「2012 年第 4 四半期」の同変数を目的変数とする場合は「景況_12Q4」などと記す。

他方，予測変数としての説明変数については「## 景況」，「## 従業員数」，「## 非正規」，「## 国内需要」などと表記する。「景況」，「従業員数」，「非正規」が意味するところは目的変数と同じであり，それ以外の表記については適宜説明を付すことにする。また「##」には L1 から L9 まで付され，1 期から 9 期までのラグ付き変数であることを意味する。なお，次期見通し項目については，右肩に「*」を，次々期見通し項目については同じく「**」を付している。したがって，たとえば最適な説明変数が「L1 景況*」のとき，それは 1 期前（調査時点）での景況に関する次期見通し回答を意味しており，つまり今期景況に対する予想値を指す。

4-1　予備的解析——実績判断系列の単変量による多次元自己回帰特性

（a）景況判断

実績判断ベースでのカテゴリカルな変数の単変量時系列（自己回帰的）特性

から検討していくことにしよう。AIC 最小化の視点からもっとも関連の強いラグ付き説明変数のセットを探索している。AIC による探索に際しては，各期毎に予測的な視点からもっとも適切なラグ付き変数のセットを求めるとともに，四半期プール変数に対しても同様の解析を試みており，表 8-1 にその結果を示している。表 8-1 の表側には目的変数を，それに対応する最適変数セットのAIC 値，最適変数の数と総カテゴリー数，最適な年次併合の組み合わせ，説明変数の候補が表頭に順に配されている。説明変数の候補に関しては，最適モデルに選出された場合には，その最適カテゴリー数が該当のセルに記載されている。当然のことながら，空欄は AIC 最小化の観点からは最適モデルの変数に選出されなかったことを意味する。なお，表 8-2 以降の最適モデルのリスト表についても同様の構成であることを付記しておく[10]。

　各期（時点）の景況実績に対して，それぞれ最適な自己回帰的な説明変数セットを探索しており，期間を通した全体での平均的な自己回帰的変数セットを求めているわけではない。分析期間がリーマン・ショックや東日本大震災を含むことから，各期の最適説明変数セットの内容はショック前後で異なり，不安定さを示すことが想定される。そのような構造変動の期間識別をおこなうために，四半期プールデータでの第 1〜4 四半期それぞれについてのモデル選択の結果も示している。それは四半期区分別の平均的最適モデルを与えてくれるが，9 年分の年次変数も説明変数に含まれるため，構造変化があれば，最適な年次併合区分で AIC 最小化モデルの説明変数に年次変数が抽出されるはずである。

　表 8-1 から明らかなように，目的変数の種類や時点（時間属性）の違いにかかわらず，1 期前のラグ付き変数 L1 景況はほとんどの場合，最適な説明変数セットに共通して含まれる。また同時に，対前年同期の L4 景況も説明変数に

---

10)　表 8-1 と表 8-2 の実績判断項目による単変量時系列分析では，可能な限り長めの時系列特性を抽出するため 9 期間パネルデータを用いている。しかし実際には 1 年前までのパネルで十分であるため，それ以降の分析では 5 期間パネルデータを利用している。そのため表 8-3 以降は標本サイズが異なっていることに注意されたい。

表8-1 景況実績判断系列の時系列特性

目的変数	AIC	n.v.	cat.	最適な説明変数セット								
				年次	L1 景況	L2 景況	L3 景況	L4 景況	L5 景況	L6 景況	L7 景況	L8 景況
景況_Q4	−4795	3	108	06-07/08/09-12	4	3		3				
景況_Q3	−3718	3	96	06-07/08/09/10-12	4			3				2
景況_Q2	−3294	3	36		4	3		3				
景況_Q1	−3004	2	64	06-09/10/11/12	4			4				
景況_12Q4	−506	2	12	—	4			3				
景況_12Q3	−425	3	24	—	4				2			3
景況_12Q2	−343	2	12	—	4			3				
景況_12Q1	−386	2	16	—	4			4				
景況_11Q4	−385	2	12	—	4			3				
景況_11Q3	−412	2	12	—	4			3				
景況_11Q2	−471	2	12	—	4			3				
景況_11Q1	−270	2	12	—			3	4				
景況_10Q4	−479	2	12	—	4			3				
景況_10Q3	−384	2	12	—	4							3
景況_10Q2	−343	2	12	—	3	4						
景況_10Q1	−377	3	24	—	3	2		4				
景況_09Q4	−443	2	12	—	4							3
景況_09Q3	−393	2	12	—	4			3				
景況_09Q2	−396	3	16	—	4	2	2					
景況_09Q1	−209	2	12	—	4							3
景況_08Q4	−444	2	12	—	4			3				
景況_08Q3	−297	2	12	—	4	3						
景況_08Q2	−426	3	24	—	4	2		3				
景況_08Q1	−408	2	12	—	4			3				
景況_07Q4	−542	3	24	—	4			3				2
景況_07Q3	−456	2	12	—	4			3				
景況_07Q2	−456	2	12	—	4			3				
景況_07Q1	−486	3	27	—	3	3		3				
景況_06Q4	−536	3	24	—	4		2	3				
景況_06Q3	−413	2	12	—	4			3				
景況_06Q2	−449	2	12	—	4			3				
景況_06Q1	−445	2	12	—	4			3				

（注）n.v. および cat. は，最適な説明変数の数およびその総カテゴリー数を，「—」は該当のモデルでは使用していない変数であることを示す。最適な説明変数セットの年次欄には併合された年度，また L1 から L8 までの欄には選択された変数のカテゴリー数を示している。
（出所）筆者作成。

選ばれており，いくつかの時点では2年前の同期変数L8景況さえも選択されている。調査は，「季節的要因を除いた実勢」（調査票記入上の注意事項）での判断を求めているが，実際には季節成分が十分除去されるわけではないことを示

唆している。いずれにしても，単変量時系列としては，直近の1期前と1年前同期からなる自己回帰的なモデルが基本と考えてよいであろう。

　このような基本パターンに対して，リーマン・ショック（2008年第2四半期），および東日本大震災（2010年第4四半期）[11]が攪乱的に作用している様子もみてとれる。実際には，景況_08Q2から景況_11Q1までの目的変数に対して，最適変数セットが不安定となっていることがわかる。その特徴を四半期プールデータ（景況_Q1～景況_Q4）の解析結果から改めてとらえると，景況_Q2を除き年次変数が最適モデルに採用されていることから，統計的にも構造変化が確認できる。

　年次の最適カテゴリー区分を具体的にみると，第1四半期プールデータの景況_Q1については，2009年度までが一括りの区分で，それ以降の期間は，大震災発生直後の年次を含めて年度ごとに異なる区分とした方がよいことを教えている。他方で，第4四半期プールデータ（景況_Q4）は，リーマン・ショック発生時の2008年度を1区分として，その前後，2007年度以前と2009年度以降を区別して3区分でとらえた方がよいことを示している。厳密な検討は別の機会に譲るとして，リーマン・ショックと大震災の影響がこのようなデータ上の時期区分に影響していることに異論はないであろう。

　なお，解釈を難しくする要因のひとつをここで指摘しておけば，調査時点とショック発生時のズレがある。リーマン・ショックが9月後半，震災は3月11日，これに対応する四半期調査の調査（回答）時点はそれぞれ8月後半，2月中旬であり，その影響は発生時よりむしろ次の四半期から強く現れるためである。しかも変化方向に関する情報を調べているだけなのであるから，問題はさらに複雑といえる。しかし，自己回帰的な構造に限った解析でも，このような興味深い発見的な事実を得ることができる。景況調査に映し込まれる情報量の豊かさを示唆するとともに，それに相応しい妥当な解析的フレームワークの

---

11)　震災時の調査の特例については，たとえば，「東日本大震災の影響による『法人企業景気予測調査』の公表・集計等の取扱いについて（平成23年6月7日）」（https://www.mof.go.jp/pri/reference/bos/earth_quake.htm；2014年8月20日付）参照。

180

適用を検討する必要があろう。

(b) 従業員数過不足

景況実績判断データに比べ，各期の従業員数過不足データ（表8-2）は若干傾向が読み取りにくい。共通して前期実績変数は効いているが，他の説明変数

表8-2　従業員数過不足系列の時系列特性

目的変数	AIC	n.v.	cat.	最適な説明変数セット								
				年次	L1 従業員数	L2 従業員数	L3 従業員数	L4 従業員数	L5 従業員数	L6 従業員数	L7 従業員数	L8 従業員数
従業員数_Q4	−5798	3	36	06-07/08/09-12	4			3				
従業員数_Q3	−5210	3	36	06-07/08/09-12	4			3				
従業員数_Q2	−5498	3	36		4	3					3	
従業員数_Q1	−5216	2	36		4	3					3	
従業員数_12Q4	−679	2	16	—	4			4				
従業員数_12Q3	−667	3	12	—	4		3					
従業員数_12Q2	−754	2	12	—	4	3						
従業員数_12Q1	−611	2	12	—	4	3						
従業員数_11Q4	−627	2	8	—	4	2						
従業員数_11Q3	−614	2	8	—	4	2						
従業員数_11Q2	−540	2	12	—	4	3						
従業員数_11Q1	−542	2	12	—	3	4						
従業員数_10Q4	−584	2	12	—	4	3						
従業員数_10Q3	−632	2	12	—	4			3				
従業員数_10Q2	−592	2	12	—	4	3						
従業員数_10Q1	−611	3	12	—	4	3						
従業員数_09Q4	−778	2	12	—	4			3				
従業員数_09Q3	−847	2	8	—	4		2					
従業員数_09Q2	−782	3	8	—	4			2				
従業員数_09Q1	−796	2	4	—	4							
従業員数_08Q4	−561	2	12	—	4					3		
従業員数_08Q3	−422	2	8	—	4			2				
従業員数_08Q2	−666	3	12	—	4		3					
従業員数_08Q1	−560	2	8	—	4	2						
従業員数_07Q4	−724	3	12	—	4			3				
従業員数_07Q3	−772	2	12	—	4		3					
従業員数_07Q2	−741	2	12	—	3	4						
従業員数_07Q1	−629	3	12	—	4		3					
従業員数_06Q4	−761	3	12	—	4	3						
従業員数_06Q3	−667	2	12	—	4			3				
従業員数_06Q2	−711	2	8	—	4	2						
従業員数_06Q1	−607	2	12	—	4		3					

　　（注）n.v. および cat. は，最適な説明変数の数およびその総カテゴリー数を，「―」は該当のモデルでは使用していない変数であることを示す。最適な説明変数セットの年次欄には併合された年度，また L1 から L8 までの欄には選択された変数のカテゴリー数を示している。
　　（出所）筆者作成。

第 8 章　カテゴリカルな判断情報にみる企業行動の特性　181

については時点によって，前々期実績や対前年同期の変数であったりと最適変数の組み合わせはまちまちである。中堅・大企業が対象であることもあり，ある程度の持続的な安定性が見てとれると想定していたが，結果はかなり異なるものとなった。むしろ実績判断項目による単変量自己回帰的モデルの枠組みが適切であるか，疑問が残る結果となった。

　四半期プールデータの結果で改めて確認すると，各期別よりいくらかパターンが読み取りやすい。まず第 2 四半期プールデータを除き，前期実績変数に加えて，4 四半期前の実績変数が選択されている。従業員数についても，季節要因の影響が残存していることがうかがえる。また，雇用情勢に直接大きな影響をおよぼしたリーマン・ショックに対して，直後の第 3 四半期と第 4 四半期のプールデータについては，年次変数によって期間区分をすべきことが示されている。2007 年度までで 1 区分，2008 年度で 1 区分，2009 年度以降で 1 区分である。個票データの従業員数過不足に関して，大震災の影響はこの枠組みでは看取できない。

4-2　多変量データによる多次元最適クロス表

　予備的解析では，自分自身の過去の系列に説明変数の候補を絞った自己回帰的特性をみたが，以下では実績判断に限らず見通し項目も含むすべての変数に候補を拡げて，最適モデルを探索してみよう。なお，すでに触れたように予測的視点を明確にしておくために，地域変数以外の同期の変数はすべて除外し，1 期前までのラグ付き変数すべてを説明変数の候補としている。

　（a）景況実績

　見通し変数まで含む全変数（同期を除く）を説明変数の候補にして，AIC 最小化モデルを探索した（表 8-3）。各期別についても，各四半期別プールにしても，表 8-1 とは異なり，最適変数セットのなかに 1 期前の次期見通し変数が含まれることになり，その代わりに予備的解析で登場した年次変数やラグ 2-4 期の実績変数はほとんどみられなくなった。いわばそれらの要因の効果を「見通し」項目が吸収したかのようである。

182

表 8-3 景況実績判断項目のための最適モデル（全変数）

目的変数	AIC	n.v.	cat.	最適な説明変数セット						
				L1 景況*	L1 景況	L2 景況	L3 景況	L4 景況	L4 国内需要	L4 海外需要
景況_Q4	−7180	4	96	4	4	2		3		
景況_Q3	−5755	3	48	4	4			3		
景況_Q2	5573	3	48	4	4			3		
景況_Q1	5189	3	64	4	4			4		
景況_12Q4	−684	3	24	2	4			3		
景況_12Q3	−610	2	16	4	4					
景況_12Q2	−537	2	16	4	4					
景況_12Q1	−575	2	16	4	4					
景況_11Q4	−703	2	16	4	4					
景況_11Q3	−559	2	16	4	4					
景況_11Q2	−655	3	32	4	2			4		
景況_11Q1	−436	2	16	4			4			
景況_10Q4	−761	2	16	4	4					
景況_10Q3	−657	2	16	4	4					
景況_10Q2	−579	2	16	4	4					
景況_10Q1	−639	2	16	4	4					
景況_09Q4	−789	2	16	4	4					
景況_09Q3	−631	2	16	4	4					
景況_09Q2	−648	3	32	4	4		2			
景況_09Q1	−439	3	36	4	3				3	
景況_08Q4	−626	2	16	4	4					
景況_08Q3	−531	3	24	3	4					2
景況_08Q2	−624	2	16	4	4					
景況_08Q1	−558	2	16	4	4					
景況_07Q4	−770	3	36	3	4			3		
景況_07Q3	−642	3	24	3	4			2		
景況_07Q2	−642	2	16	4	4					
景況_07Q1	−662	2	16	4	4					
景況_06Q4	−820	2	16	4	4					
景況_06Q3	−669	2	16	4	4					
景況_06Q2	−638	2	16	4	4					
景況_06Q1	−669	2	16	4	4					
景況_05Q4	−643	2	16	4	4					
景況_05Q3	−688	2	16	4	4					
景況_05Q2	−564	2	16	4	4					
景況_05Q1	−526	2	16	4	4					

（注）n.v. および cat. は，最適な説明変数の数およびその総カテゴリー数を示す。最適な説明
　　変数セットの欄には，選択された変数のカテゴリー数を示している。なお，すべての分
　　析で地域5区分変数，および四半期プールデータには年次変数が説明変数に含まれてい
　　るが，いずれも最適モデルでは選択されていない。

（出所）筆者作成。

第 8 章　カテゴリカルな判断情報にみる企業行動の特性　183

表 8-4(a)　最適分割表　景況_08Q3

L4 海外需要	L1 景況	L1 景況*	景況_08Q3			計	
			上昇	不変	下降		
回答	上昇	上昇	25.4	22.2	52.4	100.0	(63)
		不変	12.5	35.2	52.3	100.0	(88)
		下降	6.5	1.6	91.9	100.0	(62)
	不変	上昇	16.7	26.7	56.6	100.0	(60)
		不変	2.3	52.8	44.9	100.0	(521)
		下降	0.0	19.4	80.6	100.0	(129)
	下降	上昇	30.6	8.2	61.2	100.0	(49)
		不変	5.0	21.0	73.9	100.0	(138)
		下降	4.8	9.4	85.8	100.0	(148)
不明	上昇	上昇	60.9	17.4	21.7	100.0	(23)
		不変	38.5	30.8	30.8	100.0	(26)
		下降	12.5	18.7	68.8	100.0	(16)
	不変	上昇	72.2	27.8	0.0	100.0	(18)
		不変	5.6	76.9	17.5	100.0	(143)
		下降	6.1	42.4	51.5	100.0	(33)
	下降	上昇	45.0	20.0	35.0	100.0	(20)
		不変	9.1	31.8	59.1	100.0	(22)
		下降	10.4	20.8	68.8	100.0	(48)
計			9.2	35.7	55.1	100.0	(1607)

　(注)「回答」は，増加・不変・減少のすべてを併合したカテゴリーを示す。
　　　また，景況項目の「不明」カテゴリーは削除している。なお，カッコ内
　　　の数字は企業数を示している。
(出所) 筆者作成。

　具体的には，各期の最適モデルは，1 期前の見通し変数である L1 景況* と 1期前の実績を示す L1 景況でほぼ尽くされており，四半期プールデータに関しては，それに加え対前年同期の実績値である L4 景況で最適モデルが構成されることになった。分析期間を通して，かなり安定的な予測変数セットが選出されることになった。

　またショックに対しても，表 8-3 からはかなり実態に近い自然な変数セットが抽出されていることがみてとれる。つまりリーマン・ショック直後の四半期である景況_08Q3 に対しては，L1 景況* と L1 景況に加えて，対前年同期の海外需要を表す L4 海外需要が選出されており，サブプライムローンの問題発覚時の L4 海外需要に対する関わり方の違い[12]を考慮すべきことを教えている。

表 8-4(b)　最適分割表　景況_09Q1

L4 国内需要	L1 景況	L1 景況*	景況_09Q1			計	
			上昇	不変	下降		
増加	上昇・不変	上昇	85.7	14.3	0.0	100.0	(7)
		不変	30.4	56.6	13.0	100.0	(23)
		下降	20.0	0.0	80.0	100.0	(5)
	下降	上昇	72.0	12.0	16.0	100.0	(25)
		不変	53.4	23.3	23.3	100.0	(43)
		下降	31.4	15.7	52.9	100.0	(51)
不変	上昇・不変	上昇	76.5	23.5	0.0	100.0	(17)
		不変	5.4	83.3	11.2	100.0	(223)
		下降	0.0	42.2	57.8	100.0	(45)
	下降	上昇	41.5	41.5	17.1	100.0	(41)
		不変	21.8	60.0	18.2	100.0	(285)
		下降	9.1	40.9	50.0	100.0	(232)
減少・不明	上昇・不変	上昇	—	—	—	—	(2)
		不変	12.1	66.7	21.2	100.0	(33)
		下降	8.2	8.2	83.6	100.0	(49)
	下降	上昇	69.2	30.8	0.0	100.0	(13)
		不変	25.3	45.1	29.6	100.0	(91)
		下降	9.5	30.6	59.9	100.0	(147)
計			18.8	48.3	33.0	100.0	(1332)

（注）行の合計サンプルサイズが5未満である場合の内訳は「—」で示している。また「不明」のカテゴリーは削除している。なお，カッコ内の数字は企業数を示している。

（出所）筆者作成。

また，東日本大震災直後の景況_11Q1においては，この期だけ，1期前実績である L1 景況，つまり震災発生時の四半期実績ではなく，その前の L2 景況がモデルに選択されている。さらにそれに続く景況_11Q2では，元のように1期前実績が選出されるが，それに加えて，L4 景況という対前年同期実績，言い換えれば季節要因がノミネートされている。いずれも，質的に異なるショック

12）　4期前ではなく1期前の海外需要も AIC 最小化の視点からは高順位のモデル（AIC = −467.05）であるが，4期前海外需要の方が明らかによいモデルといえる。ただし，最適なカテゴリー併合は，「不明」とそれ以外のカテゴリーへの2区分である。海外需要の季節要因というより，サブプライム問題発覚とその重大性に対する企業の関係性の違いが景況_08Q3の実績値に影響しているようである。

第8章　カテゴリカルな判断情報にみる企業行動の特性　185

表 8-4(c)　最適分割表　景況_11Q1

L2 景況	L1 景況*	景況_11Q1			計	
		上昇	不変	下降		
上昇	上昇	46.5	32.3	21.2	100.0	(99)
	不変	17.8	44.5	37.6	100.0	(101)
	下降	11.8	15.7	72.5	100.0	(51)
	不明	23.7	31.6	44.7	100.0	(38)
不変	上昇	35.9	27.2	37.0	100.0	(92)
	不変	7.8	65.7	26.5	100.0	(566)
	下降	10.2	20.3	69.5	100.0	(59)
	不明	9.8	53.6	36.6	100.0	(123)
下降	上昇	47.1	18.4	34.5	100.0	(87)
	不変	10.2	35.8	54.0	100.0	(176)
	下降	3.3	13.1	83.7	100.0	(92)
	不明	16.2	20.0	63.8	100.0	(80)
計		15.9	43.4	40.7	100.0	(1564)

(注)「不明」のカテゴリーは削除している。カッコ内の数字は
企業数を示している。
(出所) 筆者作成。

表 8-4(d)　最適分割表　景況_12Q1

L1 景況	L1 景況*	景況_12Q1			計	
		上昇	不変	下降		
上昇	上昇	51.6	36.7	11.7	100.0	(60)
	不変	19.4	52.6	28.0	100.0	(93)
	下降	9.3	26.8	63.9	100.0	(97)
不変	上昇	40.3	49.2	10.5	100.0	(67)
	不変	5.4	88.2	6.5	100.0	(555)
	下降	3.2	33.9	62.9	100.0	(62)
下降	上昇	49.2	35.9	14.8	100.0	(128)
	不変	16.1	57.3	26.6	100.0	(143)
	下降	11.4	22.9	65.7	100.0	(70)
計		16.5	61.5	22.0	100.0	(1275)

(注)「不明」のカテゴリーは削除している。カッコ内の数字は
企業数を示している。
(出所) 筆者作成。

直後の作用要因としては，ショックに相応しい的確な変数がそれぞれ選出され
ている。

　リーマン・ショック直後の景況_08Q3，および景況_09Q1，さらに東日本大

震災直後の景況_11Q1，その1年後の景況_12Q1の最適分割表モデルを表8-4
（a）から表8-4(d)に掲げている。繰り返しになるが，時期的にかなり特殊な
状況でのモデル探索をおこなっているせいか，景況_08Q3に関しては1年前の
海外需要であるL4海外需要への回答状況（「不明」かそれ以外）が，景況_09Q1
ではやはり1年前の国内需要要因（季節変動）であるL4国内需要，景況_11Q1
では2期前の実績値L2景況が予測変数に含まれている。最適分割表からは，
目的変数に設定した景況実績の回答分布がこれらの変数によりかなり峻別され
る様子がみられる。

　いうまでもなく，主効果的な側面については，実績や見通しにおいて「上
昇」であれば当期実績は「上昇」方向へ，「下降」であれば逆方向に作用し，
また国内需要要因などの「増加」は当期実績を「上昇」方向に導くことなどが
確認できるとともに，交互作用などそれらの複合的な効果の大小を具体的に捕
捉することができよう。

　（b）従業員数過不足

　表8-5は，従業員数過不足に関する最適変数リストである。景況実績に関す
るモデルとはかなり様子が異なる。全体に1期前の従業員数過不足実績（L1従
業員数）は予測変数セットに含まれるが，景況実績の場合とは異なり，1期前
での従業員過不足見通し（L1従業員数*）が選択されたのは全期間の7割程度
であり，残りの期間はラグ2〜4の従業員過不足実績のいずれかが選択される
にいたった。表8-2で検討した自己回帰特性でもそうであったが，従業員につ
いては最適モデルが安定しない。次善，もしくは3番手程度までモデルの候補
を拡げると，L1従業員数とL1従業員数*からなるモデルがほぼ含まれるが，
情報量規準の観点からは最善モデルから大きく差を拡げられている。とはい
え，四半期プールデータに示されるように，年次変数による構造変化特性が，
見通し変数によってとらえなおされていることも見逃せない。予測における見
通し変数のショックや変化の組み込み機能に留意すべきであろう。

　ところで，この時期，雇用をめぐる情勢は厳しく，一方で2007年からのサ
ブプライムローン問題に端を発し，リーマン・ショック，およびヨーロッパ金

表 8-5　従業員数過不足のための最適モデル（全変数）

目的変数	AIC	n.v.	cat.	L1 従業員数*	L2 従業員数**	L1 従業員数	L2 従業員数	L3 従業員数	L4 従業員数	L1 海外需要
従業員数_Q4	−7707	3	108	3		4	3			
従業員数_Q3	−6699	3	64	4		4			4	
従業員数_Q2	−7218	3	64	4		4	4			
従業員数_Q1	−7096	3	64	4		4	4			
従業員数_12Q4	−786	2	12			4			3	
従業員数_12Q3	−750	2	16	4		4				
従業員数_12Q2	−827	2	12			4		3		
従業員数_12Q1	−701	2	16		4	4				
従業員数_11Q4	−711	2	16	4		4				
従業員数_11Q3	−712	2	16	4		4				
従業員数_11Q2	−653	2	12			4		3		
従業員数_11Q1	−713	2	16	4		4				
従業員数_10Q4	−735	2	16	4		4				
従業員数_10Q3	−748	2	16			4			4	
従業員数_10Q2	−674	2	12			4		3		
従業員数_10Q1	−712	2	16	4		4				
従業員数_09Q4	−842	2	12	3		4				
従業員数_09Q3	−873	2	12	3		4				
従業員数_09Q2	−891	2	12	3		3				
従業員数_09Q1	−937	2	16	4		4				
従業員数_08Q4	−736	3	27	3		3				3
従業員数_08Q3	−513	2	16	4		4				
従業員数_08Q2	−735	2	12	4		3				
従業員数_08Q1	−616	2	12			3			4	
従業員数_07Q4	−756	2	12			4			3	
従業員数_07Q3	−805	2	12	3		4				
従業員数_07Q2	−805	2	12			3	4			
従業員数_07Q1	−805	2	12			3	4			
従業員数_06Q4	−905	2	12	3		4				
従業員数_06Q3	−755	2	16	4			4			
従業員数_06Q2	−838	2	12	3		4				
従業員数_06Q1	−709	2	16	4		4				
従業員数_05Q4	−765	2	12	3		4				
従業員数_05Q3	−786	2	12	4				3		
従業員数_05Q2	−777	2	12			4		3		
従業員数_05Q1	−765	2	16	4			4			

（注）n.v. および cat. は，最適な説明変数の数およびその総カテゴリー数を示す。最適な説明変数セットの欄には，選択された変数のカテゴリー数を示している。なお，すべての分析で地域 5 区分変数，および四半期プールデータには年次変数が説明変数に含まれているが，いずれも最適モデルでは選択されていない。

（出所）筆者作成。

融危機へと連なっていく海外経済状況の不安定さ，他方国内的にはデフレ不況下での非正規雇用問題の深刻化，および派遣法などの制度変更といった要因が大きく影響している。そのため，先の景況判断のような総合指標とは異なり，従業員数という具体的な変数についてモデルの安定性を期待するのは過酷ともいえる。そのことが素直に AIC によるモデル選択の結果に表れているように思われる。関連して，非正規雇用（臨時・パート）の増減実績についての最適分割表モデルの変数リストを示しておけば，従業員数過不足についての表 8-5 と類似した傾向がうかがえる（表 8-6）。

1 期前の実績に他の系統的な要因や攪乱が作用して，当期の従業員数過不足や非正規雇用増減の実績が決まるという見方は常識的だが，他の要因部分の寄与はある程度「見通し」変数で吸収可能であることを，表 8-2 に対して表 8-5 の差異点は教えている。ただし，そのような効果で吸収しつくせない変化を包含する期間については，最適モデルの説明変数リストに変則的なパターンが出現している。それは端的に 2008 年第 4 四半期の最適モデルの変数リストに現れている。すなわち従業員数過不足に対しては，この期についてだけ，L1 海外需要，すなわちリーマン・ショック直後の海外需要実績が説明変数に含まれており，他方で，非正規雇用増減に対しては 1 期前の（貴社の）景況，L1 景況が最適モデルの説明変数のひとつに選出されている。総合的な従業員数過不足はこの時期の重要問題である海外需要をみながら判断し，非正規の増減については自社の景況をとくに考慮に入れてショックに対応したことが示されている。

具体的に分割表を簡単にみておこう。表 8-7(a) はいま検討した 2008 年 Q4 期の従業員数過不足判断についての最適クロス表から，(b) は非正規雇用増減についての表から作成したものである。L1 海外需要が「増加」，L1 従業員数が「不足気味」，見通し項目の L1 従業員数*が「不足気味」という方向への回答は，当期の従業員数過不足（従業員数_08Q4）に「不足気味」の方向へ作用していること，逆に 1 期前の需要の「減少」や従業員数の「過剰気味」という実態が当期従業員数に対する「過剰気味」という判断へ重層的に作用しているこ

第8章　カテゴリカルな判断情報にみる企業行動の特性　189

表8-6　非正規雇用増減のための最適モデル（全変数）

目的変数	AIC	n.v.	cat.	最適な説明変数セット					
				L1非正規*	L2非正規**	L1非正規	L2非正規	L4非正規	L1景況
非正規_Q4	−13139	3	80	5		4		4	
非正規_Q3	−12997	3	100	5		5		4	
非正規_Q2	−12340	3	80	5		4	4		
非正規_Q1	−12384	3	80	5		4		4	
非正規_12Q4	−1607	2	25	5		5			
非正規_12Q3	−1480	2	25	5		5			
非正規_12Q2	−1449	2	25	5			5		
非正規_12Q1	−1368	2	20	5		4			
非正規_11Q4	−1486	2	15			5		3	
非正規_11Q3	−1510	2	15	3		5			
非正規_11Q2	−1403	2	16				4		
非正規_11Q1	−1390	2		5		4			
非正規_10Q4	−1512	2	15			5		4	
非正規_10Q3	−1489	2	20	5		4			
非正規_10Q2	−1405	2	15		3	4			
非正規_10Q1	−1410	2	20	5		4			
非正規_09Q4	−1446	2	25	5		5			
非正規_09Q3	−1487	2	20	4		5			
非正規_09Q2	−1398	2	16	4		4			
非正規_09Q1	−1453	2	20	5		4			
非正規_08Q4	−1378	3	30	5		3			2
非正規_08Q3	−1493	2	12	3		4			
非正規_08Q2	−1552	2	16	4		4			
非正規_08Q1	−1381	2	25	5		5			
非正規_07Q4	−1370	2	20	5				4	
非正規_07Q3	−1607	2	20	5		4			
非正規_07Q2	−1370	2	16	4		4			
非正規_07Q1	−1363	2	20	5		4			
非正規_06Q4	−1575	2	25	5		5			
非正規_06Q3	−1533	2	20	5		4			
非正規_06Q2	−1435	2	20	5		4			
非正規_06Q1	−1423	2	16	4		4			
非正規_05Q4	−1444	2	20	5		4			
非正規_05Q3	−1407	2	20	4			5		
非正規_05Q2	−1294	2	20	5		4			
非正規_05Q1	−1207	2	25	5		5			

（注）n.v. および cat. は，最適な説明変数の数およびその総カテゴリー数を示す。最適な説明変数セットの欄には，選択された変数のカテゴリー数を示している。なお，すべての分析で地域5区分変数，および四半期プールデータには年次変数が説明変数に含まれているが，いずれも最適モデルでは選択されていない。

（出所）筆者作成。

表 8-7(a)　最適分割表　従業員数_08Q4

L1 海外需要	L1 従業員数	L1 従業員数*	従業員数_08Q4			計	
			不足気味	適正	過剰気味		
増加・不変	不足気味・適正	不足気味	41.7	47.2	11.1	100.0	(36)
		適正	1.5	83.2	15.3	100.0	(465)
		過剰気味・不明	0.0	45.5	54.5	100.0	(22)
	過剰気味	不足気味	—	—	—	—	(0)
		適正	14.3	0.0	85.7	100.0	(7)
		過剰気味・不明	3.8	15.4	80.8	100.0	(26)
減少	不足気味・適正	不足気味	37.5	33.3	29.2	100.0	(24)
		適正	0.7	56.1	43.2	100.0	(426)
		過剰気味・不明	0.0	30.4	69.6	100.0	(56)
	過剰気味	不足気味	—	—	—	—	(2)
		適正	2.0	14.3	83.7	100.0	(49)
		過剰気味・不明	0.0	5.9	94.1	100.0	(152)
計			2.9	55.3	41.8	100.0	(1265)

　（注）行の合計サンプルサイズが 5 未満である場合の内訳は「—」で示している。なお，カッコ
　　　　内の数字は企業数を示している。
　（出所）筆者作成。

表 8-7(b)　最適分割表　非正規_08Q4

L1 景況	L1 非正規*	非正規_08Q4			計	
		増加	不変	減少		
上昇・不変	増加	38.1	61.9	0.0	100.0	(21)
	不変	1.4	83.9	14.7	100.0	(476)
	減少	2.6	23.1	74.4	100.0	(39)
下降・不明	増加	20.0	46.7	33.3	100.0	(15)
	不変	1.6	61.6	36.8	100.0	(443)
	減少	0.0	14.6	85.4	100.0	(192)
計		2.2	61.5	36.3	100.0	(1186)

　（注）非正規雇用増減について「不明」カテゴリーは削除している。その影響で，表
　　　　6では L1 非正規もリストされていたが，カテゴリーの最適併合の結果，実質的
　　　　に当該変数は除外されることになった。なお，カッコ内の数字は企業数を示し
　　　　ている。
　（出所）筆者作成。

とがわかる。同様にして，非正規雇用増減判断に関する（b）表についても，
L1 景況が「上昇」，L1 非正規*が「増加」見通しであれば，非正規_08Q4 が
「増加」方向へ，逆は「減少」方向へ作用することがみてとれる。

　比較のため，表 8-8 には表 8-7 から 1 年後の 2009 年 Q4 期の対応する最適

第 8 章 カテゴリカルな判断情報にみる企業行動の特性 191

表 8-8(a)　最適分割表　従業員数_09Q4

L1 従業員数	L1 従業員数*	従業員数_09Q4			計	
		不足気味	適正	過剰気味		
不足気味	不足気味	54.1	35.1	10.8	100.0	(37)
	適正	39.3	50.1	10.7	100.0	(28)
	過剰気味・不明	38.5	61.5	0.0	100.0	(13)
適正	不足気味	44.4	55.6	0.0	100.0	(18)
	適正	2.1	94.0	3.9	100.0	(1076)
	過剰気味・不明	3.1	88.4	8.4	100.0	(95)
過剰気味	不足気味	—	—	—	—	(2)
	適正	7.7	53.8	38.5	100.0	(52)
	過剰気味・不明	1.6	24.4	74.0	100.0	(250)
計		5.1	78.2	16.7	100.0	(1571)

（注）行の合計サンプルサイズが 5 未満である場合の内訳は「—」で示している。また，従業員数_09Q4 および L1 従業員数の「不明」カテゴリーは削除している。なお，カッコ内の数字は企業数を示している。
（出所）筆者作成。

表 8-8(b)　最適分割表　非正規_09Q4

L1 非正規	L1 非正規*	非正規_09Q4			計	
		増加	不変	減少		
増加	増加	61.9	38.1	0.0	100.0	(21)
	不変	27.4	58.8	13.7	100.0	(51)
	減少	0.0	38.9	61.1	100.0	(18)
	不明	53.8	46.2	0.0	100.0	(13)
不変	増加	42.9	50.0	7.1	100.0	(14)
	不変	3.6	93.0	3.4	100.0	(871)
	減少	10.0	45.0	45.0	100.0	(20)
	不明	1.5	89.5	8.9	100.0	(67)
減少	増加	—	—	—	—	(2)
	不変	7.0	62.8	30.2	100.0	(43)
	減少	6.0	40.9	53.1	100.0	(66)
	不明	6.3	37.5	56.2	100.0	(16)
計		6.8	83.1	10.1	100.0	(1202)

（注）行の合計サンプルサイズが 5 未満である場合の内訳は「—」で示している。また，非正規_09Q4 および L1 非正規の「不明」カテゴリーは削除している。なお，カッコ内の数字は企業数を示している。
（出所）筆者作成。

クロス表を掲載している。また東日本大震災から1年後の2011年Q4期のそれらも表8-9に整理している。従業員数過不足や非正規雇用増減の実績に対して，説明変数の値（カテゴリー）が作用する方向はこれまでと同じであるが，モデルや作用の強弱の違いが行％（条件付確率）の変化に現れている。

表 8-9(a)　最適分割表　従業員数_11Q4

L1 従業員数	L1 従業員数*	従業員数_11Q4			計	
		不足気味	適正	過剰気味		
不足気味	不足気味	54.5	38.2	7.3	100.0	(55)
	適正	35.6	51.1	13.3	100.0	(45)
	過剰気味	—	—	—	100.0	(3)
適正	不足気味	33.3	66.7	0.0	—	(18)
	適正	2.3	93.9	3.9	100.0	(1189)
	過剰気味	5.9	58.8	35.3	100.0	(17)
過剰気味	不足気味	—	—	—	—	(1)
	適正	7.3	61.0	31.7	100.0	(41)
	過剰気味	0.0	17.1	82.9	100.0	(105)
計		5.6	83.2	11.1	100.0	(1474)

　（注）行の合計サンプルサイズが5未満である場合の内訳は「—」で示している。また，
　　　　従業員数_11Q4，L1景況*およびL1景況の「不明」カテゴリーは削除している。な
　　　　お，カッコ内の数字は企業数を示している。
　（出所）筆者作成。

表 8-9(b)　最適分割表　非正規_11Q4

L1 非正規	L4 非正規	非正規_11Q4			計	
		増加	不変	減少		
増加	増加・不変	32.7	54.5	12.7	100.0	(110)
	減少・不明	27.8	22.2	50.0	100.0	(18)
不変	増加・不変	3.2	92.9	3.9	100.0	(915)
	減少・不明	7.0	77.2	15.8	100.0	(57)
減少	増加・不変	13.3	46.7	40.0	100.0	(60)
	減少・不明	13.3	26.7	60.0	100.0	(15)
計		7.1	84.3	8.6	100.0	(1175)

　（注）非正規_11Q4およびL1非正規の「不明」カテゴリーは削除している。なお，カッコ
　　　　内の数字は企業数を示している。
　（出所）筆者作成。

第8章　カテゴリカルな判断情報にみる企業行動の特性　193

5. おわりに——ミクロ予測 DI の計測

　最後に，上記の解析結果を利用してミクロベースの景況判断 DI 予測値（ミクロ予測 DI）を作成することにしたい。各期において，表 8-4 に取り上げたような最適モデル（分割表）が得られるので，これを利用してミクロ予測 DI が推計できる（3-2 参照）。

　予測に実際に使用する最適モデルとしては，予測目標時点の直近のモデルを利用する方法や適当な長さの期間平均の最適モデルを利用することなどが考えられる。今回は，表 8-3 にリストされたモデルのなかで期間全体を通して出現頻度が高いモデルをミクロ予測 DI 値推定用のモデルに採用している。すなわち，1 期前の景況実績値である L1 景況と，同じく 1 期前の景況次期見通し変数である L1 景況*との 2 つの説明変数からなる条件付き分割表モデルである。この条件付きモデルに直近の周辺分布を乗じることで景況判断実績値の予測分布を得ようとしている。

　採用する最適モデルが決まり，パラメータである条件付き確率さえ付与できれば，ミクロ予測 DI を算出できる。景況判断の最適分割表を整理した表 8-4 (a)〜(d) の比率の推移からある程度推察できるようにモデルは時変パラメータとしての性格が強い。そのためここでは暫定的に，各予測時点の直近四半期プール平均の条件付き確率と全期間平均確率との 2 種類の確率を計算し，それを推定パラメータに採用した。前者を「四半期モデル DI」，後者を「共通モデル DI」と呼ぼう。なお比較のため，「次期見通し DI」も算出している。いまの文脈でそれは，1 期前実績値にまったく依存させないミクロ予測 DI 推定値である。

　図 8-3 に推計結果をグラフ化している。現在までの調査票情報（実現値）が与えられたときの次期の DI 推計という超短期の DI 予測値である。総じて，単純な次期見通し DI に比して，ミクロベースの予測法のパフォーマンスは決して悪いというわけではない。ショック直後はともかく，比較的頻繁に上下動を繰り返す混迷の局面でも実績 DI の動きをかなりトレースしているようにみ

図 8-3 ミクロ予測 DI の測定

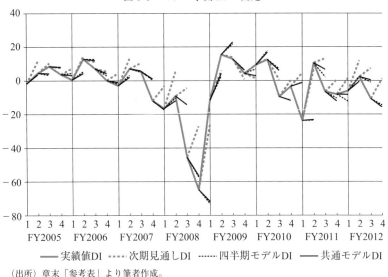

― 実績値DI   ・・・・・ 次期見通しDI   ・・・・・ 四半期モデルDI   ― 共通モデルDI

（出所）章末「参考表」より筆者作成。

える。そして，リーマン・ショックまでの期間ではどちらのモデル DI も次期見通し DI よりパフォーマンスがよく，その後の東日本大震災発生までの期間は次期見通し DI に比べ見劣りするものの，大震災後の動きはモデル DI が一見して明らかに優れている。

DI 予測の詳細な議論と厳密な検証は他の機会に譲るとして，カテゴリカルな判断や見通し情報からなる景況調査は，単に DI などの集計値分析にとどまることなく，パネル化などのデータ拡張によって，多変量の構造情報の抽出や要因連関の特定を可能にする情報量的内実を有している。CATDAP によるパネル解析やミクロ予測 DI はその応用例にすぎない。調査環境の変容が数量ベースでの統計情報の品質維持をますます困難にしつつある今日，Theil（1971）をひとつの起点とする，このようなカテゴリカルな判断情報による企業分析の方法と意義が再評価されてもよいであろう。

謝辞：本研究は，「一橋大学経済研究所　共同利用共同研究拠点事業プロジェクト研究：
　　　景気変動を踏まえた就業行動と企業の生産性および賃金構造の動態変化に関する

第 8 章　カテゴリカルな判断情報にみる企業行動の特性　195

計量分析」（研究代表者：中央大学　坂田幸繁，平成 25 年度）の成果の一部である。また，本研究は，財務省から「法人企業景気予測調査 2004 年 4-7 月期-2012 年 1-3 月期」の調査票情報の提供を受け，個票データに基づいて分析をおこなっている。記して関係諸機関への謝辞とします。

［参考表］

年次	実績値 DI	次期見通し DI	四半期モデル DI	共通モデル DI
2005Q1	−1.80	—	—	—
2005Q2	4.48	11.66	3.87	3.66
2005Q3	8.52	10.40	3.28	4.22
2005Q4	3.74	7.85	7.58	8.05
2006Q1	0.54	7.30	4.48	3.15
2006Q2	12.72	14.57	5.47	4.33
2006Q3	7.14	11.12	12.71	11.97
2006Q4	0.12	5.50	2.99	4.25
2007Q1	−3.01	4.40	−1.94	−1.05
2007Q2	7.08	13.12	3.25	2.11
2007Q3	5.54	10.52	5.10	5.91
2007Q4	−12.05	0.87	0.48	1.07
2008Q1	−16.52	−3.24	−17.21	−17.39
2008Q2	−9.23	5.38	−10.32	−12.02
2008Q3	−45.50	−4.41	−14.40	−14.26
2008Q4	−64.82	−27.18	−57.29	−56.52
2009Q1	−11.78	−26.01	−73.36	−71.98
2009Q2	15.38	5.97	2.79	4.31
2009Q3	12.78	13.71	21.77	22.89
2009Q4	4.25	0.75	6.42	6.19
2010Q1	9.31	1.20	6.87	2.85
2010Q2	12.41	12.90	17.75	16.79
2010Q3	−9.63	0.55	6.96	5.91
2010Q4	−3.47	0.24	−11.79	−11.94
2011Q1	−23.77	4.61	−1.05	−1.22
2011Q2	10.50	6.84	−23.54	−23.27
2011Q3	−6.65	13.06	2.16	6.61
2011Q4	−8.21	0.61	−10.56	−12.31
2012Q1	−6.18	1.61	−12.34	−8.36
2012Q2	2.31	11.94	2.32	−0.50
2012Q3	−10.84	7.35	−0.97	0.42
2012Q4	−4.66	1.16	−14.53	−15.78

（出所）筆者作成。

参 考 文 献

奥野忠一・山田文道（1995）『情報化時代の経営分析』東京大学出版会。

加納悟（2006）『マクロ経済分析とサーベイデータ』岩波書店。

菊地進（1997）「変化方向で見るか水準で見るか」（『企業環境研究年報』2）中同協企業環境研究センター。

栗原由紀子（2008）「企業行動分析と景況ミクロデータの利用可能性」（『統計学』95）1-18 ページ，経済統計学会。

坂田幸繁（1996）「DOR 業況判断の構造— CATDAP による解析を中心に—」（『企業環境研究年報』1）中同協企業環境研究センター。

坂田幸繁（2000）「ミクロデータの利用とパネルデータ」杉森滉一・木村和範編『統計学の思想と方法』北海道大学図書刊行会。

坂田幸繁（2001）「景況データのミクロベースの回答特性とその予測的利用について」（『中央大学経済研究所年報』32（2））63-80 ページ。

坂田幸繁（2006）「OECD『調査ハンドブック』にみる企業動向サーベイの方法」（『経済学論纂』46（1・2））355-367 ページ。

坂元慶行・石黒真木夫・北川源四郎（1983）『情報量統計学』共立出版。

坂元慶行（1985）『カテゴリカルデータのモデル分析』共立出版。

Ghysels,E. & M.Nerlove (1988), "Evidence from the Belgian Business Tests on Seasonal Instability of Relationships among Responses," *Contributions of Business Cycle Surveys to Empirical Economics*, pp. 379-399.

Kawasaki, S. & K. F. Zimmermann (1981), "Measuring Relationships in the Log-linear Probability Model by Some Compact Measures of Association," *Statistische Hefte*, 22, pp. 82-109.

Kawasaki, S., J. McMillan & K. F. Zimmermann (1983), "Inventories and Price Inflexibility," *Econometrica*, 51, pp. 599-610.

König,H. & M.Merlove (1980), "Micro-analysis of Realizations, Plans and Expectations in the Ifo Business Test by Multivariate Log-linear Probability Models," *Business Cycle Analysis: papers presented at the 14th CIRET Conference, Lisbon 1979*, Famborough: Gower, pp. 187-226.

König, H., M. Nerlove & G. Oudiz (1981), "On the Formation of Price Expectations: An Analysis of Business Test Data by Log-Linear Probability Models," *European Economic Review*, 16, pp. 103-138.

König, H., M. Nerlove & G. Oudiz (1982), "Improving the Quality of Forecasts from Anticipations Data," *International Research on Business Cycle Surveys: papers presented at the 15th CIRET Conference, Athens 1981*, Aldershot: Gower, pp. 93-153.

McIntosh, J., F. Schiantarelli, J. Breslaw & W. Low (1993), "Price and Output Adjustment in a Model with Inventories: Econometric Evidence from Categorical Survey Data," *Review of Economics and Statistics*, 75, pp. 657-663.

Nerlove, M. (1983), "Expectations, Plans, and Realizations in Theory and Practice," *Econometrica*, 51, pp. 1251-1279.

OECD (2003), *Business Tendency Surveys: A Handbook*

第 8 章　カテゴリカルな判断情報にみる企業行動の特性　197

Theil, H. (1971), *Applied Economic Forecasting*, Amsterdam: North Holland.

Zimmermann, K. F. (1986), "On Rationality of Business Expectations: A Micro Analysis of Qualitative Responses," *Empirical Economics*, 11, pp. 23‑40.

Zimmermann, K. F. (1997), "Analysis of Business Surveys," *Handbook of Applied Econometrics*, pp. 407‑441.

第 9 章

今日の日本農業で新規就農支援制度が
もつ意味について

1. はじめに

　農業基本法の制定（1961年）以後，人，農地など農業生産にとって欠かすことのできない生産手段は減少し続けてきた。1990年ごろからこの傾向に変化が出てきて，農業就農を希望する人が増加しはじめ，就農する人の数も増え始めた。

　これは日本農業の再生にとっては見過ごすことのできない動向である。この動きを生かして日本の農業の道筋を変えていくことができるかどうか，貴重な分岐点に立たされたといってもよいであろう。

　就農を希望する人を大切にし，就農者として育て，それによって，それまで日本農業がたどって来た方向を変えることができるかどうか，日本農業を生き返らせるのに貴重な機会を生かせるのかどうか，振り返り，道を誤らないよう，慎重な舵取りが欠かせない岐路に立たされているのではないか。

　現実の農業政策は農業にとって貴重な金の卵となりえる新規就農者を大切に扱ってきたのかを検討しようと思う。

　新規就農支援制度が新規就農者をどのように支援したかをみることとする。その前提として，日本農業が今日の状況にいたるまで農業基本法が果たしてき

た役割をみていく。つぎに，農業の担い手として期待される新規就農者支援について，上伊那地域のそれと農林水産省の制度を比較検討する。そのうえで，農業インターン研修から 10 年以上経過した研修卒業生の実態を通して，新規就農者が抱える課題について考えていきたい。

2. 農業基本法以後の日本農業の変貌

　戦後日本の本格的な農業政策の最初のものは 1961 年に制定された農業基本法といえよう。同法はその「まえがき」でそのもつ意味について次のように述べている。「農業の自然的経済的社会的制約による不利を補正し，農業従事者の自由な意志と創意工夫を尊重しつつ，農業の近代化と合理化を図って，農業従事者が他の国民各層と均衡する健康で文化的な生活を営むことができるようにすることは，農業及び農業従事者の使命にこたえるゆえんのものであるとともに，公共の福祉を念願する国民の責務に属するものである」。

　このように，「まえがき」では農業基本法の目的が農業の近代化であることを述べている。その近代化の内容については，第 15 条で「国は，家族農業経営を近代化してその健全な発展を図るとともに，できるだけ多くの家族農業経営が自立経営になるように育成するため必要な施策を講ずるものとする」と述べ，同法の目的である農業近代化が自立経営の育成にあるとしている。さらに，その自立経営については同法 15 条のカッコ内の説明で「正常な構成の家族のうちの農業従事者が正常な能率を発揮しながらほぼ完全に就業することができる規模の家族農業経営で，当該農業従事者が他産業従事者と均衡する生活を営むことができるような所得を確保することが可能なものいう」としている。つまり農業所得のみで他産業従事者並みの所得が得られる農業経営の実現が目標であると述べているのである。

　このような目的をもつ農業基本法のもとで，日本農業は現実にどのような変貌をとげたのか概観してみることとする。

　まず，農業就業者数の変化を図 9-1，表 9-1 によってみてみよう。農業基本法成立以前の 1960 年の農業就業者数は約 1,454 万人であったが，20 年後の

図 9-1　農業就業者の減少と就業年齢の高齢化

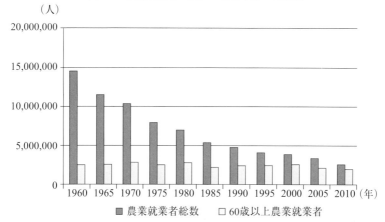

（注）1985 年以後は新定義による。
（出所）農林水産省『農林業センサス』（各年度版）より作成。

表 9-1　農業就業者数および 60 歳以上農業就業者数およびその占める割合

年	農業就業者総数（人）	60歳以上農業就業者（人）	60歳以上比率（％）
1960	14,541,624	2,538,444	17.5
1965	11,513,989	2,531,513	22.0
1970	10,351,956	2,796,605	27.0
1975	7,907,487	2,498,567	31.6
1980	6,973,085	2,767,137	39.7
1985	5,428,438	2,199,183	40.5
1990	4,818,921	2,438,020	50.6
1995	4,139,809	2,479,029	59.9
2000	3,891,225	2,564,772	65.9
2005	3,352,590	2,135,928	63.7
2010	2,605,736	1,924,058	73.8

（注）1985 年以後は新定義による。
（出所）農水省『農林業センサス』（各年度版）より作成。

1980 年には半数を割り約 698 万人，2000 年にはほぼ 4 分の 1 の約 389 万人に減少している。そして 2010 年には 1960 年の 18％の約 261 万人にまでになってしまったのである。農業基本法下で就業者数の激減がおこったことは間違い

のない事実であろう。

このように農業就業者全体が減少するなかで60歳以上の農業就業者数の変化をみると，1980年までほとんど減ることはなく，むしろ増える傾向にあるといっても差支えないような状態である。2000年までは高齢者（60歳以上）の就業者数はほとんど変化がない状態であった。その結果，農業就業者に占める高齢者の比率は上昇した（表9-1）。高齢者の比率は1960年が17.5％，90年で半数となり，2010年には73.8％となり，農業就業者4人のうち3人は60歳以上の高齢者という状況になっている。

農業基本法以後の日本農業は就業者の数を減らしただけでなく，その高齢化をもたらしたのである。農業生産を担う労働力は量的にも質的にも劣化しつづけてきたのがこれまでの日本農業の変化の状況である。

つぎに，同じ時期の農家戸数の変化についてみてみよう。図9-2は農家戸数の変化をみたものである。1960年に600万戸以上あった農家戸数は2000年にはほぼ半減して312万戸となり，2010年には252万8千戸まで減少した。この間農家戸数は1960年の約42％にまで減少してしまったのである。

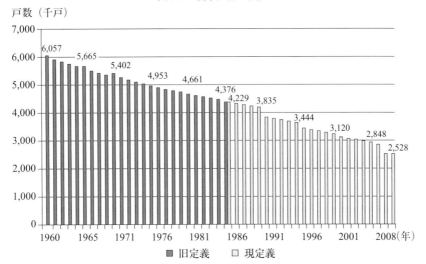

図9-2　農家戸数の減少

（出所）農林水産省『農業センサス』。

耕地面積の推移をみてみよう。表9-2は耕地面積，作付け延べ面積等の変化をみたものである。1960年に607.1万ヘクタールあった耕地面積が，1980年には546.1万ヘクタールへと減少し，2000年には483.0万ヘクタールに，さらに2010年には459.3万ヘクタールとなり耕地面積は1960年の75.6％になってしまっている。かつての4分の3に減少しているのである。

作付け延べ面積の変化をみると1960年の812.9万ヘクタールから2010年の423.3万ヘクタールへとほぼ半減している。耕地面積の減少よりも作付け延べ面積の減少のほうがより急激である。その結果，耕地利用率は133.9％から92.3％へと低下してきている。このような経過をみてみると，日本農業の根本問題は耕地面積が少ないことではなく，少ない耕地面積を耕作しきれないということにあるといえよう。しかも減少する耕地面積を上まわって，耕作する労力がより急速に減少しているのが日本農業の根本問題になっている。狭いといわれている耕地はかつては年に1.3回以上耕されているのが日本農業の普通の姿であったが，今日の日本の農業は1年間に一度も耕されたことがない耕地が

表9-2　耕地面積，作付け延べ面積，耕地利用率の推移

年	耕地面積 （千ヘク タール）	作付延べ面積 （千ヘク タール）	耕地利用率 （％）
1960	6,071	8,129	133.9
1965	6,004	7,430	123.8
1970	5,796	6,311	108.9
1975	5,572	5,755	103.3
1980	5,461	5,706	104.5
1985	5,379	5,656	105.1
1990	5,243	5,349	102.0
1995	5,038	4,920	97.7
2000	4,830	4,563	94.5
2005	4,692	4,384	93.4
2010	4,593	4,233	92.3

（注）耕地面積は本地，畦畔合計の面積。
（出所）農林水産省『耕地及び作付面積調査』。

少なからず存在し，しかもその程度は強まりつつあるのである。

　農業就業者，農家，そして農地のすべてが減少し，その量と質の劣化が急速に進んでいるというのが現実である。どうしてこのような日本農業の破壊がおこったのであろうか。その原因は農業基本法そのものにあるといえよう。より具体的には農業基本法がめざした日本農業の近代化自体にある。近代化を実現する道筋そのもののなかに日本農業衰退の原因が潜んでいたのである。

　すでに述べたように農業基本法は農業の近代化を目標としていたが，近代化を実現する道筋を農業基本法の条文から読み取るのは難しい。しかし，農業基本法を準備した農林漁業基本問題調査事務局作製の報告書『農業の基本問題と基本対策』には近代化への道筋が明確に書かれている。それは次のようになっている。「価格水準を，需給の実勢から離れた高水準に人為的に維持することは，供給過剰の恐れのある農産物をさらに増産させるばかりではなく農業から他産業に移動すべき労働力を農業内に留めて労働力の最適配分を阻害することになる。価格水準はこのように非経済的生産を刺激したり，労働力移動を阻害したりするような，生産諸要素の適正配分という価格の機能を失うものであってはならない」[1]となっている。つまり農産物の価格水準を低く設定することによって，農業から農外に労働力を流出させ（労働力の最適配分），農業の近代化を実現しようとするものであった。つまり農業経営が成り立たないような水準に農産物価格を引き下げれば，農業経営の継続が困難になり，その結果農業従事者の多くを農外に流出させ，農外に流出させた後に残った農業従事者で近代的な農業を実現するという考えであったのである。農業就業者の減少・高齢化，農家数の減少，耕地の減少・耕地利用率の低下はこのような農業基本法による施策の結果そのものであったといえよう。

　それならば，その結果，農業基本法の目的である自立経営農家は作られたのであろうか。農業就業者数も農家数も大幅に減少したのであるから，残った農家で自立経営農家の比率は高くならなければならないはずである。事実はどう

---

　1)　農林漁業基本問題調査事務局（1960），96 ページ。

なっているか，農林水産省の『農業白書』がその試算をおこなっている。表9-3 はその結果を示したものである。

自立経営農家の定義は農業所得だけで他産業並みの所得が得られる農家なので，その他産業並み所得の額を試算したのが下限農業所得である。この下限所得以上の農業所得を得られる農家がどの位の比率であるかを「農家経済調査」によって試算し，その比率を出したのが戸数シェアである。表9-3 で自立経営農家の戸数比率をみると，1960 年度には農家の 8.6％が自立経営農家ということになる。そのようにみると 65 年と 75 年が 9％を超えて一番高い時期になっているが，それ以後は 5〜6％位の高さでしかなく，その比率が高くなるような傾向はみえないので，自立経営農家の形成を確認することはできない。したがって農業基本法のもとで自立経営農家が形成されたとは言い難いという結論になる。農業基本法は自立経営農家の形成に失敗したといわざるをえないであろう。

以上の帰結としては，農業基本法は農業従事者，農家，農地などの農業生産の要素の弱体化をもたらした。しかもその弱体化は自立経営農家の形成のためなのであるが，その自立経営の形成には失敗したのである。その結果残っているのが脆弱化した農業生産基盤だったのである。これが戦後農政の帰着点である。

このように基本法農政は農業を衰退化させ，農業生産基盤の弱体化をもたらしただけにすぎないのである。

以上にみてきた戦後日本農業の変化は，食料を供給するという日本農業の役

表9-3　自立経営農家のシェアの試算

年度	1960	1965	1970	1975	1980	1985	1990	1995	1997
下限農業所得（万円／戸）	48	83	150	310	408	466	506	577	613
戸数シェア（％）	8.6	9.1	6.6	9.2	5.2	5.3	6.6	6.5	5.0

（注）　1：92 年以後は販売農家に占めるシェア。
　　　　2：99 年に農業基本法が食料・農業・農村基本法に変わったため，それ以後の試算はされていない。
（出所）農林水産省『農業白書付属統計表』。

割の低下に帰結するのは当然である。その指標として食料自給率の動向を供給
熱量自給率によってみることとする。表9-4がそれであるが，この間，食料自
給率は低下しつづけている。2011（平成23）年3月決定の『食料・農業・農村
基本計画』では「我が国の持てる資源をすべて投じた時にはじめて可能となる
高い目標として，供給熱量ベースで平成20年度41%を50%まで引き上げるこ
ととする」[2]となっている。しかも，このような目標が掲げられたのはこのと
きの「基本計画」がはじめてではない。これまで「基本計画」が発表されるた
びに掲げられて，そのたびに実現されなかった課題なのである。

　このように食料自給率の低下が長期に続いてきたにもかかわらず，戦後の日
本では戦後直後の一時期を除けば，食料不足はほとんど顕在的な問題にならな
かった。なぜ，そうなったかというと，自給率低下の問題は急に登場した問題
ではなく，農業基本法自体から生まれた問題だからである。農業基本法はすで
にそれを想定していたのである。先にも触れた『農業の基本問題と基本対策』
はつぎのように述べている。「農産物の国内価格水準と国際価格水準とは価格
相互の関連が相当程度しゃ断されているが，貿易自由化により輸出が増大し国
民経済を伸張するという観点からみれば，国内価格水準と国際価格水準の関係
は，国内農業の合理化をはかるうえにおいても，ゆくゆくはこのような数量的
人為的なしゃ断政策をやめて適正な関税等にゆだねる等の手段により相互関連
をもたせるようにすることを考慮する必要がある」[3]。

　国内の農業生産条件の劣化で食料生産が減る分は海外からの輸入に任せる政

表9-4　供給熱量総合自給率の推移

年度	1960	1965	1970	1975	1980	1985
（%）	79	73	60	54	53	53
年度	1990	1995	2000	2005	2008	2012
（%）	48	43	40	40	41	39

（出所）農林水産省『食料需給表』。

---

2)　農林水産省（2011）『食料・農業・農村基本計画』15ページ。
3)　農林漁業基本問題調査事務局，前掲書，97-98ページ。

策が設けられていたのである。このように農業基本法は最終的には農業の食料生産力の弱体化をもたらし，日本国民の食料を外国に依存する体制にしていくことを想定していたのである。農業生産基盤の弱体化が長期に続いても，食料問題が顕在化しなかった秘密はここにあったのである。外国から農産物を入れるシステムが農業基本法そのものに埋め込まれていたのである。

3. 新規就農者の新しい動向への対応

3-1 新規就農者の新しい動向と新規就農者対策

　これまでみてきたように，農業基本法以後，日本農業の生産条件の悪化は休むことなく進んできた。しかし，これまでとは異なった新しい動きが新規就農青年数の動きに現れてきた（図9-3参照）。新規就農者のなかでも39歳以下の新規就農青年の数は，1980年に3万3,700人であったが，その後低下を続け1990年には4,300人にまで低下してしまった。それが90年を底に，その後，増加の動きをみせ，98年1万1千人台にまで上り，2006年には1万4千人台にまでなってきた[4]。もちろん同じ90年代には毎年平均9万人の農業就業者の減少があるので，農業就業者の減少そのものは変わっていない。農業就業者の減少に比べれば，新規就農者の増加は，農業就業者数の減少を食い止めるようなものではなく，農業就業者総数の変化としては，わずかな変化でしかない，といえばそうなのであるが，そのわずかな変化でも貴重な変化として受け止めなければならないほど日本農業の衰退は深刻な事態に陥っているのである。

---

4)　谷口氏は新規就農者について「2008年以降は安定化がみられる，特に注目すべきは39歳以下の計の数字の安定性である」と述べている。さらに「39歳以下では自営就農が減少する一方，これを補完する雇用就農や新規参入の継続的な増加が新規就農者数の一定水準確保を可能にしている」。谷口（2013）16ページ。小林氏は「日本国民全体の中に農業・環境・自然への憧れ感情が高まってきていることは事実だが，……新規参入者数の増加はまさにこのことを背景・要因としていると考えられる。しかし，これが農村・農業サイドでの有力な機運となっているとはまだ考えられない」と評価されている。小林（2003），4ページ。

図 9-3 新規就農者の推移

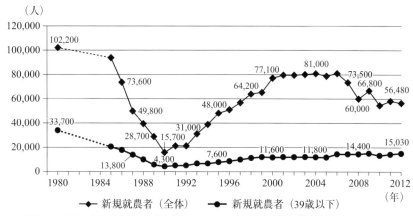

(注) 1：農林水産省「農家就農動向調査」(1970〜1990 年),「農業構造動態調査」(1991〜2003 年),「農林業センサスと農業構造動態調査（組替集計）」(2004, 2005 年),「農林業センサス」1994 年,「新規就農者調査」2006 年〜。
2：2005 年以前の新規就農者数は，新規自営農業就農者のみ，2006 年以降は新規雇用就農者と新規参入者を含んだ値。
3：2010 年の新規参入者は，東日本大震災の影響により，岩手県，宮城県，福島県の全域および青森県の一部地域を除いて集計。
4：2011 年は，東日本大震災の影響で調査不能となった福島県の一部地域を除いて集計。
5：一部データが不足した期間については破線で表示した。
(出所) 農林水産省「農業経営構造の変化」。

この変化を日本農業再建にどのようにいかしていくべきか，2 つの事業の考察を通して考えていくこととする。

2 つの事業とは JA 上伊那の「農業インターン制度」と農林水産省の「青年就農給付金」である。

3-2　JA 上伊那の農業インターン制度

このわずかな変化に機敏に対応したのが JA 上伊那である。JA 上伊那[5)]は 1995 年に「農業インターン制度」を発足させ，96 年より研修を開始して，この新しい変化に対応したのである。

---

5)　JA 上伊那は上伊那地域に存在した 5 農協（JA 辰野町，JA 箕輪町，JA 伊那，JA 伊南，JA 上伊那東部）が広域合併して 1996 年 6 月 1 日に発足した。

まず，JA 上伊那のある地域の概況を述べよう。長野県上伊那地域は，長野県の南部，中央アルプスと南アルプスに囲まれた伊那谷にある。2 市 3 町 3 村からなり人口約 19 万人，6 万 6 千世帯で，天竜川や三峰川，大田切川など，水資源に恵まれた自然豊かな地域である。標高が 480m から 1,200m まで高低のある内陸性気候で，寒暖の差が大きく農作物に独特なおいしさを与え，病害虫が少ないため低農薬栽培も可能で降雪量は少なく，日照時間も豊富である。中央自動車道により高速自動車道が整備され，東京と名古屋のほぼ中間点に位置しモノづくりの拠点ともなっている（JA 全中，「地域営農ビジョン大賞〈支援部門大賞〉受賞報告」[6]より）。

この制度の目的は，「意欲ある地域農業の担い手及び農業に新たに参入する若者が JA 上伊那管内の農業者として独立し，効率的，安定的な農業経営ができることを目的とし，人材育成のためこの事業を実施する」[7]としている。

以下，この「農業インターン事業実施要項」と「雇用契約」によってこの事業の概要をみてみることとしよう。

第 2 条はこの事業の運営を規定し，「この制度の運用は，市町村・普及センター，農業委員会・農業公社・地区営農組合等（以下営農センターと言う）の協力を得て実施する」とし，この事業の運営は行政と地域の農業諸団体が一体となっておこなうことになっている。

第 3 条ではこの事業の対象者を規定し，「1，管内組合員子弟・I ターン U ターン者など農業への新規参入者で，概ね 18～45 歳とし研修終了後は，管内で農業することが確実と見込まれる者。2，市町村の基本構想の定める認定経営体になることが見込める者。3，研修中に研修支所の所在する市町村住民となり，就農後も継続してその市町村の住民になること。4，研修終了後 10 年以上農業を継続すること。5，概ね 10 年以内で，離農する場合は研修手当の返還をすること。ただし，真にやむを得ないと認められるときは，この限りではな

---

6) JA 上伊那の取り組みは 2014 年の第 1 回地域営農ビジョン大賞の支援部門で大賞を受賞している。受賞した事業のなかに農業インターン制度も位置づけられている。

7) 「農業インターン事業実施要項」1997 年 7 月 24 日施行。

い。6，営農資金及び生活費の用意，または担保額の見通しがあること」となっている。

　ここから明らかになるのは，インターン生に対しては，地域に定住し，地域農業の基本構想を推進する中心部分になってもらうことが期待されていることである。にもかかわらず，営農資金や生活費はインターン生個人の責任になっており，これから農業をはじめようとする者がこの負担に耐えられるかどうかが疑問になる。退職者の場合はある程度その見通しの可能性は望めるが，青年にそれが可能なのかということになる。これは実態調査の過程でわれわれの議論となったものである。

　第5条は農業インターン生の身分を規定し，研修機関中はJA上伊那のインターン雇員として研修先支所営農課所属とする。インターン雇員の間は別途定める研修手当を翌月支給するとしており，これにより研修期間中の生活費についてはある程度の保障がえられる見通しがある。

　第8条は研修内容および期間を定めている。研修期間は1年から3年の間で研修生の作目によって選択し営農センターなどで定めるとし，研修生担当を専攻する主たる品目の営農指導担当者のなかから定めるとしているので，研修内容が現実の農業に直接かかわるものとなり，農業経営の実際に触れられるものとなっているが，それが実際の研修生の状況にフィットしたものになるのかどうかは，研修生の状況にかかわっているといえよう。

　第10条では研修期間中と研修後の3か年の指導・助言を定めている。支所営農課段階では研修中は毎月1回研修検討会を開き，ブロック段階では研修期間中に半年に1回，終了後は毎年2月に検討会をおこなうとしている。農業インターンの受入機関であるJAが現実に地域の農業生産にかかる組織であり，研修生の受入の地域と一致しているため，研修中と研修後の営農指導が統一しておこなわれ，研修生，地域営農のいずれにもメリットを生かせるものになっている。

　第12条ではこの制度にかかる費用の負担を決めている。この制度にかかる経費は，営農改善費・長野県担い手育成基金・集出荷会計・市町村助成をもっ

第 9 章　今日の日本農業で新規就農支援制度がもつ意味について　211

て充てる，とし資金面でも JA，行政が負担するとしている。農業の担い手確
保の問題は農業に限られるものではなく，地域全体の問題であるという姿勢が
示されている。

　雇用契約では，給与が月額 13 万円と定められている。この額が適正である
かどうかが聞き取り調査のひとつのポイントになる。

　この「農業インターン制度」は 1996 年度に 1 期生の受け入れがはじまり，
2012 年 4 月 1 日現在履修生は 65 人に達している。

　その取組の経過は以下のようである。「JA 上伊那は，平成 22 年に地域農業
振興ビジョンを策定し，農業開発積立金を活用した生産者支援（生産拡大支援
事業）を行いながら，鋭意地域農業の振興をはかってきたが，生産者の高齢化
と担い手不足，販売価格の低迷と生産コストの上昇による生産者手取りの減少
などから，販売高は落込んでいた。こうした状況の中，国の人・農地プラン，
JA グループの地域営農ビジョン策定の取組提起を受けて，平成 24 年 2 月に
JA 長野中央会が理事会決定した『農業振興ビジョンの再構築』への対応を検
討し，管内市町村の人・農地プランの策定と連携し，地域農業振興しビジョン
の策定・実践支援に取り組むこと」[8]としている。

　そのなかで「農業インターン制度」については，「管内組合員子弟，I ター
ン，U ターン者で地域農業の担い手として育成している。研修期間中は，JA
の臨時職員として雇用し身分の安定化をはかる。研修生は研修終了後，正組合
員となり，地域農業のリーダーをめざして活躍している」[9]。研修生の就農率
は 2014 年 4 月見込み含みで 82.8% となっている。

3-3　新規就農者についての農林水産省の事業

　新規就農者についての政府の最初の取組は，民主党政権下の 2011 年 12 月に
農林水産省が発表した「我が国の食と農林漁業の再生のための基本方針・行動

---

8)　「全国農業協同組合中央会（JA 全中）第 1 回地域営農ビジョン大賞〈支援部門大賞
　　受賞報告〉」2014 年 2 月 6 日，11 ページ。
9)　同前 15 ページ。

計画」に関する取組方針」[10]がはじまりであった[11]。そのなかの「〈戦略1〉持続可能な力強い農業の実現」には「3. 新規就農の増大」が提起されている。JA上伊那が1995年に制度を作り，翌年度からインターン生の募集を開始したのに比べると遅い対応である。しかも，この取組は，当時の菅首相がTPPへの参加検討を宣言した後に「市場開放と市場振興の両立」を言い出したなかでのものである。その内容は3項目である。

① 2012（平成24）年度以降，青年の就農意欲の喚起と就農後の定着をはかるため，以下の施策・事業を集中展開する。これにより毎年2万人の青年就農者の定着を目指す（現状：毎年1万人）。そのために以下の3点を実施することとしている。

●就農準備のため研修を受けている者に対する給付金の支給

●経営が不安定な就農直後の所得を確保する給付金の支給

●雇用就農を促進するために農業法人が実施する実践研修の支援

② 2012（平成24）年度以降，地域のリーダー人材の層を厚くするため，高度な経営力，地域リーダーとしての人間力等を養成する高度な農業経営者育成教育機関等に対する支援を開始する。

③ 畜産については，離農した生産者の農場や施設等を補修・改修し，新規参入者に一定期間貸し付けた後，譲渡する取組により，新規就農を推進する。

以上から①の研修者への給付金の支給，就農直後の所得支援，実践研修後の者に対する支援は一応納得できるが，②の地域リーダーの養成との関連がわかりづらい。研修終了直後の新規就農者を地域リーダーにするのは新規就農者には過重負担，地域農業にとっても不安要因になるのではないかと思われる。

これが具体的にどうなるか，その後の展開をみてみなければならない。そこ

---

10) 農林水産省「我が国の食と農林漁業の再生のための基本方針・行動計画」に関する取組方針（2011年12月24日）。

11) 菅首相は「市場開放と農業振興の両立」というが，それは容易なものではない。服部（2012），114ページ。

第9章　今日の日本農業で新規就農支援制度がもつ意味について　213

で農林水産予算の重点事項によって年度別の比較をおこなってみる（表9-5）。

　3年間の経緯をみると、「青年就農給付金」の大枠は変わっていない。ただ2014年度には人・農地プランとの関係が強化されている。それに関連して「青年就農給付金」の内容に変化がでている。「青年就農給付金」はもともと新規就農総合事業のなかの新規就農者確保事業の内容としてはじまったもので、それには準備型と経営開始型の2つがあった。準備型は県農業大学校等の農業経営者育成教育機関、先進農家・先進農業法人で研修を受ける場合、原則として45歳未満で就農する者に対し、研修期間中について、年間150万円を最長2年間給付するものであった。経営開始型は市町村の地域農業マスタープランに位置づけられて、原則45歳未満の独立・自営就農者について年間150万円を最長5年間給付するものであった。それが2014年度から「地域農業マスタープラン」が「人・農地プラン」になり、「人・農地プランに位置づけられている（又は位置づけられると見込まれる）」ことが給付の条件となったのである。さらに2014年度からは夫婦ともに就農する場合は夫婦あわせて1.5人分、複数の新規就農者が法人を新設して共同経営をおこなう場合はそれぞれに150万円を給付等の条件が加わった。

表9-5　農林水産予算の重点事項による年度別比較

2012 （平成24） 年度	1　持続可能な力強い農業の実現 　(2)　我が国の農業を支える人材の確保と農地集積 　　③新規就農総合支援事業【新規】 　　　政策目標：青年新規就農者を毎年2万人定着させ、持続可能な力強 　　　　い農業の実現を目指す
2013 （平成25） 年度	3　担い手・農地総合対策 　　②新規就農・経営継承総合支援事業 　　　政策目標：青年新規就農者を毎年2万人定着させ、持続可能な力強 　　　　い農業の実現を目指す
2014 （平成26） 年度	1　担い手への農地集積・集約化、担い手の育成等による構造改革の推進 　(2)　人・農地プランの推進、担い手対策 　　②新規就農・経営継承総合支援事業 　　　政策目標：青年新規就農者を毎年2万人定着させ、10年後に40代 　　　　　　　以下の農業従事者を約40万人に拡大

　（注）表内の数字は予算のなかの番号にしたがっている。
　（出所）筆者作成。

3-4 「農業インターン制度」と「青年就農給付金」の比較
——新規就農者にとってのぞましい仕組みとは——

　新規就農者にとっては，どのような制度がのぞましいのか。新規就農者が農業経営者として確立していくのに必要な生産手段（例えば農地など）の取得を経営がまだ確立されていない段階で強制してしまえば，貴重な新規就農者を失ってしまうことになる。そのようなことのないように慎重な取り扱いをすることが重要であろう。新規就農者が一定数確保されていることは，日本農業の将来にとってわずかであるとはいえ，一条の光が射してきた意味をもつものと思われる。新規就農者をひとり残さず，農業の将来の担い手として育てていくことが今，重要である。

　その場合，JA上伊那の「農業インターン制度」と農林水産省の「青年就農給付金」についてここで検討してみよう。地域の制度と全国の制度では，対象のひろがりが違うので単純な比較はもちろんできない。特定の地域を前提にした場合は，当該地域の特性にあった制度にすればよいので，あまり細かなところまで規定しなくても，制度として成立する。逆に全国的な制度としては細かなところまで規制しないととんでもない抜け穴が出てしまうおそれもある。そのような制度の性格の違いはあるが，違いを前提にしつつも，新規就農者にとっての長所・短所という観点から制度を検討してみることする。その場合，われわれがおこなったインターンの実態調査が下敷きになることは当然のことであろう。

（1）　研修期間の問題

　まず，研修と就農初期期間であるが，「農業インターン制度」（以下，「インターン制度」）は最長3年であるが，「青年就農給付金」は準備型が2年で経営開始型が最長5年である。「青年就農給付金」の研修期間が長くなっているといえる。ただ，「青年就農給付金」は年齢を45歳未満としているので，そのため長い期間が必要になることが考えられる。「インターン制度」は，現実には50歳以上の人もかなり含まれており，長い準備期間をとるのを望まないことも考えられる。また「インターン制度」の場合は研修後の経営指導の保障があるの

で，研修とは違った，農業経営の現実に即した「指導」も可能となる。ただ，制度として明確なかたちが決められていないので，受ける側の個性で評価が分かれる。われわれの調査でもこの研修を巧みに利用した人と，そうでない人とで研修の評価が分かれているといえよう。

(2) 給付金額の問題

研修中の給付金額は「インターン制度」では月13万円，「青年就農給付金」では年間150万円である。両者を年額で比べれば「インターン制度」は156万円で6万円高くなっているが，両者の違いはそれほど大きなものとはいえないであろう。就農者の年齢は「インターン制度」では40歳台から50歳台となり，「青年就農給付金」では「45歳未満」となり「インターン制度」より子育ての時期になる。教育費の負担が大きい。われわれの調査の事例でも有機農業を目指して就農したが教育費の負担のためアルバイトで稼ぎ，就農の時間がなくなったという事例もある。

(3) 農地取得の問題

「青年就農給付金」で，「インターン制度」と大きく異なっているのは「人・農地プラン」との連携である。これは「給付金制度」のなかでは2014年5月5日に急浮上してきたものであるが，これが新規就農に複雑な影響を与える可能性がある。

新規就農者にとっては経営の安定化を図るために農地の確保は欠かせない条件となる。ところが2014年度から農地中間管理機構（農地集積バンク）による農地の集積・集約化事業が新規事業として開始されることとなった。そのため2014年度から「人・農地プラン」に位置づけられている（または位置づけられることが見込まれる）ことが給付金利用の条件となったのである。

新規就農者は将来いずれかの時点で経営安定のために農地の取得を希望する可能性は十分にある。その面からすると「人・農地プラン」に位置づけられることは望むところであろう。しかし，新規就農の最初の段階で，現実に農地を取得するだけの確実な見通しと，十分な資金の確保が保障されているわけではない。その矛盾をどう解決するかが難関となる。農林水産省の制度では青年就

農資金（無利子）を新設しているが，この制度での資金使途は施設，機械の取得等で農地等の取得は除くとなっている。農地の確保に関する支援は，農地中間管理機構による支援と地域連携推進員による指導しかない。

新規就農者にとって常に問題になるのは，経営基盤としての農地の確保である。農地取得のための資金と明確な経営見通しがなければ，農地の確保には動けないであろう。この2つはひとつの問題の2つの側面である。返済の見通しがなければ資金の確保に動けないというのが当たり前の現実である。返済の見通しの立つ農業経営の確立のためには農地の確保は不可欠である。

われわれの調査でもこの問題は常に大きな課題となって新規就農者の悩みの種になっていることが明らかになっている。イチゴや花卉の農家には1町歩を超える施設栽培の経営もあるが，イチゴ農家では1億円程度の設備投資の返済に苦労した話もあり，花卉では燃料費の値上がりでやりくりに四苦八苦している農家もあった。また，施設野菜のための施設建設資金を本人のアルバイトと配偶者の内職でやりくりして返済し，結局農業経営は諦めたというケースもあった。

このように多くの新規就農者は，農業経営の安定で生活費と経営資金の確保に迫られている。このような負担から新規就農者を解放しなければ，新規就農者が地域に定着し，安定的な農業を営むことはできないのである。新規就農を決意した人は日本農業再建のための重要な点である。この重要な点を拙速な施策でつぶしてしまうようなことがあれば，農政の致命的な誤りになってしまう可能性がある[12]。

---

12) 2014年5月3日付の新聞報道では，農地バンクに関連して新規参入での議論が産業競争力会議などでおこなわれているようである。このような議論が新規就農者の農地確保を新規就農者の経済的な条件に適合するように調整することでされているならば，結構であるが，新規就農者の実情を無視しておこなわれれば，せっかくの農業再建の機会をつぶすことになってしまうであろう。

4. 農業インターン研修経験者の就農の実態

　われわれは，2003 年からインターン研修生に対する聞き取り調査をおこなってきた[13]。ここでは，この 10 年間で 2 回の聞き取りをおこなうことができた 8 つのケースについて，①研修開始から就農の初期段階（第 1 回調査），②初期段階からの 10 年間（第 2 回調査）の 2 時期を中心に整理する[14]。

事例 1　〔野菜〕専業から兼業，そして非農家へ
　　　　——I さん：上伊那地域出身／インターン開始年齢 29 歳——

　家族構成は，妻の両親と，I さん夫婦とその子ども 3 人（中 1，小 4，小 1）からなる三世代世帯，7 人家族。I さんの両親は，車で 15 分ほどの距離のところに住んでいる。家は妻の実家で，妻の両親と一緒に暮らしている。農業による借金返済が終わり，ローンで家のリフォームをした。この 10 年間に子どもが 2 人増えた。

　①　研修から就農の初期段階（聞き取り：2003 年／I さん 33 歳）

　1993 年，地元の JA からインターン募集の話を聞き，飛びついた。当時は，「ウルグアイラウンド」の影響で資金が出やすかった。これを逃したら補助金・融資を受けられないと思い，即決した。「もう少し様子を見ていれば……」と当時を振り返った。農業を始めることに関しては，家族（父と母）も賛成し，協力しておこなうことになった。担い手は，I さんと両親。

　研修は 1 年であったが，実質は農家で 3 か月，選果場で 9 か月，内容は雑用が中心で，その後「いきなり野に放たれた状態」となった。初期投資は，鉄骨ハウス（償還 10 年）・暖房機（償還 5 年）・土地整備で 1,500 万円（補助金を差し引いた額）。これは農協のリース事業。返済額は，当初年間 150～160 万円で，月々 10 万円近い返済をした。よくわからないまま立派なものを作ってしまっ

13）　調査の結果については，大須（2005），小澤（2005）参照。
14）　第 2 回調査は，事例 1，3，5，6 は，大須眞治，小澤薫，中澤秀一，事例 2，4，7，8 は，大須，小澤が聞き取りをした。

た。当初は果樹も考えていたので，野菜だけであればこれほど大きいものを建てる必要がなかった。果樹と野菜の複合経営を目指していたが，花付け，葉摘みなど労働のピークがぶつかり，野菜に専念した。キュウリと冬場のほうれん草やレタスなど葉ものをハウスと露地で栽培した。キュウリは旬のときが一番高いが，その時期にあわせるのが難しかった。旬の前にたくさん取れてしまい，これからの時にでてこないなど，収穫のタイミングを合わせることができなかった。また，ここ2〜3年は「かっぱん病」に悩まされている。山の中腹にある実家の敷地を利用したため，山の斜面で，西日の強い劣等地。「夢をみてやっていたので，そこにハウスを建てたことは全然気にしていなかった」。建ててから農協の職員に「ここではダメだ」といわれてしまった。さらに畑が山中のため，猿，猪，鹿などの鳥獣被害にあう。

　農業収入は，借金の返済と両親が何とか食べていけるぐらい。自分たちの生活までには程遠い状態であった。研修後，3〜4年は専業で農業をやっていたが，規模の拡大など資金面でもうまくいかず，ハウスの返済が大きく，外へ働きに出るようになった。それ以上の融資については農協がいい顔をしなかった。出荷をしていた産直市場に就職した。仕事は買い付けなど。4時起きで松本まで仕入れに行っている。その前にハウスに行って手伝いをする。ここでずっと働き続けるつもりはなく，いずれ借金のめどがつき次第農業に復帰したいと考えている。妻は洋裁の仕事をしている。

　農業は，「農業は場所を選ばず，どこででもできると思っていたが，場所と品種と苗次第であることを実感した」。農業はお金がかかるようにできていて，ハウスの張り替えにもかなり金がかかり，借金が終わった頃にまた次がくる。また，価格自体は変わっていないが，農薬代，選果経費が上がっているので，作物からの利益が減っている。これからは，いかにお金をかけないかにかかっている。これから農業をはじめるとしたら，とりあえず1年は蓄えだけで乗り越えるなど，元手をかけずにやれる人でなければ続かないであろう。土地は耕作放棄地・休耕田などを活用するべきである。農業は年に1回しか収穫ができないので，生活をどこまで確保できるかが重要であると感じた。

② 初期段階から 10 年間（聞き取り：2012 年／I さん 42 歳）

ビニールハウスの張り替えの費用の負担，鳥獣被害の多さ，両親の健康状態の変化などから農業は辞めた。ハウスのビニールは破れた状態で，畑では両親が自家野菜を作っている程度。I さんも，妻の実家の農作業を手伝う程度で，農業収入はなく，JA とのつきあいもなくなった。正社員として産直市場で継続して働いており，収入は安定（社会保険あり）。妻は洋裁の仕事をしている。

初期投資による借入金が 3,000 万円以上あったが，家族の協力で 2011 年 7 月に完済することができた。家計は妻に任せていて，「やりくりがかなり大変だったのではないか」と思う。借金返済のなかで，何度か家庭が不安定な状況があったが，「こうしていられるのは嫁さんのおかげ，そうでなければ野垂れ死にしていたのではないか」と振り返っていた。

もう少し年を取ったら，近くで土地を借りて，農業をしようと考えている。

事例 2 〔イチゴ〕大規模経営を目指し拡張をつづけている
──H さん：県内出身／インターン開始年齢 46 歳──

家族構成は，H さん夫婦と子ども 1 人（中 2）の核家族世帯。この 10 年の間に 3 人の子どもは独立した。

① 研修から就農の初期段階（聞き取り：2003 年／H さん 51 歳）

45 歳の時に脱サラし，就農した。友人からこの地域の新規就農サポートは充実していて，営農センターによる資金・土地のバックアップがあるという話を聞いた。研修生になる前に，単身赴任で準備もした。農作業は夫婦ではじめた。

当初からイチゴの生産を考えていたが，施設が間にあわず，最初は農協が推奨するスイカを作った。収穫はパートを頼み，選別は夫婦で作業した。目標数に届かず，資材代だけがかかった赤字スタートであった。

1997 年 9 月からイチゴを開始。収量は安定していない。品種は章姫を使い，味や品質は良いが量が取れない。当初，水耕栽培だったが，完全に有機培地に替えた。まだ 10 アールで 5 トンしかとれないが 6〜7 トンは採りたい。パート

13 人（常時），社員 3 人（うち 1 人は妻），役員 4 人。パック，摘み取り，管理など分業体制で作業をしている。パートの年齢層は 20～65 歳，主婦が中心で，時給は 700 円。社員への給与も含めて年間の人件費は 1,000 万円位でかなりの負担になっている。

　施設の返済は年間 700 万円で期間は 10 年。運転資金を借りることができず苦労した。作物は，イチゴがメインで，イチゴの苗つくりと水菜，ブルーベリーもやっている。返済が終わるまではこの体制でやっていこうと考えている。6～7 月のはじめまでブルーベリーがとれるので，ブルーベリー狩りも考えている。とにかく余裕を作らないと何もできないので，しばらくは小さいままで，確実に力をつけていこうと考えている。早く経営を安定化させて借金返済し，規模を拡大したい。拡大したときは，若い従業員にハウスを貸したいと考えている。農業をやっていきたい人はどんどん取り入れていきたいと考えている。また，イチゴは冬・春だけなので，どうやって年間を通して作物を作っていくのか，その作物の品種選びが課題となっている。

②　初期段階から 10 年間（聞き取り：2014 年／ H さん 62 歳）

　イチゴの収穫は，11 月から 6 月いっぱい。メインは契約スーパー。平均単価以上で買ってもらえる。生産の最盛期は 3～4 月。そのときに量販店にそれなりに買ってもらえている。そのため，クリスマスや正月の高値になる時期はガマン。自分たちの得意な時期に売るのがいい。県外の安いイチゴが市場にでているときには，イチゴ狩りをいれるようにしている。それによって平均単価を上げることができる。スーパーだけでは量は買ってくれても，単価はあがらない。イチゴ狩りの入園料は大きい。その際の土産もそれなりの値段で買ってもらえる。スーパーでは契約農家としてスーパーのブランドで販売する店，自身のイチゴ園の名前で売る店がある。和菓子屋，洋菓子屋とも契約していて一定量のイチゴを卸している。企業に依頼されて，新しい品種の育成にも取り組んでいる。

　農地は 1 町 3 反。全部ビニールハウス（6 棟）。ビニールの張り替えは 5 年ごとにしている。苗床は 900 坪，ハウスの近くにある。この場所は標高 780m で

イチゴを育てる環境に適した立地である。この地域の気候をいかすこと，自然と共生し，自然の力を借りなければいいイチゴにはならない。ふつうのイチゴ農家は，クリスマス需要，正月需要に向けて暖房をたくさん焚いて，無理に色をつけて作っているが，味はいまいち。そこまでして稼ごうとは思っていない。最低温度と最高温度の利用など，自然の力をいかすことを16年間意識してやってきた。

　農地は，10年前に廃業したところを購入し拡張した（10年前は9反）。その借金は増えたが返済は終わった。残りは最初のハウスのリース代があと5年で終わる。年間700万円ぐらいずつ返してきた。しかし，6年前に炭疽病が大規模に発生し大きな被害を受けたことがある。その後，防除を徹底し，工夫を重ねたことで4年目からはほぼなくなった。すぐ処理をすることを心がけている。一時期，顧客も減ったが，いまは戻ってきた。このことがあって，その年の償還ができず，返済を2年延ばしてもらった。

　イチゴとあわせて，ミネラルウォーターを販売している。当初から井戸を掘ってイチゴに利用してきた。100mの深井戸で毎分200ℓでている。そのため，日照りの影響は受けない。これを飲料水として，2010年から保健所の許可をとり販売している。今は，口コミで17軒。サーバー（市販の機械）は無償で提供して，水を買ってもらう。農業を続けていくにはしっかりした経営基盤が必要で，水事業はそのためのひとつと考えている。

　これまでの失敗してきた経験を，若い人に教えている。普及センターからの依頼で，農家にアドバイスにいくこともある。今後は若手の教育を考えている。研修期間は，2年では短いので，3年は勉強した方がいい。給料がでているときにしっかり勉強して蓄えていくことが大事。その後，うちのブランドでイチゴを売れば，売り先が安定するので経営が安定する。そのためには，就農者はうちのイチゴの品質に見合うレベルに努力して上げる必要がある。いま研修生が1人いる（30代）。県内出身ですでに近所に家を建てて転居してきた。近いうちに独立の予定である。

　作業の担い手は，本人，妻，社員（男34歳），パート15人と研修生。社員

は，知人の紹介で，若いときから手伝いにきていて，いまは作業の中心を担っている。パートは，30代から70代と幅広く，みんな長く働いてもらっている。

　現在の売り上げは，イチゴが5,700万円，苗が1,800万円。イチゴは現在の30トンから45トンへとれる量を増やしたい。既存の施設でイチゴの生産を1.5倍にするため，廃棄となる「うどんこ病」を発生させない工夫が必要で，あわせて株数を増やしたい。これまでの16年の決算として，イチゴのベンチを独自改良型（1列3段）に替え，500坪のハウスで1万5千株を植えていたが2万株に増やすことができた。苗の売り上げも増やしたい。売上の目標は1億円，それが設立当初からの夢。この改良型のベンチを研修生には教えている。どこにもないよいものを伝え，自分のノウハウを未来につなげていきたい。

　農業経営については，できれば親族に継いでほしいと思っている。

事例3　〔イチゴ〕リース事業を活用し，継続中
——Tさん：上伊那地域内出身／インターン開始年齢22歳——

　家族構成は，祖母，両親，Tさん夫婦とその子ども3人（小5，小2，年長），弟の9人家族。実家がハウスから徒歩数分のところにあり，同居している。家計は別々。この10年間に子どもが2人増え，弟が家に戻ってきた。

　①　研修から就農の初期段階（聞き取り：2003年／Tさん27歳）

　大学卒業後研究室で研究生をしていたときに，父から村が募集している農業インターンの話を聞き，申込をした。研修は，長野県内の農家や施設でした。研修先は全て農協が手配し，農協の施設が多かった。イチゴの技術をもっと学びたかったが，選果作業，ダンボールづくり，アスパラ栽培などまでやった。「もう少し自分たちの研修に対する要望などを聞いてほしかった」。研修期間中に農協から足を運んで見に来てくれるということはなかった。

　この新規就農者の募集は，広域改善事業による村の施策で，のちにJAが加わってきたもの。新しく施設を建て，その施設の使用を前提として，村が新規就農者を4人募集した。その際，施設の設計には注文をつけることができた。

水耕栽培の NK 毛管システムは決まっていた。当時，ほかにない大規模の施設であった。研修を 1 年終えた 2000 年に施設が完成した。その年の 9 月から独立して作業を開始した。

　独立して 4 年目。2000 年 9 月から育苗開始。作物はイチゴとマスクメロン。イチゴは 12 月から GW，メロンは GW 以降。イチゴは，1 年目収量的には多く，2 年目もそれなりに収穫できたが，3 年目は収量が下がってしまった（株が未成熟な段階で収穫しすぎてしまい，株の力が弱っているときに冬の寒さにやられてしまった）。単価的には 12 月〜1 月にかけて高いが，この時期に合わせようとすると株が十分に育たない。イチゴの栽培にマニュアルはあるものの，モデルの地域と，冬場の気温，作付面積の大きさが異なり，マニュアルどおりにやってもうまくいかないことを痛感した。「今年こそは」と思っている。

　ここのイチゴ（水耕システム）は，糖度は高いが，1 反 ＝ 3〜4 トンと収量があがらない。有機や培地などと比べると半分以下の収穫になってしまうこともある。イチゴは概算 1 トン ＝ 100 万円なのでその差は大きい。目標は 1 反 ＝ 4 トンで 1,200〜1,300 万円の売り上げを目指している。ここが商売としてやっていけるライン。メロンは，1 年目全棟で作付けしたが網目が付かず見事に失敗。1 個 300〜400 円の加工用にしかならなかった。2 年目は規模を縮小して技術を高めたため，高い物で 1 個 1,500 円という値がつくこともあった。

　出荷は，主として JA 広域選果場で，最盛期には 1 日に 80 ケース（1 ケース ＝ 4 パック），箱詰めまですべてやって 12 時までに出荷しなければならない。他には直売場や温泉施設にも出している。

　支出は，施設費として金利含めて年 250 万円の返済が大きい。来年からは育成基金の返済も始まる。人件費は年 350 万円かかっている。はじめた頃は 8 人で作業をしていたが，今は自分を合わせて 5 人。パート 2 人（8 時〜15 時）と母は時給 750 円，妻には認定農業者組合の協定額を月給で支払っている。あとは電気代が年 80 万円，重油代が年 40 万円（8 万円×5 回）かかっている。

　「もともと土いじりが好きではなく」，「農業に対するイメージがよくなかった」が，研修で施設見学をした際に，現在の水耕栽培の高設農法が園芸感覚で

「これならできると思った」。しかし，最近は，有機農業へのあこがれも芽生えはじめ，「土いじりもいいかなあ」と思っている。繁閑期の埋め合わせも兼ねて今年から，単価がいい夏場のイチゴを露地栽培している。今，農業をはじめてよかったと思っている。将来的には，規模を拡大するというのは難しいが，露地栽培など別の作柄にも目を向けながら，自分の目の届く範囲で，経営から作業までやっていきたい。

② 初期段階から10年間（聞き取り：2012年／Ｉさん36歳）

農地は，変わらず2反7畝（ハウス3棟）。イチゴの品種は章姫。9月定植，10月受粉，12月～6月が収穫。現在，2万3千株を植えている。イチゴの育苗は共同でおこなっている。メロンは4～5千株，5月に定植し8月収穫する。育苗は自分のハウスでしている。

農作業は，Ｉさん夫婦，母，未経験のパート1人。父も手伝ってくれる。農業改良普及センターで育苗のしかたなどを学び，散水による病気の繁殖を防ぐためイチゴ底面給水をしている。また，籾殻煉炭を使うなど苗おこしをかえた。技術は定着してきた。

販売先は，地元スーパー，学校給食，病院，直売所。つみとりはやっていない。スーパーは，配送から陳列，値下げ，引き上げまでする。販売先はすみわけをしている。当初は地域の生産組合として出荷していたが，いまは個人名で出荷している。収入はイチゴが95％，メロン5％。

初期投資としての借入金の返済が年250万円。あと4～5年で完済の予定。いまは収入の7～8割が経費だが，ハウスのリースが終われば，利益率が5割ぐらいになる。

以前思っていた有機へのあこがれはなくなった。減農薬は可能であっても，化学肥料は減らせない。この間経費が大きくなった。重油の値段が，はじめた当初は33～40円ぐらいだったが，それが一時120円まで高騰。現在，80～90円。そのため当初，パートを6人雇って作業をしていたが，パートを1人に絞っている。また，一昨年，炭疽病で大きな被害を受けた。育苗の段階で発症し，そこで苗おこしなどの方法をかえた。規模を拡張すれば収入が増えるとは

思うが，当面は今の規模でやっていこうと考えている。子どもが継ぐとなれば，拡張も考えたい。

事例4 〔イチゴ〕継続はしてきたが，収量があがらず兼業へ

——Aさん：上伊那地域内出身／インターン開始年齢26歳——

　家族構成は，Aさん夫婦とその子ども1人（小1）からなる核家族，3人世帯。この10年間で，両親から独立し，結婚し，子どもが生まれた。家は，親族の所有するアパートに住み，管理人を任されている。

① 　研修から就農の初期段階（聞き取り：2003年／Aさん28歳）

　大学卒業後，家族のすすめで，研修制度を知り，興味をもつようになり，研修生となった。研修の際，すでに村の割り当ての2人は決まっていて，給付金は支給されなかった。作業の手伝い等のときは，村から日当7,000円程度が支給されていた。研修期間は2年間。現在使っている施設を開発した農家や農協関連の施設で研修を受けた。農業の技術は，この研修によって身に付け，あと普及センターと農協から指導を受けている。広域改善事業により2000年，今のところに4軒分のハウスが設立。ここでの営農は設立時から3人。メンバーは替わっていない。

　イチゴの栽培は，2000年秋からまったく新たにはじめた。1ハウス＝1反歩で，3棟。施設は農協のリース事業（15年償還）。初期投資として軽トラ，薬散の機械を購入した。親からの資金援助はなく，自分で借金をしてはじめた。イチゴの品種は，「章姫」。苗が500株＝7.7万円。1ハウス＝8,000株（予備も必要）になる。育苗ハウス（これもリース事業）は共同で2棟ある。売り上げは，イチゴで目標400〜500万円（1反）であるが実質300万円，メロンで目標100万円（1反）のところ実質7〜80万円となっている。売り上げ的にもイチゴの方がよく，遊休させていくよりはということでメロンを作っていたが，メロンは縮小傾向にある。イチゴの収穫量は，1反＝3トンと，他のところでの1反＝5トンに比べて収穫量が少ないのが問題。「ここをもっと増やしていきたい」。

施設に対する支払いは年間300万円，光熱費として冬場で月に重油40万円，アルバイトの人件費は，年間300万円。アルバイトを3人雇っていて，うち1人は父親。収穫時（12月〜5月）は，最大5人まで増やす。この期間はほとんど休みなし。出荷先は，農協と直売所。

② 初期段階から10年間（聞き取り：2014年／Aさん39歳）

農地は，3反（ハウス3棟）。当初から変わっていない。4年前に，イチゴが原因不明の生理障害になり，収量が半分以下になった。普及センターに相談したが，原因がわからなかった。春先には生育するが，冬場はほとんどとれない。この3年間は赤字が続いている。1棟は水耕栽培から有機培地に替えた。同じ苗でも，土を入れたところは生育し，従来の水耕栽培のシステム（NK毛管水耕システム）のところでしなってしまった。試行錯誤の3年間だった。従来システムの問題ではないかと考えている。このシステムは，初期投資がかからなかった。周りでは7〜8年前に培地に替えたところがあり，替えた当初は収穫量が減ったが，安定した生産をしている。従来システムで栽培している所では，今年，うちと同じような生理障害の状況になってしまった。

この3年間はこれまでどおり，暖房をつけて育ててきたが，重油代だけがかかって，ただマイナスだった。とにかく12〜1月がまったく生育しなかった。重油代が高騰（始めたときの3倍）していて，重油代を節約するために，培地に替えたところも温度を下げたら，生育が悪くなってしまった。今年度は，冬場は従来システムの2棟は稼働させなかった。この2棟については3月からの稼働を考えている。苗は，稼働しているハウスに保管している。稼働ハウスを1棟だけにしたので，重油代を抑えられ，人件費もかからなかったので，今年度はプラスになるだろうと思っている。基本的には1人で作業しているが，週末人を雇ってきてもらっている。3月以降は，稼働のハウスが増えるので，パートを増やすつもりである。

作物は，イチゴとメロン。イチゴの品種は「章姫」。イチゴの収穫は12月から7月。メロン（アールスメロン）は，4月種まき，5月定植，8月（お盆）収穫。メロンを5月GWに定植するためには，それまでにイチゴをやめて入れ

替える必要がある。メロンはあまり採算があわない。この地区でも以前は8棟すべてで作っていたが，うち以外に1軒だけが栽培している。1玉1,000円ないと採算があわないが，安いときには300円まで下がってしまう。メロンは一気にできてしまうので，どうしても市場出荷せざるをえず，安くなってしまう。最近は，直売所でさばききれる量ぐらいしかとれないので，そこまで価格が下がることはない。しかし，5〜6月も継続してイチゴを作っていた方がメロンよりもうかるのではないかと考えている。

　イチゴの売り先は，直売所，ケーキ屋，学校給食。市場出荷はしていない。直売所に自分でもっていくので，自分で値段を決めることはできる。出荷する場所に困ることはないが，出荷できるイチゴを生産できていないのが現状。保育園などの学校給食（共同出荷）は，週2回，何千粒単位で注文があるので用意するのが大変。イチゴ狩りを受け入れたことはあるが，イチゴの量を確保することが難しく，急な対応はできない。そのときにイチゴがあれば摘み取りをしてもらう程度で，宣伝はしていない。摘み取りを大規模にやるほど，周辺の環境（駐車場，トイレなど）もそろっていない。

　施設は農協のリース。リースの支払が厳しかった。毎年2月に220万円の請求がくる。あと2年で償還される。その頃は，施設の改修なども必要になるとは思うが，頻繁に手を入れているので何とかなるであろう。

　4年前の一番大変な時期から，ファミレスでアルバイトを始めた。一昨年は，本気で農業を辞めることも考えた。施設の償還期間があとわずかということで思いとどまった面もある。アルバイトをはじめてから，1年を通して働きにでている。夏場はとくに忙しい。睡眠時間は，夜2〜3時間，昼間1〜2時間のこともある。このアルバイト代と妻のパート収入で生活はなんとかやれている。妻は週末，配達の手伝いをしてくれる。配達はけっこう忙しい。以前は父が農作業を手伝っていたが，親もいろいろあって引っ越し，手伝いにこなくなった。

　来年度は水耕栽培の1棟を培地に替える予定。有機培地の購入に70〜80万円かかる。ベンチはいまのものを使う。暖房を重油代のかからない薪などへ変

更することも考えたが，資金がなく変更には踏み切っていない。運転資金がなかなか確保できない。メロンは，水耕栽培であればイチゴからの切り替えはすぐできる。培地となると切り替えに手間がかかる。水耕を1棟残してメロンをするか，イチゴのために培地に替えるか考えている。

　それでも農業を続けてもどうにかなるという目途，先の見通しがたったので，続けていこうと考えている。

事例5　〔リンゴ〕本人の兼業による生産から，子ども夫婦の移住による規模の拡大
——Yさん：県外出身／インターン開始年齢50歳——

　家族構成は，Yさん，息子夫婦とその子ども2人（年長，2歳）からなる5人家族，三世代世帯。当初Yさんだけがひとりで転入し農業をしてきたが，この10年の間に，息子夫婦とその子どもが移住してきた。家は別々で，Yさんは家賃が安い村営住宅に住んでいる。2011年に住宅の敷地内に仮設の倉庫を作った。息子夫婦は，車で10分ぐらいの賃貸の一戸建てに住んでいる。家計は別々であるが，農業はYさんと息子でしている。

　①　研修から就農の初期段階（聞き取り：2004年／Yさん57歳）

　何となく農業をしていきたいという思いから，長野の農業大学校に入学し，就農することを考えた。1年間果樹試験場で研修し，研修後，就農先を紹介されることを期待していたがなかった。その後，大学校から農地利用委員会を紹介され，そこからいまの地域を紹介された。それからも紆余曲折あって，結局ここでリンゴをやれることになった。研修制度については，農業をはじめてから知った。研修費については，2年間支給されると言われていたが，1年間で支給がとまった。研修生の同期のなかには，大きな打撃を受けたところもある。実際，同期にはその後廃業したところもある。

　1999年に就農し，リンゴ団地の一角，規模は1枚2反半，リンゴの品種は「ふじ」と「つがる」であった。以前，従事していた人がいたので，成木からやることができた。2年目からは2枚5反に拡げた。あわせてブルーベリーを

5 畝始めた。今は，農業経営とともに，学習塾も経営している。たまたま畑仲間に前職を聞かれたので，学習塾をしていたことを話したら，近所の子どもを見てほしいと頼まれた。そこから広がった。収入的には塾がないときびしいが，1人で生活していくには何とかといった感じ。ただ，今は機械の拡張が必要なので，塾の収入は非常に重要。確定申告をしたが税金はゼロだった。

　技術的には，最初はまったくわからないことだらけであったが，ポイントポイントで農協の指導が入り，周りにも聞いてなんとかやっている。

　機械は，コンバイン以外は，中古のものを購入した。お金を借りたことはない。基本的には借金をしない経営をしてきた。蓄えることはできないので，前年に儲けたものを次の年に回すという感じで経営している。農業をはじめるにあたっての初期投資はほぼゼロであった。身支度は試験場での研修時にそれなりにしておいた。新規就農にあたって軽トラさえなく，これは農協で，収穫後の秋払いということにしてもらったのでなんとかなった。収穫は1年目からできたのでそれなりに売ることができた。それでも1年目は研修費もなく，塾もやっていなかったので本当にカツカツの生活であった。自分のところの作業に加えて，農協などでバイトをしながら，いろいろな収入を組み合わせて生計を立てていた。一番必要なときに研修費を受け取ることができなかった。2年目は，研修費を受給し，作業にも少し余裕がでてきたため，研修費で機械の購入をしながら，他のところでしていた仕事を辞めて，自分の畑を広げた。昨年，「つがる」が増えたので収穫の際にアルバイトを頼んだ。あとは1人でやっている。

　販売は，知り合いのネットワークを通じて，京都，九州，東京などへの直販が大きな部分を占める。他には農協と生協が提携したオーナー制度に30本だしている。これは1本2万円で手取1万5千円ぐらい。顧客販売に比べると割安感は否めない。つがるはJAに出荷している。ブルーベリーは去年からやっとだせるようになり，すべて顧客販売。

　②　初期段階から10年間（聞き取り：2012年／Yさん65歳）

　息子夫婦が移住してきてから，規模を拡張した。農地は，リンゴ1町4反と

田んぼ6反。農作業は，Yさんと息子でしている。リンゴの摘果作業はシルバー人材センターに頼んでいる。技術は，JAによる節目節目の指導会，研修会が中心。農協から情報がくる。ただ，新しく導入された高密植新歪化については教え方が毎年変わり模索中の段階。木の植え替えによって農地の7〜8割ぐらいの使用にとどまっている。以前ブルーベリーも作っていたが手がかかること，リンゴと作業が重なることから辞めて，その土地は返した。

田んぼでは米と大豆を作っている。リンゴの品種は9種類。シナノレッド，つがる，さんさ，紅玉，千秋，シナノスイート，シナノゴールド，王林，フジ。面積の5割，収穫の8割をフジが占めている。植え替えをしたので面積の半分は若木でまだ稼働していない。国が改植をすすめている（低木・密植）。国や県の補助があり，改植の後押しになっている。販売先は，顧客販売が中心。リンゴ，米，大豆，加工品は注文をとって販売している。

今後については，身体次第。この場所で頑張っていきたい。80歳を超えてやっている人は少ないので，75歳ぐらいまでは農業を続けたいと考えている。これ以上，規模を増やすことは考えていないが，地域としては，辞める人が増えるので，後継者のいないところなどこれからどうなるのか，どうするのか若い人たちも含めて話をすることがある。

事例6 〔リンゴ〕夫婦ふたりで継続
——Kさん：県外出身／インターン開始年齢52歳——

家族構成は，Kさん夫婦の2人家族。妻の父が近くの有料老人ホームに入所している。家は，持ち家。この10年間の変化はないが，Kさんが年金支給開始年齢になったため，経営主を妻に代えた。

① 研修から就農の初期段階（聞き取り：2004年／Kさん57歳）

ゆくゆくは田舎暮らしをしたいと考えていたが，農業にまったく縁がなく，農作業をしたこともなかった。年金受給開始年齢までまだ10年以上あり，当面食べていく収入をえる必要があり，何度もこの地域に足を運んで，生計の立つ田舎暮らしを目指した。夫婦ともに民間企業に勤めていた。

研修は，JA の管理するリンゴの団地（14〜5 枚）で半年間おこなった。JA からの指導はほとんどなかった。そのため上伊那地域を中心に県内を自分たちで探し，出荷量の多い農家，U ターンで成功している農家を見て歩いた。そのときに本当においしいリンゴとスイカにめぐりあい，技術から販売方法まで，その農家を見習ってやっていくことを決めた。I ターンは素人がほとんどのため指導がなければ生産性が上がるはずがないが，研修費の支給のみで JA による継続的指導はほとんどなかった。農家の生計も含めてしっかり考えてほしかった。

作業は夫婦 2 人のみでおこなってきた。葉摘み，日当てなどのみ近所にいるベテランの方に来てもらった。親戚や元同僚に頼んだこともあったが，素人なので作業確認が必要で二度手間になるし，食事や宿泊の用意など作業以外の仕事も増えてしまい，本来の作業に支障をきたしたため，手伝ってもらうのはやめた。いまの労力からもリンゴのオーナーは 100 本が限界。

とりあえず 10 年は作業するつもりでいる。ただ体力勝負なのできついこともある。とくに，スイカは，出荷するまでに 7〜8 回は上げ下ろしをするのでかなりの重労働。収穫し，磨き，JA の検査を受ける。将来的には有機を考えてはいるが，完全有機は並大抵のことではないので，よく考えていきたい。

初期投資・借入金については，月々の収入があるわけではないので基本的には借金はしない。住居は払える範囲の中古物件を，ここに来るときに購入した。農機具については，2〜3 年は，脚立，ビーバー，一輪車だけでやっていた。それから SS，運搬車，軽トラなどを買いそろえた。

② 初期段階から 10 年間（聞き取り：2012 年／ K さん 65 歳）

農地は，リンゴが 1 町 2 反，スイカ 2 反，ブルーベリー 2 反（2004 年から）。この間，今までの農地から 400〜500m 離れたところにリンゴを 1 枚増やした。以前は，自家用の野菜を作っていたが，リンゴ，スイカの作業と重なるのでやめた。直売所で安く買うことができる。スイカの受粉とリンゴの摘果作業は時期が重なるので，リンゴの摘果作業のために「シルバー人材センター」から人を雇っている（20 日間で延べ 50〜80 人）。当初は，ほとんど人を雇わず，近所の

ベテランの方にリンゴの日当て作業をお願いしていた程度であった。作業の経験を通して，人に頼む必要があることがわかった。夫婦だけで作業をしていたときは，リンゴに手間をかけられず収穫が不安定だった。農作物はこの期間内にやらなければならないことがあることを学んだ。技術的にはまわるようになり，木をみながらタイミングを見極められるようになった。

　リンゴの木は，2005年頃から植え替えをしている。新歪化（苗木の根をはずし，丸場代に植える，自根で根が深く伸びない）。低樹高高密植。樹木の高さは3mぐらいで脚立を極力使わないですむようにしている。年齢的にも体力的に作業がしやすくなると思う。反収は減らない。植え替えに対して国からの補助がある。2008年からは1反32万円。これに2009年から育成費（減収になった分の補てん）として1反20万円（年5万円×4年）が，植え替えの際にまとめて支払われる。老木になると切らざるをえず，4〜5年はマイナスになるが，長い目で見ると作業性が全然違ってくる。補助金で改植費用は賄えるので，農業従事者にとってはありがたい。このような木の植え替えは，広域にひろがっている。

　基本的には借金をしない。現在の販売先は，つがる・シナノスイートがJA8割・産直2割，ふじがオーナー5割・産直5割，スイカがJA6割・産直4割，ブルーベリーがJA8割・産直2割。当初からJAと産直，オーナー制を組み合わせて販売してきた。

　老後の生活設計を考えなければならない時期になった。夫婦元気に動けるうちは働き，70歳までは農業を続けたいと考えている。どっちが欠けても農業を続けることはできなくなる。いま，妻の父が，近くの有料老人ホームに入所していて（要介護3），月額20万円かかっている。それを賄うための蓄えをどうするか考えている。

事例7　〔花卉〕農家の後継者，新たに花卉をはじめ継続している
　　　──Nさん：上伊那地域内出身／インターン開始年齢22歳──
　①　研修から就農の初期段階（聞き取り：2003年／Nさん25歳）

大学卒業後，インターン研修生になった。実家は農家であったが，農業はしてこなかった。花卉を扱う農業法人で，2年間研修をした。研修終了後，自分で「トルコキキョウ」をはじめた。家族が理事を勤める農事組合法人に入った。家族は，法人として受けた大規模な米の作業受託の作業をしている。野菜も作っている。

② 初期段階から10年間（聞き取り：2014年／Nさん35歳）

規模は1町歩程度。トルコキキョウ（50アール），アルストロメリア（50アール），菊を生産している。トルコキキョウは，上伊那オリジナルのものを研修先から購入している。燃料代と人件費にお金がかかる。重油が年間600万円。ヒートポンプ（エアコン）の電気代が月額50万円はかかる。薪ストーブへの代替もしている。花はバブル時代1本500円だったが，いまはかなり安い。5本で300円とか400円。2,000本売って利益は2万円程度，1本10円の計算。農協の宣伝部が販路を拡大していて，量販店で売り子をすることもある。長野の産地フェアとセットでいくこともあるが，食べ物のようには売れないのが現状。

大規模投資は難しい時期になっている。花卉農家は，後継者以外は，なかなか参入が難しい。面積は広くなっているが，農家数は減少している。

今後は，土地をフル活用して収量を増やしていきたい。手の入れ方で作付け量，時期が変わってくる。そのための肥料，品種構成，技術改良が必要となる。ただ労賃との兼ね合いが難しい。（価格のいい）年度内の出荷が目標で，その品種を探している。

事例8 〔野菜〕制度を利用しながら拡張を進めてきたが，子どもの病気を契機に，兼業へ
　　　　──Kさん：県外出身／インターン開始年齢30歳──

家族構成は，Kさん夫婦とその子ども3人（中1，小4，小1）。この間，2人の子どもが生まれた。農作業は，夫婦でやってきた。家は持ち家。

① 研修から就農の初期段階（聞き取り：2003年／Kさん33歳）

インターンは1年（30歳）。研修先は地元の農家で，週に1回，6月から12月の7か月間通った。研修先は自分で探し，農協も市も頼りにしなかった。農協から研修費月額13万円をもらっただけで，指導，相談はなく，サポートしてもらっている感じがなかった。そのため，技術は研修先の農家のみ。

葉物野菜が中心で，トマト，キャベツ，レタス，小松菜など。有機農業で多品種少量生産を目指している。米は3反。土地は農協の斡旋で確保できたが，田んぼと畑が5kmほど離れていて効率はよくない。野菜を100品種，中心は10〜20品種。JAを通さずほぼ宅配便で個人配送している。ここには余った物をスーパーに出す程度。宅配先は100軒，東京の友人がほとんどで，レストランなどにも出している。昔の趣味の仲間から広がって50〜60歳台が中心，若い人はほとんどいない。宅配料700円を含む2,000円のセット（10品種）を販売。市場価格の1.5倍ぐらいと高いが，おいしく，安心，安全ということでひろがってきた。発送回数は，週1，月2，月1などいろいろある。労力は，ダンボールの回収，宅配便の伝票書きに結構かかっている。経営的には，売り上げが200万円で，経費を引くとゼロになる。収入としてはサラリーマン時代と大きな差がある。

② 初期段階から10年間（聞き取り：2012年／Kさん42歳）

農地は，畑1町歩，田5反にまで拡張した。近所のつながりなどで土地を近くで借りられるようになり（賃料はタダから高くても4千円程度），移動は1kmぐらいになった。規模は大きくなったが，いまは，手間をかけられず作っていないところが多い。

作物は，トマト，キャベツ，レタス，小松菜，ズッキーニ，トウモロコシ，ジャガイモ，かぼちゃなどのたくさんの野菜と米。販売は，地元のスーパーと契約のレストランが中心。個人宅配をしていない。スーパーは，売り場を提供され，そのコーナーを仲間とやっている。米の販売は，仲間の専業農家に任せている。米の作業はその専業農家と一緒にしている。レストランには，こちらのお任せで野菜を送っている。最近は割れトマトなど加工用を大量に送っている。農業の売上は100万円で，農業収入はゼロ。経費は，肥料代と人件費，機

械のメンテナンス代がかかる。作業がまとまってしまうので，アルバイトを雇う必要がある。

初期投資は1,000万円。借金はしないで，やれる範囲でやってきた。いまの農作業は妻が主にやっている。Kさんは副業のあいまに機械作業をする。「いわゆる兼業農家のようになっている」。独立当初から，法人格を立ち上げ農業をしてきた。当初は，妻を従業員として雇っていたが，いまは，従業員のいない法人が累積赤字を抱えて残っているかたちになる。農作業に対する妻への報酬はない。Kさんは，塾講師，家庭教師，パソコン修理の仕事をしている。休みは週2回。朝は少し遅いので，朝の作業と休みの日の作業をする。

兼業を増やすきっかけになったのが「子どもの入院」（2009年7月）。病気で1週間入院することになり，その間妻が付き添わなければならず，農作業がとまってしまった。Kさんが子どもの送迎から家事全般，農作業をした。1週間であったが，収穫以外できず，作付けのタイミングを逃し，秋冬の準備ができなかった。そのため秋冬に収入が途絶えてしまった。2人でも労力がギリギリであった。いま，Kさんは，兼業のあいまに農業をしている感じだという。

今後は，中学校，高校など教育費への負担が増えることが不安。とくに生活費として，作付けから収穫まで現金の回収に時差ができるので，そこをうめるために兼業という選択肢をとらざるをえない。生活のための現金の確保はより切実になっている。いまは作った米を自分では食べず売って，安いものを買っている。農業収入を増やすためには，冬場の作物の確保が重要である。クルミ，芋類，豆類，根菜類など，貯蔵しておいて，冬に売れるようにしたいが，それらを貯蔵する場所，機材がなく，そこまでは手が回らない。

立ち上げにあたっては，最初から法人でやってきた。前職の退職前からかなり計画的におこない，就農，起業の助成金はしっかりもらうことができた。それらを全部つぎ込んだがうまく軌道に乗せることはできなかった。起業には初期投資が大事である。これから新規でやりたい人と共同経営のようなかたちでやっていければと考えている。国の制度も変わり，研修生にも里親にもメリットがあるような補助金もあり，それらを活用しながら，農業に100％打ち込め

るような形で，研修生自身の農業経営の準備をしていくのがいいと思う。1つ
の家族だけでは，旅行にも行くことができないので，研修生も含めた共同経営
を模索している。そして，役割分担をしながら，大勢でワイワイ農業を続けて
いきたいと考えている。

5. 研修経験者が抱える課題

事例1は，農業への熱い情熱とは裏腹に，不十分な指導体制のもと多額の借
金を抱え，不安定な生産のなか兼業への依存を強めざるをえなくなっていっ
た。それでも10年前は何とか専業へと模索していたが，運営資金の確保，鳥
獣被害の大きさ，担い手である両親の体調不良もあり，経営を中止した。その
なかで，多額の借金は，兼業収入と妻の収入，妻のやりくりなど家族の協力で
何とか返済した。指導体制には大きな問題があったといえる。

事例2は，設備投資に1億円かけ農業をスタートさせた。順風満帆というわ
けではなく失敗を重ねながら，時に返済期間を延ばしながら，技術改良をすす
め生産を安定させている。それでもさらなる規模の拡大を目指している。サラ
リーマン時代のつながり，地域のつながりから販路を拡大し，企業からの依頼
で新品種の育成も手がけている。そのなかで海外進出についても語っていた。
若手の育成もおこない，地域における指導的な役割を果たすようになってきて
いる。

事例3は，リース事業による参入をした。専業でイチゴの栽培を続けてい
る。規模は変わらないが技術的には安定をしている。リース代の返済と高騰す
る重油代が経営を大きく圧迫している。人手を抑えながら，経営の安定を目指
している。

事例4は，事例3と同様リース事業による参入をした。専業でイチゴの栽培
を続けてきたが，数年前に原因不明の生育障害で大きく売り上げを下げてしま
った。これに高騰する重油代が重なり，兼業しながらの生活となった。本人の
アルバイト収入にあわせて妻のパート代で生活をしている。一時期は農業を辞
めることも考えた。推奨された栽培システムから有機培地への変更を模索して

いるが，運転資金が確保できず苦労している状況であった。

　事例5は，農協の指導を受けながら経営をしてきた。大きな借金をしないでやってきた。当初は，学習塾の経営をしながらの就農であったが，農業だけでやれるようになった。いろいろな制度を利用して，単身でやってきた。そこに，息子夫婦が転入してきて，規模を拡大して一緒に農業をするようになった。地域の農業の今後を考えるようになっている。

　事例6は，夫婦で会社を辞め，夫婦で農業をしてきた。借金をしないでやってきた。自分の足で技術を取得し，そのなかで人手も雇いながら安定した経営をしている。しかし，65歳を超えて，どちらかが欠けても農業の継続は難しくなると考え，将来の蓄えも念頭に継続している。

　事例7は，農家の後継者として研修生となり，独自に花卉の生産をはじめた。いまは燃料費の高騰が大きく，技術を高め効率的な生産も模索している。

　事例8は，さまざまな制度を利用して，農業経営の準備をおこなってきた。規模を拡大しながら夫婦で作業をしてきたが，1週間の「子どもの入院」で状況が変わってしまった。家事に追われ作業が滞り，作付けに失敗し，現金収入を失ってしまった。現金収入を確保するため，夫が兼業にでるようになった。夫は兼業のあいまに農業をするようになり，農作業は妻が主におこなっている。拡張したが作っていないところが多くなっている。この経験からいざというときの作業協力者の育成を念頭に若手を受け入れ，将来的には共同経営のような形を模索している。

　これらの事例から，研修経験者の抱える課題をみることができる。JAの指導を活用しながら，規模の拡大，技術の定着はみられるが（3）（5），あまり指導がなかったという声も多くみられた（1）（6）（8）。とくに，（1）の事例では，ハウスを建ててから農協職員が「ここではダメだ」というほどの日当たりの悪い，傾斜面という場所に，多額の借金を抱えながら農業をはじめている。結局，この事例では，生活のために兼業にでて，その借金を返すということになった。

兼業化の流れは，生育障害による生育不全のイチゴ農家（4），子どもの入院で作付時期を逃してしまった野菜農家（8）でもみられた。人手については，（6）も夫婦のどちらかが欠けても作業が継続はできなくなることを指摘していた。（1）（4）の事例は，生計の維持のために夫の収入にあわせて妻のパート収入などが大きい。（8）の事例は，夫が兼業に労力をかける分，妻が主に農作業をすることになった。

土地の確保については，（1）の事例にみられるように，条件不利地での整備，（8）は規模拡大のなかで，土地が点在する移動距離が課題になっていた。（5）は，当初，場所の確保ができなかった。その後「幸運が続いて」土地の確保につながった。その後拡張のなかで，廃業した人の土地には作業が大変なところがあったことを話していた。

大きな借金構造もみられた。（1）年150〜160万円，（2）年700万円，（3）年250万円，（4）年300万円の返済額であった。ほとんどが農協のリース事業での借り入れのため，借金をさせること自体も再検討が必要であろう。

最後に，重油代の高騰が経営を圧迫していた（3）（4）（7）。当初の3倍にもおよぶ重油代，花卉農家ではそれにあわせて花自体の値段が安くなり，二重の負担を抱えていた。運転資金の確保が農業経営にとって課題になっている。

6. おわりに

これまでみてきたように，農業就業者が減少するなか，若い世代をはじめとする新規就農者が地域にみられるようになっている。上伊那地域における農業インターン経験者の就農率は，8割を超えていた。しかし，事例にみられたように，農業をはじめて10年が経過して，農業技術，生産，土地，借金，生活費などの課題を抱えていた。農業を辞めるかどうか，そういった決断を迫られた人も少なくなかった。農業による借金，農業収入の不足を農外の仕事に求める人もいた。限られた収入とそのなかでの教育費の大きさなど家計の不安も聞かれた。国が進める大規模化以前に，ふつうに暮らせる農業に向けた支援が求められている。そのためには，就農への細かい支援とあわせて，生活を支える

社会保障・社会福祉のあり方も重要になっている。貴重な農業の担い手であり，地域の担い手である新規就農者を本気で支えていくしくみづくりに向けて，検討をすすめていきたい。

参 考 文 献

大須眞治（2005）「農村還流の今日的意味について」（『中央大学経済研究所年報』36 号）。

小澤薫（2005）「上伊那地域における農業インターン研修生の就農と生活の実態」（『中央大学経済研究所年報』36 号）。

小林恒夫（2003）「1990 年代における新規青年就農者数の新動向とその要因に関する批判的検討」（農業問題研究学会編『農業問題研究』54 号）。

谷口信和（2013）「『人・農地プラン』の歴史的地位」（『日本農業年報』59 号）農林統計協会。

農林漁業基本問題調査事務局（1960）『農業の基本問題と基本対策』農林統計協会。

服部信司（2012）『TPP 不参加・戸別所得補償の継続』農林統計協会。

第 10 章

建設産業における生活保護基準以下の
一人親方世帯の世帯員就業の動向

1. はじめに

近年，個人請負型就業者が増大している。厚生労働省（2010）によれば，個
人請負型就業者とは，「実態として雇用労働と変らない者や，自営であるもの
の雇用労働に近い実態を有する働き方の者」で「各種労働法による保護を受け
られない」者と定義される[1]。その数は 2010 年には合計 96.1 万人と 2000 年
の 63.3 万人対比約 5 割強の増加になっている。ただしこの推計は建設業職種
に関して過少であり，過少分を考慮し推計しなおすと 2010 年の個人請負型就
業者は 112.7 万人となる[2]。このうち建設業職種は 55.5 万人と個人請負型就

---

1) 厚生労働省（2010），3 ページ参照。
2) 厚生労働省（2010）は，山田（2007）の推計を根拠に個人請負型就業者の増大を
指摘している。山田は，個人請負型就業者を「商店経営者や町工場の経営者といっ
た従来型自営業や，いわゆる『士業』（弁護士や会計等）や開業医を除き，個人請負
業務が多そうな産業分類に属する『雇人のない（自営）業主』」と定義し，その数を
2000 年および 2005 年の『国勢調査』を用いて推計している。この山田の推計方法に
もとづいて 2010 年の個人請負型就業者を推計すると，その数は 96.1 万人となる。
しかし，この推計は以下の点で過少である。すなわち山田が，建設業職種の個人請
負型就業者としてカウントしているのは建設作業者の職種分類に属する雇人のない
業主であるが，建設作業者の分類には属しないが建設職種と考えられる職種として

業者の 49.2％を占め，建設業職種は，日本の個人請負型就業者の代表的な職種である[3]。この建設業職種に相当するのが建設産業における一人親方である。

　一人親方は，労働者性が認められない限り労働基準法の適用対象から除外されるので，企業がいかに低い賃金で一人親方を活用してもそれを国レベルで規制する法律は存在せず，こうした法制度上の不備のもと，近年，企業によるコスト削減や受注調整を目的にした個人請負型就業者の活用が進んでいる[4]。また先行研究においても年間所得 300 万円未満の一人親方が 39.1％にのぼるなど一人親方の賃金の低さが指摘されてきたが[5]，一人親方世帯の所得水準の分析をおこなった研究はないので，先行研究において一人親方世帯の所得水準の低さは実証されていない[6]。

　　板金作業者 1.7 万人，金属溶接・溶断従事者 0.9 万人，画工，塗装・看板制作従事者 5.1 万人，建設・さく井機械運転従事者 0.5 万人，電気工事従事者 8.4 万人がおり，これら職種の合計人数は 16.6 万人で，建設作業者 38.9 万人と合わせれば 55.5 万人となる。この人数は，2010 年の『国勢調査』における建設産業の雇人のない業主 54.4 万人とほぼ一致する。したがって，筆者は山田の推計にもとづく 96.1 万人に 16.6 万人を加えた 112.7 万人を個人請負型就業者と推計した。

3)　個人請負型就業者のうち建設業職種を除く上位の職種は，「販売類似職業従事者」16.7 万人（構成比 14.8％），「技術者」10.5 万人（同 9.3％），「自動車運転者」8.6 万人（同 7.6％）となっており，建設業職種の構成比が 49.2％であることを踏まえれば，建設業職種が個人請負型就業者の代表的な職種といえる。

4)　たとえば，建設政策研究所（2008）は，不動産建売会社における手間請一人親方の事例分析から不動産建売会社が一人親方を低賃金で活用している様が明らかにされている。また広く個人請負型就業者についてみても周（2005）は，個人請負活用企業を対象におこなったアンケート調査の分析から，企業が個人請負業者を活用する理由は，人材活用（81.5％）がもっとも多く，これに生産変動への対応（58.3％），コスト削減（43.5％）と続いていることを指摘している。

5)　たとえば，建設政策研究所（2010）は，同研究所のおこなった調査を用いて一人親方の年間所得を明らかにしている。それによると，年収 400 万円未満の一人親方は 67.1％にものぼり，300 万円未満で 39.1％，200 万円未満でみても 14.0％も存在していることが明らかにされている。

6)　たとえば，村上・岩井（2010）は『就業構造基本調査』を用いて全産業における雇人なし自営業主に占めるワーキングプアの推計をおこなっているが，産業別の推計はない。

ところで一人親方の個人賃金の水準が低くても家族の就業によって不足した生活費を補填し，生活を維持するという生活防衛的な営みは，現実におこりえる。しかし，家族によるこうした生活防衛的な営みが十分に機能していないならば，一人親方の低賃金は，そのまま低所得世帯を形成する要因となる。つまり，家族就業による生活防衛的営みの機能を明らかにすることは，一人親方世帯の所得水準を分析するうえできわめて重要な検討事項といえる。

したがって本研究の目的は，第1に，生活保護基準以下（以下保護基準と略記）の一人親方世帯の量的把握を行い，一人親方世帯の所得水準の低さを実証すること，第2に，一人親方世帯における家族就業による生活防衛的営みの現状を明らかにすること，の2点である。

2. 建設産業における一人親方とは

一人親方は，法律上の概念ではないので明確な定義はないが，本研究ではさしあたり人を雇わない自営業主と定義する。人を雇わない自営業主は，労働力調査の「雇無業主」と国勢調査の「雇人のない業主」から量的に把握できる。これによれば，建設産業の「雇無業主」が2012年で58万人，「雇人のない業主」が2010年で54.4万人[7]となる。本研究ではこの統計上把握可能な「雇無業主」と「雇人のない業主」を一人親方と定義する。

ただし，この統計上の区分は階層区分ではない。つまり，一人親方は，東京大学社会科学研究所（1953）の指摘するように「ときには……棟梁と同じように仕事を請負い，時によっては一般の職人と同様に他の棟梁，または土建会社に雇われて働く」特徴があり常に雇無業主であるわけではなく，その時々の状況によって雇有業主階層あるいは労働者階層に属することがある[8]。ところが

---

7) 54.4万人という数は，先にみた建設業職種の個人請負型就業者55.5万人よりも若干少ない。この理由は個人請負型就業者の推計が職種分類にもとづいておこなわれているからである。たとえば，金属溶接・溶断従事者は建設業職種であるが，そのなかの一部は製造業で就業している場合もある。また画工，塗装・看板制作従事者も同様に他の産業で就業している可能性があるので，その分の誤差が生じているものと考えられる。

労働力調査は毎月末1週間時点，国勢調査は調査年の10月時点の従業上の地位を調査したものなので，年間では雇無業主の就業が主であるにもかかわらず，調査月に雇有業主，雇用者として就業した一人親方の場合，雇無業主としてカウントされない。

したがって実際に一人親方と考えられる就労者は，統計上確定できる一人親方よりも多くなる可能性がある。加えて吉村（2001）の研究によれば，一人親方は材料をもって仕事を請ける材工共請負と材料をもたず労務のみを請負う手間請に区分でき，手間請は労働者の質的・量的側面に関する比重が高く，材工共請負は低いことが指摘されている。つまり，一人親方は材料の有無によって2つの階層に区分できるとも考えられるが，労働力調査と国勢調査は材料の有無に関する区分がないので，これも量的に確定することはできない。

このように実際の一人親方は，他の階層にまたがりかつ一人親方内部においても2つの階層に区分できると考えられるのであるが，統計上の制約から実際の一人親方を量的に確定することも一人親方を2つの階層に区分することもできない。したがって本研究における一人親方とは，統計上把握可能な一人親方に限るという点で狭義の一人親方といえる。

3. 先行研究と本研究の構成

先行研究の検討に入ろう。先行研究として第1にあげられるのが，江口の「名目的自営業者」論である。江口（1980）は，自営業者のなかにも資本の搾取にさらされ「被保護層」と隣接交流する層の存在を明らかにし，それを名目的自営業者と定義し日雇労働者とともに「貧困層」を形成する不安定就業階層と規定した。そして建設産業における一人親方を名目的自営業者に区分している[9]。このように江口の研究は一人親方を不安定就業者と規定した画期的な研

---

8) 東京大学社会科学研究所（1953）229ページ。

9) 江口（1980）が名目的自営業者の例証として具体的に検討をおこなったのは，靴職人，内職，小商業，生業，零細漁家であり，例証としては建設業の一人親方を扱っていない。しかし，江口は建設職人が「生産構造，技術の高度化などにより……

究であるが，一人親方世帯の所得水準の分析はおこなわれていない。

一人親方を不安定就業層としてとらえる江口の視点は，その他の研究においても実証されている。それが先行研究の第2である一人親方の不安定就業化に関する研究である[10]。

代表的な研究として椎名（1983），建設政策研究所（2010）がある。同研究は，主に事例研究にもとづき，かつて独立自営業者であった一人親方の不安定就業化および事実上の労働者化を明らかにした。またその要因に建設産業における技術革新と大手建設資本の市場参入をあげた。これらの研究は，実態調査にもとづいて，一人親方の不安定就業化と事実上の労働者化を指摘したという点で卓越した研究といえる。しかしながらこれらの研究においても一人親方世帯の所得水準の分析はおこなわれていない。

ところで一人親方の不安定就業化が指摘されるなかで，労働法分野において各種労働法の一人親方への適用，すなわち一人親方の労働者性の有無をめぐる研究がおこなわれてきた。これが先行研究の第3である。具体的には，鎌田（2004），川口（2005），個人請負労働者に関する共同研究会（2010），厚生労働省（2010）等があげられる。これらの研究によれば，一人親方の労働者性の有無は厚生労働省（旧労働省）の出した判断基準をもとに個別案件ごとに総合的に判断されるので，一人親方が労働者と認められる統一した基準の不備や裁判闘争をしても労働者性が認められない場合がある事等の法制度上の問題点が指摘されている。

以上のように先行研究では，技術革新と大手建設資本の市場参入を契機に，一人親方の不安定就業化が進展し，さらに各種労働法からの適用除外の問題が

もはや自立的『職人』ではなく，実質的に賃金労働者としての『雇われ』の，そして高度な技能や熟練を殆んどもたない，いわゆる『一人親方』，『被用職人』といわれる層」を形成していることをあげて一人親方を名目的自営業者に区分している（江口（1980），483ページ）。

10) 一人親方を不安定就業層としてとらえた研究としては，道又・木村（1971），椎名（1983a），椎名（1983b），かながわ総研（1985），建設政策研究所（2010）があげられる。

指摘される一方で，一人親方世帯の所得水準の低さおよび家族就業による生活防衛的営みの実態はいまだ明らかにされておらず，先行研究の空白を埋めるという点においても本研究の意義は大きい。

なお建設政策研究所（2011）は，建設労働者世帯の家計調査をおこなっているが就業形態別の分析がないので，やはり一人親方世帯の所得水準や家族就業による生活防衛的営みの実態は明らかにされていない。

本章の構成は以下のとおりである。第1に，保護基準以下の一人親方世帯の量的把握をおこない，一人親方世帯の所得水準の低さを実証すること，第2に，賃金ベースと世帯所得ベースの保護基準以下割合の比較を通じて，家族就業によって保護基準以下の一人親方世帯のどの程度が保護基準以上の世帯所得を得られているのかを明らかにすること，第3に，一人親方世帯における家族就業による生活防衛的営みの弱さを明らかにすること，の3点である。

4. 用いる資料

わが国で一人親方の世帯所得を調査した政府統計はないので，政府統計を用いて保護基準以下の一人親方世帯を把握することはできないが，一方で労働組合がおこなった調査のなかに一人親方の世帯所得を調査したものがある。筆者はその調査の一次資料を使用する機会に恵まれた[11]。本研究はこの一次資料を用いて保護基準以下の一人親方世帯割合を推計する。

用いる資料は，2011年6月に埼玉土建一般労働組合がおこなった『生活実態調査』の個票データである。同調査は埼玉県在住の組合員を対象におこなった自計式の調査で経営者・企業役員，雇有業主，材料もち一人親方，手間請一人親方，労働者，その他の就業形態の労働条件を調査している。本研究ではこのうち材料持ち一人親方，手間請一人親方を一人親方として用いる。一人親方の特徴は，表10-1のとおりである。

---

11) 本研究は，埼玉土建一般労働組合『生活実態調査』の個票データを用いた研究である。筆者は，建設政策研究所の依頼を請けて，同調査の調査表作成，分析，報告書執筆をおこなっており，その関係で同調査の個票データの活用が可能となった。

第 10 章　建設産業における生活保護基準以下の一人親方世帯の世帯員就業の動向　247

表 10-1　『生活実態調査』における一人親方の特徴

項目	値
回答数	1,090 人
平均年齢	54.2 歳
平均経験年数	29.6 年
平均同居家族数	2.4 人
一人親方の平均収入	30 万 609 円
稼動家族計の平均収入	12 万 5,641 円
妻の平均収入	10 万 6,769 円
世帯の平均収入	32 万 8,487 円

（出所）埼玉土建一般労働組合（2011）『生活実態調査』の個票
データをもとに筆者作成。

　一方で同調査は留意すべき資料上の制約が 3 つある。第 1 の制約は，調査対象が埼玉という特定の地域に限定されていることである。したがって，本研究の対象が都市部で就業する一人親方に限定されているとの批判は免れない。第 2 の制約は，一人親方を除く世帯構成員の年齢を確定できないことである。保護基準のうち生活扶助第 I 類，教育扶助，児童養育加算等は，世帯構成員の年齢によって金額が異なるので，この資料上の制約は大きい。第 3 の制約は回答者の性別に関する設問がないことである。それゆえに回答者の男女比を確定できない。以上の 3 つの資料上の制約を踏まえ，一人親方の保護基準の推計にあたっては，以下の 3 つの仮定を設ける。仮定は，第 1 に，埼玉県に在住する一人親方に限定して保護基準の推計をおこなうこと，第 2 に，標準 3 人世帯モデルと 7 つの世帯モデルを設定しその場合の保護基準の推計に限定すること，第 3 に，総務省（2010）「国勢調査」によれば，建設業・雇人のない業主の男性比率は埼玉 99.5％（全国 99.5％）なので，回答者は男性であることの 3 つである。

5. 生活保護基準以下の一人親方世帯割合の推計

　保護基準の推計に入ろう。ところで，保護基準額の計算はきわめて複雑である。それゆえに，以下では保護基準額の推計を，①生活保護費が支給される条

件，②世帯モデルの設定，③保護基準以下の一人親方世帯割合の推計に分けて作業を進める。

5-1 保護費が支給される条件

生活保護が必要か否か，そしてどの程度必要かの要否判定は，次の3つの過程を含むこととなる。第1に，受給申請者の最低生活費が認定される過程，第2に，受給申請者の収入が認定される過程，第3に，最低生活費と収入の認定額を比較し，収入の認定額が不足している場合，その不足する程度において保護が決定される過程，の3つである。

最低生活費は，厚生労働大臣の定める基準によって決まり，8種の扶助基準に児童養育加算，障害者加算等の各種加算の合計額として算出される。認定収入は，収入から各控除額を除いた金額となる。各控除額とは自営業者の場合，勤労控除のうち基礎控除の7割と事業上の必要経費である[12]。勤労控除とは「就労のための需要などを考慮して稼動収入の多寡によって一定額を収入から差引く」ものを指す[13]。このうち基礎控除とは毎月の収入から控除されるものを指す。また必要経費とは，「その事業に必要な経費として店舗の家賃，地代，機械器具の修理費，店舗の修理費，原材料費，仕入代，交通費，運搬費等の諸経費についてその実際必要額を認定すること」と定義される[14]。したがって保護費が支給されるのは，下記のような場合である。

最低生活費＝生活扶助＋住宅扶助＋教育扶助＋介護扶助＋医療扶助
　　　　　　＋出産扶助＋生業扶助＋葬祭扶助＋各種加算，

認定収入＝世帯所得−（基礎控除×0.7）−必要経費

のとき，認定収入＜最低生活費がその条件となる。

---

12) 生活保護手帳編集委員会（2009）の283-285ページ，生活保護制度研究会（2009）の54-55ページを参照。

13) 生活保護制度研究会（2009）の45ページを参照。

14) 生活保護手帳編集委員会（2009）の254ページを参照。

第10章　建設産業における生活保護基準以下の一人親方世帯の世帯員就業の動向　249

5-2　世帯モデルの設定

　つぎに世帯モデルの設定をおこなう。『生活実態調査』は一人親方の年齢は確定できるが，他の世帯構成員の年齢は確定できない。それゆえに，このままでは保護基準の推計ができない。そこで，本研究では2つの方法によって一人親方世帯の保護基準の推計を行う。1つ目は，いわゆる標準3人世帯モデル（33歳，29歳，4歳）の保護基準を平均的な一人親方の保護基準と仮定し，推計をおこなう方法である。2つ目は，6つの世帯モデルを設定し世帯モデルごとの保護基準の推計をおこなう方法である。

　2つ目の方法で設定する世帯モデルは，（イ）20代夫婦（26歳，24歳），（ロ）30代夫婦＋未婚子1人（35歳，33歳，3歳），（ハ）40代夫婦＋未婚子1人（44歳，42歳，12歳），（ニ）50代夫婦＋未婚子1人（55歳，53歳，23歳），（ホ）60代夫婦（64歳，62歳），（ヘ）70代夫婦（73歳，71歳）の6つである。

5-3　保護基準以下の一人親方世帯割合

　保護基準以下の一人親方世帯割合の推計に入る。表10-2は一人親方の世帯モデル別にみた保護基準を推計したもので，標準3人世帯モデルを例にとって保護基準の算出をみていこう。さいたま市のような大都会は，「1級地-1」と

表10-2　一人親方の世帯モデル別にみた保護基準の推計

（単位：円）

	標準3人世帯	（イ）20代夫婦	（ロ）30代夫婦＋未婚子1人	（ハ）40代夫婦＋未婚子1人	（ニ）50代夫婦＋未婚子1人	（ホ）60代夫婦	（ヘ）70代夫婦
想定年齢	33歳, 29歳, 4歳	26歳, 24歳	35歳, 33歳, 3歳	44歳, 42歳, 12歳	55歳, 53歳, 23歳	64歳, 62歳	73歳, 71歳
① 生活扶助第1類	106,890	80,540	106,890	118,440	116,630	72,200	64,680
② 生活扶助第2類	53,290	48,070	53,290	53,290	53,290	48,070	48,070
③ 児童養育加算	5,000	0	5,000	0	0	0	0
④ 教育扶助	0	0	0	2,150	0	0	0
⑤ 住宅扶助特別基準	62,000	62,000	62,000	62,000	62,000	62,000	62,000
保護基準 ①＋②＋③＋④＋⑤	227,180	190,610	227,180	235,880	231,920	182,270	174,750

（出所）埼玉土建一般労働組合（2011）『生活実態調査』の個票データ，生活保護手帳編集委員会（2009）『生活保護手帳』をもとに筆者作成。

ランクされ,基準額はもっとも高くなる。

生活扶助第1類は,33歳4万270円,29歳4万270円,4歳2万6,350円の計10万6,890円である。生活扶助第2類は,世帯人員3人なので5万3,290円である。また児童養育加算が5,000円となる。その他,必要に応じて住宅扶助が支給される。一般基準は,月額1万3,000円であるが足りない場合に特別基準が定められている。埼玉県の場合,特別基準は単身者4万7,700円,2人以上世帯6万2,000円まで認められているのでこの特別基準を用いる。

以上のことから,標準3人世帯の保護基準は,22万7,180円となる。また世帯モデル別の保護基準は,表10-2のとおりである。図10-1は,上述した保護基準以下の一人親方世帯割合を一人親方の個人賃金ベースと一人親方世帯所得ベースでみたものである。図10-1をみると,賃金ベースの保護基準以下割合は,標準3人世帯で43.1%にものぼっていることがわかる。また世帯所得

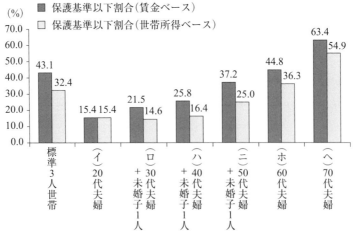

図10-1 世帯モデル別にみた保護基準以下の一人親方世帯割合

(注)1:保護基準額以下割合は,世帯モデル別の一人親方数に占める「保護基準<一人親方の賃金/世帯所得」の割合。
2:一人親方の賃金=月収(経費を除いた金額)-基礎控除×0.7で算出。一人親方世帯の所得=月収+家族賃金-基礎控除×0.7で算出。

(出所)埼玉土建一般労働組合(2011)『生活実態調査』の個票データ,生活保護手帳編集委員会(2009)『生活保護手帳』をもとに筆者作成。

ベースの保護基準以下割合は 32.4%で家族賃金を含めてなお 3 世帯に 1 世帯が保護基準以下である。このように保護基準以下の一人親方世帯は巨大な量に達しているのである。一方で図 10-1 から世帯モデル別の保護基準以下割合をみると、世帯モデルによって保護基準以下の一人親方世帯割合に差があり、年を重ねるごとにその割合が高くなっていることがわかる。

つぎに図 10-1 から保護基準以下割合が一人親方の個人賃金ベース時から世帯所得ベース時にどの程度減少しているのかをみると、標準 3 人世帯モデルでは、43.1%から 32.4%の 2 割強の減少である。世帯モデル別では、（イ）20 代夫婦が変化なし、（ロ）30 代夫婦＋未婚子 1 人が 32.1%減、（ハ）40 代夫婦＋未婚子 1 人が 36.6%減、（ニ）50 代夫婦＋未婚子 1 人が 32.8%減、（ホ）60 代夫婦が 19.0%減、（ヘ）70 代夫婦が 13.5%減となっており、30 代〜50 代の子あり世帯で減少幅が比較的大きい。

一方の高齢世帯モデルでは家族賃金を含めてもその世帯所得では 60 代夫婦の 36.3%、70 代夫婦の 54.9%が保護基準以下と家族就業による生活防衛的機能が弱くなっている。なお 7 世帯モデルの賃金ベース時から世帯所得ベース時の保護基準以下割合の平均減少率は 19.1%であった。したがって、一人親方の個人賃金が保護基準以下である世帯のおよそ 2 割弱が家族就業によって保護基準以上の収入を確保しているといえる。それゆえに、低所得の一人親方世帯においてその影響は弱いながらも家族就業が生活防衛的な力を一定程度発揮しているといえよう。

6. 一人親方世帯における家族就業による生活防衛機能の弱さの要因

前節では、家族就業による生計費補填が低所得の一人親方世帯において一定程度の生活防衛的な力を発揮していること、しかしながらその力は決して強いものとはいえないことを指摘した。本節では、この家族就業による生活防衛的機能の弱さの要因を家族就業率の低さおよび妻の収入が低く抑えられていることに求め考察する。

6-1 家族就業率の低さ

図 10-2 をみてほしい。図 10-2 は世帯モデル別にみた一人親方世帯の家族就業率である。図 10-2 をみると，一人親方世帯の家族就業率は標準 3 人世帯モデルで 31.0％となっており，6 世帯モデル平均が 23.7％である。このように一人親方世帯ではそもそも家族就業の割合がきわめて低い。この家族就業率は建設産業に共通する傾向のようである。すなわち『生活実態調査』より就業形態別の家族就業率を示せば，経営者・企業役員 34.4％，雇有業主 24.6％，一人親方 31.0％，労働者 26.6％，その他 29.5％，就業形態計 28.8％と就業形態を問わず，家族就業率は 3 割前後にすぎない。

一方で全産業に目を移してみよう。表 10-3 は，総務省（2012）『労働力調査基本集計』をもとにして全産業における夫の就業形態別にみた妻の就業状態をみたものである。表 10-3 をみると，夫が自営業の夫婦 286 万世帯のうち妻が就業している世帯が 202 万世帯であり共働き世帯の割合は 70.6％にものぼる。先にみた一人親方世帯の家族就業率は，妻以外の家族も含めた値であったことを踏まえれば，一人親方世帯の家族就業率が全産業平均と比較してもとりわけ

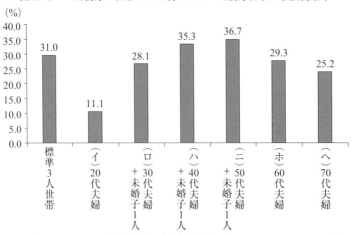

図 10-2 一人親方の世帯モデル別にみた一人親方世帯の家族就業率

（出所）埼玉土建一般労働組合（2011）『生活実態調査』の個票データをもとに筆者作成。

第 10 章　建設産業における生活保護基準以下の一人親方世帯の世帯員就業の動向　253

表 10-3　全産業における夫の就業形態別にみた妻の就業状態

(単位：万人，％)

	妻の就業状態								共働き世帯 ②／①	夫のみ就業 ③＋④ ／①
	総数①	就業者					完全失業者③	非労働力人口④		
		就業者計②	自営業主	家族従業者	雇用者	NA				
総数(夫)	2,944	1,444[100.0]	71[4.9]	106[7.3]	1,262[87.4]	5[0.3]	40	1,460	49.0	51.0
雇用者 (夫)	1,903	1,107[100.0]	43[3.9]	7[0.6]	1054[95.2]	3[0.3]	31	765	58.2	41.8
自営業主 (夫)	286	202[100.0]	13[6.4]	94[46.5]	94[46.5]	1[0.5]	2	82	70.6	29.4

（出所）総務省（2012）『労働力調査基本集計』をもとに筆者作成。

低いことがみて取れる。また表 10-3 から全産業における夫が就業形態計およ
び雇用者の共働き世帯割合をみても，就業形態計 49.0％，雇用者 58.2％であ
り，これと比較しても一人親方世帯における家族就業率はきわめて低いといえ
る。

6-2　妻の収入の低さ

　一人親方世帯において主要な稼動家族は妻である。図 10-3 は，一人親方の
世帯モデル別家族就業者に占める妻の割合である。図 10-3 からも明らかなよ

図 10-3　一人親方の世帯モデル別家族就業者に占める妻の割合

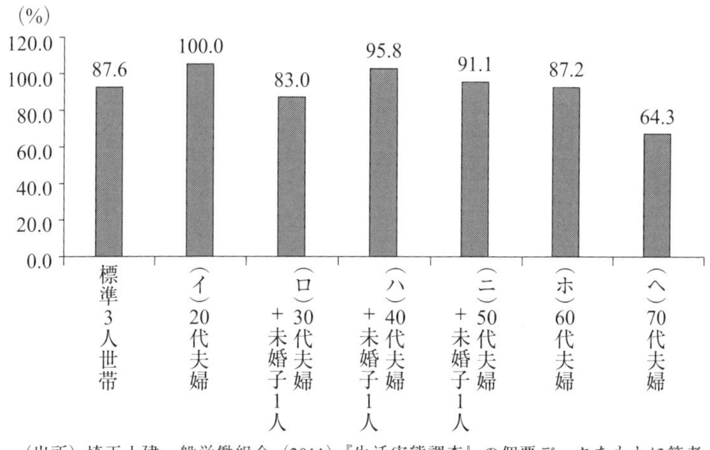

（出所）埼玉土建一般労働組合（2011）『生活実態調査』の個票データをもとに筆者
作成。

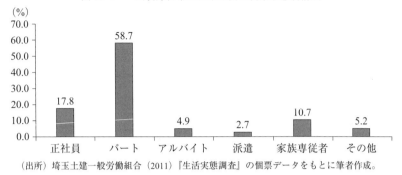

図 10-4　一人親方世帯における妻の就業形態別構成

(出所) 埼玉土建一般労働組合 (2011)『生活実態調査』の個票データをもとに筆者作成。

うに 70 代夫婦モデルを除けば，一人親方世帯における家族就業者の 8 割以上が妻である。したがって妻の収入の多寡がダイレクトに家族就業による生活防衛的機能の強弱を規定すると考えられるのである。

では妻の収入はどのようになっているのだろうか。図 10-4 は，一人親方世帯における妻の就業形態別構成をみたものである。図 10-4 をみると，妻の就業形態でもっとも多いのがパート 58.7％である。これに正社員 17.8％，家族専従者 10.7％，その他 5.2％，アルバイト 4.9％，派遣 2.7％と続く。つまり一人親方世帯における妻の就業形態はパートが過半数を占めており，これはさきに表 10-3 で検討した夫が自営業の場合の妻の就業形態別構成と異なる。

すなわち表 10-3 から夫が自営業の妻の就業形態をみると，自営業主 13 万人の 6.4％，家族従業者[15] 94 万人の 46.5％，雇用者 94 万人の 46.5％となっている。パート，正社員，派遣，アルバイトを雇用者ととらえれば，一人親方世帯において妻が雇用者の割合は 84.1％，家族就業者が 10.7％なので，全産業の妻よりも雇用者の割合が高く，かつ家族従業者の割合が低いのである。

妻の就業形態にパートが多いので，妻の収入も低く抑えられている。図 10-5 は，一人親方世帯における妻の就業形態別月収をみたものである。図

---

15)「家族従業者」とは，総務省『労働力調査』によれば，「自営業主の家族で，その自営業主の営む事業に従事している者」と定義される。これは「生活実態調査」における「家族専従者」と同義である。

第 10 章　建設産業における生活保護基準以下の一人親方世帯の世帯員就業の動向　255

図 10-5　一人親方世帯における妻の就業形態別月収

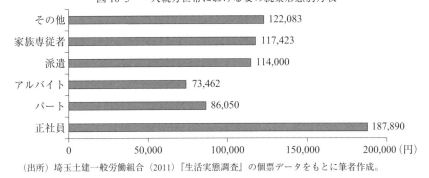

（出所）埼玉土建一般労働組合（2011）『生活実態調査』の個票データをもとに筆者作成。

10-5 をみると，妻の就業形態別月収は，正社員 18 万 7,890 円，パート 8 万 6,050 円，アルバイト 7 万 3,462 円，派遣 11 万 4,000 円，家族専従者 11 万 7,423 円，その他 12 万 2,083 円である。

妻の就業形態の過半数を占めるパート収入が低く抑えられていれば，家族就業の 8 割以上を妻が占めているのだから家族就業による生活防衛的機能は弱くなるのである。

7．おわりに

本章では，保護基準以下の一人親方世帯の量的把握をおこない，また一人親方世帯における家族就業による生活防衛的営みの弱さを明らかにしてきた。本研究で明らかにされた論点は下記のとおりである。第 1 に，保護基準以下の一人親方世帯割合は，標準 3 人世帯で 43.1％，家族賃金を含めた世帯所得ベースでみても 32.4％と巨大な量に達していること，第 2 に，保護基準以下の一人親方世帯の 8 割は，家族就業による収入補填をおこなってもなお保護基準以下の収入しか得られていないこと，第 3 に，一人親方世帯において家族就業による生活費補填機能が弱い要因として，以下の 2 点があげられること，すなわち第 1 に，一人親方世帯の家族就業率が 31.0％と他の産業に比べてきわめて低いこと，第 2 に，一人親方世帯の家族就業の 8 割以上を占める妻の就業形態がパートなので，それゆえに収入も低く生活費補填機能も弱いこと，の 3 点で

ある。

　以上の明らかになった点を踏まえれば，低所得の一人親方世帯における家族就業の生活防衛的機能は総じて弱いと考えられ，したがって一人親方がひとたび低賃金に陥れば，それがそのまま低所得世帯の形成要因となると考えられるのである。

　このような観点からみても一人親方の賃金の最低保障額を法律で定めることは，一人親方世帯がごく短期に直線的に貧困層に転落することを防止するという観点からもきわめて重要な課題といえる。では具体的にどのようにすれば一人親方の賃金の最低保障額を法律で規制することができるのだろうか。以下ではこの課題を整理し，本章のまとめとしたい。

　一人親方の賃金の最低保障額を法律で定める方法としては，第1に，最低賃金法の適用対象に一人親方を含めること，第2に，公契約条例を通じて一人親方の賃金の下限を法定化すること，があげられる。前者は，最低賃金の適用対象を労働基準法上の労働者に限定し一人親方がその適用対象から実質的に排除されている現行の最低賃金法から，法改正によってその適用対象を請負や委託といった契約で働く雇用関係の外にある就業者を含む者に変更することができれば可能である。柴田（2011）によれば，この方式は英国の全国最低賃金法によってすでに実施されておりひとつのヒントとなる。

　しかし，現行の最低賃金の水準そのものがきわめて低いので，最低賃金の適用だけでは，保護基準以上の収入を得ることはきわめて困難である[16]。一方の公契約条例は，当該自治体発注にかかる業務に従事する労働者の賃金の下限規制をおこなう性格を有した条例である。野田市をはじめとした11の自治体の公契約条例では一人親方を含めた公契約に係る業務従事者の賃金下限規制をおこなっており[17]，当該自治体の発注する公共工事に従事する一人親方の賃

---

16)　2011年の埼玉県最低賃金は759円で，1日8時間×月20日就業した場合の月額最低賃金は，12万1,440円にしかならず，これを表10-2と比較すれば，すべての世帯モデルの保護基準を下回っている。

17)　11の地方自治体とは，野田市，川崎市，多摩市，相模原市，渋谷区，国分寺市，

金下限が同条例によって定められている。

同条例の定める基準をもとに埼玉県・大工の一人親方の賃金下限を試算すると 29.9 万円となる[18]。この金額を表 10-2 と比較すれば概ね保護基準より高い水準である。もし国レベルで公契約条例に相当する法律を制定することができれば，2011 年度の建設投資額 41.9 兆円のうち 18.0 兆円（43.0%）が公共投資であることを踏まえても，建設市場の 4 割を占める市場で働く一人親方の賃金下限を国レベルで規制することができる。それ故に，国レベルの公契約法制定は，一人親方の賃金の最低保障額を法律で定める方法としてきわめて有効であり，したがってまた一人親方世帯が貧困層に陥ることを予防するという観点からみても重要な施策といえる。

参 考 文 献

江口英一（1980）『現代の「低所得層」下』未来社。

加藤佑治（1980）『現代日本における不安定就業労働者』御茶ノ水書房。

かながわ総合科学研究所（1985）『東京における建設業の就業構成と東京土建一般労組の組織状況』かながわ総合科学研究所。

金澤誠一編著（2009）『「現代の貧困」とナショナル・ミニマム』高菅出版。

鎌田耕一（2004）「委託労働者・請負労働者の法的地位と保護—業務委託・業務請負の法的問題」（『日本労働研究雑誌』526 号）労働政策研究・研修機構，56-66 ページ。

川口美貴（2005）「労働者概念の再構成」（『季刊労働法』209 号）労働開発研究会，133-154 ページ。

建設政策研究所（2008）『パワービルダー研究第二弾　住宅づくりの最新動向』建設政策研究所。

―――（2010）『建設産業における今日的「一人親方」労働に関する調査・報告書』建設政策研究所。

―――（2011）『全建総連組合員の家計費調査 2011 年実施』全国建設労働組合総連合会。

厚生労働省（2010）『個人請負型就業者に関する研究会報告書』厚生労働省。

厚木市，足立区，直方市，三木市，千代田区を指す。

18)　上述自治体における一人親方の賃金下限の基準は，公共工事設計労務単価において職種ごとに定められた賃金日額の 85〜90% の金額である。2011 年度の公共工事設計労務単価のうち埼玉県・大工は日額 1 万 7,600 円でこの 85% は 1 万 4,960 円，月間就業日数を 20 日とすると，月額 29 万 9,200 円が一人親方の賃金下限となる。

個人請負労働者に関する共同研究会（2010）『建設産業における個人請負労働者に関する研究会報告書』個人請負労働者に関する共同研究会。

椎名恒（1983a）「最近における建設業自営業者の動向　上」（『労働運動』212 号）新日本出版社，217-231 ページ。

―――（1983b）「最近における建設業自営業者の動向　下」（『労働運動』213 号）新日本出版社，205-220 ページ。

柴田徹平（2011）「建設産業における今日的『一人親方』の現状と就業実態」（『経済学論纂』第 51 巻 5・6 号）中央大学経済学研究会，165-200 ページ。

周燕飛（2005）「企業別データを用いた個人請負労働者の活用動機の分析」（『JILPT Discussion Paper』05-003）労働政策研究・研修機構。

生活保護制度研究会（2009）『保護のてびき 2009 年度版』第一法規。

生活保護手帳編集委員会（2009）『生活保護手帳 2009 年度版』中央法規出版。

東京大学社会科学研究所編（1953）『日本社会の住宅問題』東京大学出版会。

道又健治郎・木村保茂（1971）『建設業の構造変化にともなう建設職人層の賃労働者化と労働組合運動』北海道大学。

村上雅俊・岩井浩（2010）「ワーキングプアの規定と推計」（『統計学』98 号）経済統計学会，13-24 ページ。

山田久（2007）「個人業務請負の実態と将来的可能性―日米比較の視点から『インディペンデント・コントラクター』を中心に」（『日本労働研究雑誌』566 号 9 月号）労働政策研究・研修機構，4-16 ページ。

吉村臨平（2001）「建設産業における労務下請と自営的就業の傾向」鎌田耕一編『契約労働の研究』多賀出版，193-230 ページ。

第 11 章

職務内容からみる保育士の知識と技能

1. は じ め に

　本章では，保育士の実際の職務内容を検討することによって，保育士に要請
される知識と技能の内容について明らかにする。この研究は，保育士の円滑な
職務遂行や高度な専門性を有した人材育成のための制度・物理的条件を整える
ための基礎作業として位置づけられるものである。

　2010 年の国勢調査によれば，日本の第三次産業の就業者数比率は 7 割を超
えている。なかでも，産業大分類「医療，福祉」は 10.3％を占め，「卸売，小
売業」「製造業」に次いで第 3 位になっており，2005 年と比べると，1.6 ポイ
ント上昇と全産業の中で最も上昇している[1]。なかでも本章で対象とする保育
分野は，安倍政権の成長戦略のなかでも高く位置づけられており，今後大きな
労働力需要の増加が見込まれる分野である。しかし，労働研究の分野におい
て，これまで保育士の労働について扱った研究は決して多いとはいえず，その

---

1)　国勢調査によれば，2010 年において「卸売業，小売業」が 15 歳以上就業者の
16.4％ともっとも高く，次いで「製造業」が 16.1％と続いている。「医療，福祉」に
おける就業者数の 20.3％を「介護サービス職業従事者」，19.1％を「看護師（准看護
師を含む）」，15.2％を「管理・事務従事者」，13.0％を「社会福祉専門職業従事者」
が占めている。総務省統計局（2012），17 ページ。

ほとんどが賃金をはじめとする労働条件や労働負担について解明したものである。

　他方，教育学や心理学の分野では，保育士の熟達化やキャリア形成にかんして豊富な研究の蓄積があるが，職場の職員体制や，職務分担といった職場環境を考察の対象にした研究は多くない。2001 年 11 月の児童福祉法改正（施行は2003 年）による保育士資格の法定化，2008 年 3 月の保育所保育指針における保育士の専門性の明記により，社会福祉専門職としての保育士の重要性が以前にも増して強調されてきた。他方で近年，保育従事者の人材不足が社会問題化しているなかで，「子育て支援員」という主婦の子育て経験をいかし，専門知識のハードルを下げる制度の導入が進められており，保育現場の関係者や，保護者たちからは，「保育の質の低下を招く」など，多くの懸念が表明されている[2]。しかし，保育の専門性や「質」に関する問題について，心理学や教育学の分野において，その定義やそれらを規定する諸要因について，保育士によるかかわりの質や保育士の資質に関する心理的側面に注目した研究は蓄積されつつあるものの，保育士の知識・技能養成や，保育条件や保育環境などの，比較的統制可能な物理的・制度的側面に関する研究はさほど多くない。しかし，子どもを集団で保育する施設型保育では，常に複数の保育士が協力するという体制で日々の保育は遂行される。つまり，職場環境や職場集団のあり方が保育士の職務遂行にとって重要な意味を持っている。よって，本章は，現行の保育制度下の職場環境・職場集団のなかで保育士はどのような職務内容を担い，そこで知識や技能はどのように発揮されているのかを明らかにすることを目的とする。このことによって，保育士の専門性に関する理解を深め，保育士の知識と技能の水準を維持するためにはどのような物理的・制度的条件を整えるべき

---

2)　2014 年 3 月 19 日の第 1 回経済財政会議において，準保育士資格設立の提案がなされた。これに対して，2014 年 4 月 9 日東京新聞朝刊によると，「保育園を考える親の会」をはじめとする保護者団体が撤回を求める要望書を会議や厚生労働省などへ提出したという（「[安易な資格　子ども危険に] 准保育士新設撤回を　保護者ら反対の意見書」）。なお，2014 年 5 月 28 日の産業競争力会議において，「子育て支援員」の導入が決定された。

か，ということに関する示唆を得ることができるのではないかと考えている。

そこで，本章では私立認可保育園一職場の事例に絞って，以下の点を明らかにする。第1に，保育士が，実際の労働過程を通じてどのような職務遂行を行っているかということである。第2に，保育士の職務遂行に必要な知識と技能の内容について明らかにすることである。

本研究に関する資料は，東京都A区にある私立認可保育園であるY保育園において，2009年8月から2011年2月まで断続的に観察，保育士への聞き取り，などを行ったものである。

2. 調査対象のプロフィールと調査方法

2-1 Y保育園の施設概要

調査対象のY保育園は，東京都A区において1955年に共同保育所として設立され，2010年時点で認可39年目を迎えた，私立保育園である。在籍園児は89名であり，通常年齢別のクラスに分けられ保育が行われている。Y保育園の床面積は，418.26㎡の2階建ての園舎で，園庭の面積は167㎡である。住宅密集地に立地しており，拡張が難しい状況であるため，敷地は狭小であるが，様々な工夫を凝らして保育効果を上げている。Y保育園の職員数は40名（正規保育士20名，非正規保育士10名，その他の正規職員5名，その他の非正規職員5名）である。

一般的に，Y保育園で遂行されている職務は，①日常的に直接子どもとかかわる職務，②園長・副園長・理事長などの指導的・統括的職務，③栄養士・調理員，看護師，事務職員など，保育をサポートする職務によって構成されている。本章では，①の日常的に直接子どもとかかわる職務に就いている保育士たちを分析の対象とし，その職務内容と知識・技能について明らかにする。

2-2 調 査 概 要

ここで使用されるY保育園に関するデータは，2009～2011年にかけてのものである。筆者の調査は，私立認可保育園であるY保育園の協力を得て，

262

表 11-1　アンケート回答者の属性

性　　別	女性 14 名　　　男性 1 名
年　　代	20 代前半 2 名　　　20 代後半 2 名　　　30 代前半 3 名　　　30 代後半 2 名 40 代前半 1 名　　　40 代後半 2 名　　　50 代前半 1 名　　　55 歳以上 2 名
学　　歴	大卒 4 名　　　短大卒 4 名　　　専門学校卒 7 名
経験年数	1〜3 年 2 名　　　4〜10 年 4 名　　　11〜17 年 4 名　　　18〜25 年 3 名 25〜29 年 1 名　　30 年以上 1 名
平均経験年数	14.9 年
勤続年数	1〜3 年 3 名　　　4〜10 年 6 名　　　11〜17 年 3 名　　　18〜25 年 2 名 30 年以上 1 名
転勤経験	あり 5 名　　　なし 10 名
結　　婚	既婚 7 名　　　未婚 8 名

　(注) 転勤経験は退職後の異動（公立から私立，私立から私立，幼稚園からの異動）も含む。
（出所）筆者作成。

　2009 年 8 月から 2011 年 2 月まで断続的に観察，アンケート調査，保育士への
聞き取りなどを行ったものである。筆者は当該期間に 81 回 Y 保育園を訪問
し，そのうち 30 回は保育室における観察を行った。観察の際，原則として，
ひとつのクラスに 1 日の時間をかけた。また，アンケート調査は，保育士個々
人に筆者から記名式の調査票を配布し，後日回収箱に投函していただいた。回
収期間は 2010 年 6 月〜7 月までの 1 か月である。園長，副園長を除く Y 保育
園の保育士は，2010 年 7 月現在，17 名の正規保育士（産休中の 1 名は除く）と
10 名の非正規保育士（うち 2 名は無資格の学生アルバイト）から構成されている。
そのうち調査票は全部で 23 名の保育士から回収し，回収率は 85.1% である
（正規保育士 88.2%，非正規保育士 80.0%）。本章では，組織的な職員教育の対象
ではない非正規保育士を除外して分析を行った。表 11-1 には回答者の属性に
ついて示している。さらに，知識技能等の内容については，指導的・統括的職
務を担っている保育士のうち数名，および園長から別途聞き取り調査を行っ
た。

第 11 章　職務内容からみる保育士の知識と技能　263

3.　保育士の職務内容と労働過程

3-1　保育所における子どもの日課と保育士の職務

　保育現場で保育士がどのような職務を担っているのか検討するにあたって，まず保育園の 1 日の流れを確認しておこう。Y 保育園の子どもの日課は大まかにいうと次のとおりである。7 時から 9 時までの時間帯は，年齢を超えた合同保育が行われ，9 時以降クラス別の保育になる。午前中はクラス全員が参加する設定保育[3)]の時間であり，昼食後，午睡，おやつの時間を経て 17 時から再び合同保育になる。

　年齢別にさらに詳しく説明する。0 歳児の場合，生活リズムが確立していく時期で，起きてから活動している時間の長さによって，食事時間や排泄の時間，眠くなる時間が子どもによって異なる。そのため，保育士は子どもと 1 対 1 で丁寧にかかわり，その子どもの個性や生活リズムにあわせておむつの取替え，食事，遊び等の活動を援助していく。1 歳以上になると，徐々に生活のリズムが定まり，他の子どもと関係を作れるように発達していくので，1 日のスケジュールが共通化してくる。子どもたちは 7 時 15 分から 9 時までの間にそれぞれ登園し，1 歳児クラスと 2 歳児クラス合同でおのおの好きな遊具で遊びながら過ごす。9 時ごろその日登園予定のすべての子どもがそろったところで，それぞれのクラス独自の活動に移る。午前中は，散歩や運動，創作活動などあらかじめ計画された活動を行う。11 時には保育室にもどり，食事をとる。食事が済んだ子どもから保育室やベランダでおのおの遊び，12 時には午睡をする。15 時に起床し，おやつを食べ，17 時までクラスの保育室で午後の活動を行う。午後の活動は，その日の子どもの人数などによって保育士が臨機応変に判断して行うが，保育士が設定した遊びを皆で行うことが多い。17 時以降は，他のクラスと合同で遊びながら，保護者の迎えを待つ。3 歳以上では，子

---

　3)　一般的に，保育士が一定の指導・支援目標をもって子どもの活動をあらかじめ計
　　　画し，行う保育の方法である。

どもたちの活動の流れは1，2歳児と大きな違いはないが，集団行動ができるようになるので，一定のタイムスケジュールをこなすことができるようになる。また，集中できる時間が長くなり，できることの範囲も広がってくるので，調理活動や植物（野菜や花）の栽培，リズム体操など，乳児のクラスに比べて活動のバリエーションが広がってくる。

　ここに示される子どもの活動を一見しただけでは，毎日，遊ぶ，食べる，寝るなどの子どもの日常活動のサポートの繰り返しであり，それに付き添う保育士の職務はきわめて単調なものであるように思われる。しかし保育士は，その動作のなかで，子どもの状態をつねに観察し，目的意識的な言葉かけなどしながら一緒に遊び，食事や昼寝，排泄などの介助などを行っているのである。保育士は一人ひとりの乳幼児の発達の状態，生活の状態を把握し，食事，排泄，睡眠などの生活習慣や生活リズムを身につけさせたり，数や文字，道具の使い方など，様々な知識や技能の習得を促したりなどして，乳幼児の発達を支援している。

3-2　保育士の分業と連携

　以上のような保育士の職務は，保育士1人だけで遂行されるのではなく，常に複数の保育士が協力するという複数担任制で進められている。図11-1は，Y保育園の保育士の勤務シフトを担当クラス別に表している。この勤務シフトは，園児数が変動する時間帯にあわせて，ふさわしく人員を配置するように組まれており，園児の数がどの時間帯にどのぐらいいるかということに対応するものである。Y保育園では2時間の延長保育を実施しているため，13時間という長時間にわたって開所している。そのため，保育士の交代制勤務が必要であり，勤務シフトは複雑かつ多様になっている。職員配置が多い乳児のクラスでは，複数の担任保育士が交代で勤務するという，複雑化した複数担任制になっている。このことは，保育士にとっては他の保育士との調整・連携がより複雑化することを意味している。

　ここで，2歳児クラスの1日の事例を紹介しよう。表11-2は2歳児クラス

第11章　職務内容からみる保育士の知識と技能　265

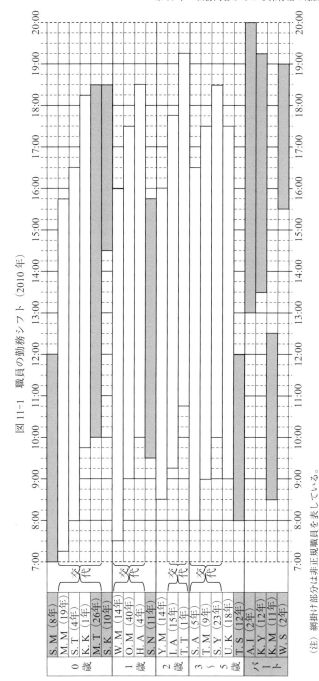

図11-1　職員の勤務シフト（2010年）

(注)　網掛け部分は非正規職員を表している。
　　Y保育園では一時保育施設も運営しているが、それらにかかわる職員は省略した。
(出所)　筆者作成。

266

表 11-2　2010 年 6 月 22 日の 2 歳児クラスの観察記録

時間	子どもの動き	I.A（AM リーダー，正規，40 代，15 年）8：30 出勤	Y.M（正規，40 代，14 年）9：00 出勤	T.T（PM リーダー，正規，20 代，1 年）10：00 出勤
10:45	散歩から保育園到着→シャワー	到着次第，他の職員と手分けして園に着いた子どもを 2 階へ移動させる。先に上がらせた子どもの服を脱がせシャワーを浴びさせる。	子どもの服を脱がせる。シャワー後の子どもの体をふき，服を着せる	到着が遅い子どもに付き添う。
10:55	シャワー→着替え	子どもたちに服を着せる。	シャワーを浴びさせる。	子どもたちの服を脱がせる。
11:00	トイレ→椅子に座りエプロンを付ける	トイレをすませた子どもを椅子に座らせ，テーブルを拭き，エプロンを付け（歌いながら），食事準備が終わるまで絵本を読む。	リフトから食事を持ってくる。食事準備。	シャワーを浴びさせ，服を着せる。
11:10	食事（3 テーブル）	お皿，お茶を配る。おかずの説明をし，個々の食べられる量を聞きながら配膳。	エプロンを付け，お皿，お茶を配る	エプロンを付ける。
11:15		子どもの食事を見守り，食事マナーなどの注意をしながら，おもちゃの片づけ，午睡のためのゴザを敷く。	おかずの説明をし，個々の食べられる量を聞きながら配膳。	
11:25		子どもに食事させながら検温。都度，おかわりの希望に対応。	子どもに食事させながら検温。	職員のためのお茶を入れて配る。
11:30		食事を終えた子どもにおしぼりを配り，口をふき，エプロンをはずすよう促す。皿，残飯の片づけ。	おかわりの希望に対応。	子どもに食事させながら検温。都度，おかわりの希望に対応。

（注）当日の子どもの人数は 14 名である。
（出所）筆者作成。

において子どもの 1 日の生活の流れのなかに保育士がどのようにかかわっているかを表したものである。2 歳児クラスは，3 人の正規保育士と 3 人の非正規保育士が 1 日に最大 15 人の子どもたちの保育を担当している。表 11-2 をみると，2 歳児クラスでは，複数の保育士が職務を分担し，連携しながら子どもにかかわっていることがわかる。ここでは，散歩から帰ってから食事の時間まで

を抜粋しているが，11時時点の動きをみると，保育士Ｉ・Ａ（15年目）が着替え終わった子どもに絵本を読んでいる間に，保育士Ｙ・Ｍ（14年目）が食事の準備を行い，保育士Ｔ・Ｔ（1年目）は散歩から遅れて帰ってきた子どもにシャワーを浴びさせ，衣服の着脱を援助している。

　このように，保育園で子どもたちがスムーズに1日の生活を送れるようにするために，保育士は一人ひとりの子どもに向き合いながら全員の動きを総合的に把握するだけでなく，他の保育士の動きも把握し，調和的に職務をこなしている。また，図11-1で確認したように，3人の勤務時間帯が異なるため，その日に把握されるべき様々な情報やその時々の方針をその都度同僚に伝え，共有しなければならない。上述したような職務は，同時間帯における職員間の分業にもとづく調和的な作業と，情報や方針の頻繁なやりとりによってはじめて遂行されるのである。

3-3　保育士の職務内容の分類

　では，保育士の職務内容を具体的に見て行こう。筆者は，保育士の職務内容を，観察記録にもとづいてリスト化し，年齢別に示した（表11-3，11-4，11-6）。保育士の職務内容を把握するにあたり，筆者はまず保育士の担当職務を大きく「直接子どもと接する場面」での職務内容と「直接子どもと接しない場面」での職務内容との2つに分けた。さらに，「直接子どもと接する場面」での職務内容を子どもの活動に即して分類し大きく「養護・生活」にかかわる職務内容と「遊び・文化活動」にかかわる職務内容の2つに分けて把握した[4]。

---

　4)　厚生労働省『保育所保育指針』では保育所は，保育に欠ける子どもの保育を行い，その健全な発達を図るために，「保育に関する専門性を有する職員が，家庭との緊密な連携の下に，子どもの状況や発達過程を踏まえ，保育所における環境を通して，養護及び教育を一体的に行うこと」とされている。実際の保育現場では養護と保育を一体的に行うため，「養護」にかかわる職務だけを取り出すことは不可能である。本章では，保育士の職務内容の多くは教育的な目的で行われているものと前提した

表11-3　子どもと接する場面で行われる保育士の職務①：養護・生活上の職務項目と職務内容

職務項目	クラスごとに観察した職務内容					
	0歳児	1歳児	2歳児	3歳児	4歳児	5歳児
健康確認	・視診　・連絡帳のチェック		・連絡帳等活動参加の確認　・検温	・検温		
応急手当	・応急手当（傷などの跡、ひっかき傷等）	・プール、散歩等活動指導	虫除けスプレー、虫刺され軟膏の塗布	・薬、保湿クリームの塗布		
清潔ケア・健康指導	・沐浴をさせる ・沐浴用たらいの洗浄と消毒 ・ホットタオルの準備 ・顔、鼻汁を拭く	・手洗いの指導 ・顔・鼻汁 ・シャワーを浴びさせる、拭く ・食後のうがいを指導する	・鼻汁を拭く促す ・シャワーを浴びさせる、拭く　・汗を拭く	・手洗い ・シャワーを浴びさせる・手足を洗う ・食後のうがいを促す	・鼻汁など、汚れに着目自ら洗うように意識させる言葉をかける ・手足を洗う　・汗を拭く	・汗を拭く ・歯磨きを促す
保育室の環境調整	・子どもの活動にあわせて遊具、机の移動　・危険物のチェック	・衛物を個々のロッカーに入れるよう促す　・危険物のチェック	・保育室の温度調節	・衛物を所定の場所に収納するよう言葉をかける		
整理・整頓	・衣服などを個々のロッカーに取る ・おもちゃの片づけ ・おもちゃの片づけを促す		・おもちゃ等の片づけを促す	・教材、描画や造形など使用する道具の片づけを促す ・自分の衛物の整理をできるよう言葉をかける		
着脱	・子どもが持参した衣服の整理と確認 ・オムツパンツの濡れを替え援助	・散歩・外遊び・水遊び前後の洋服　靴		・帽子午睡前後のパジャマ着脱の援助 ・自力で着脱できるよう促す ・着脱、洋服をたたむ、カバンに入れるなど自分でできるよう促す	・立ったまま ズボンも上着も着替えられるように言葉をかける ・服装の乱れや、たたんでしまうよう、言葉をかける	
食事・おやつ	・エプロンの着脱 ・おしぼり・布巾の用意 ・食べた量、好き嫌いの確認と記録 ・離乳食の配ぜん（午前食・午後食の2回）・片づけ ・離乳食の確認と個々の咀嚼力に合わせて食材を切る、つぶす	・食事の準備　・食事の配膳 ・子どもの食欲にあわせて盛り付け ・個々の咀嚼力に合わせて食材を切る		・発達にあわせて箸への移行を促す、使用に慣れるよう指導 ・姿勢よく、器に手を添えて食べられるよう意識させる ・食べた量、好き嫌いの確認 ・時間を意識して食事ができるよう声をかける ・食事マナーを身につけるよう声をかける		

養護・生活に関する指導

第 11 章　職務内容からみる保育士の知識と技能　269

	・発達にあわせて、食事をスプーンて口に運び食べさせる。手づかみ食べ・道具へ・道具の使用など適宜指導	・発達にあわせて、手づかみ食べ・道具の使用など適宜指導	・食材の成長や調理過程に着目できるよう、食事に着目できるよう、食事についてさまざまな情報を解説する	
	・体調・個々の発達・生活時間に合わせて調乳、授乳	・食事マナーの指導や、食事への意欲を促す言葉かけ	・食事時のおしぼり絞りをさせる	
	・哺乳瓶の洗浄と消毒			
	・げっぷをさせる			
水分補給	・白湯の用意をする	・お茶の用意をする		
	・コップの用意・片づけ			
排泄	・便の状態のチェックと記録			
	・おむつ交換・おむつの片づけ	・トイレへ誘導援助	・生活の節目でトイレに行くよう促す	・次の活動を見通して、自分からトイレに行けるように意識させる言葉かけ
	・おむつ交換の際の体拭き	・おむつ交換・おむつの片づけ・おむつの着脱援助 際の	・トイレの正しい使い方、マナーを身につけるよう指導する	
	・おむつ交換の際の着脱援助	・排便後のおしり拭き	・排便後の拭き方を教える	
		・おもらし・トイレ汚れの始末、汚れた衣服片づけ		
午睡	・寝付くのが難しい子どもに付き添い、落ち着く・まで睡力できるよう工夫（添い寝、語りかけ、トントン・さするなど）			
	・布団・毛布・タオルケットを敷く	・午睡の様子チェック		
	・午睡時間・うつぶせ寝のチェック（15分ごと）、記録	・午睡時間のチェックと記録	・子どもと一緒に布団・毛布・タオルケットを敷く	・きれいに布団を敷くように指導
			・毛布や布団を自分でたためるよう指導する	
		・カーテンの開け閉め		
清掃・洗濯	・机、床、おもちゃを拭き、消毒	・モップ、掃除機をかける	・水回りの清掃	
	・ぬいぐるみ、体拭きのタオル、布巾、雑巾の洗濯、収納	・おしり拭きのタオル、布巾、雑巾の洗濯、収納	・嘔吐物の清掃・消毒	・布巾、雑巾の洗濯、収納
		・トイレの清掃		・ゴミの分別・廃棄
その他	・水槽の水替え、掃除	・展示食の配ぜん・片づけ	・散歩、外出の際の荷物準備	・散歩、バギー等の準備

（出所）観察記録より筆者作成。

270

(1) 「直接子どもと接する場面」での職務内容

「養護・生活」に関する職務内容について，筆者は，小分類として 12 項目（健康確認，応急手当，清潔ケア・健康指導，保育室の環境調整，整理・整頓，着脱，食事・おやつ，水分補給，排泄，午睡，清掃・洗濯，その他）を抽出した。もう一つの「遊び・文化活動」に関する職務内容として，5 項目（人間関係，体験，言語認識，運動技能，表現活動）を抽出した。表 11-3 は，「養護・生活」にかかわる職務内容の一覧である。

ここに示される「養護・生活」にかかわる職務内容を，保育士の行為という視点から分類してみると以下の 4 つに分類できる。1 つ目は，シャワーを浴びさせる，着脱をさせる，おむつを替える，清掃するなどの，身体的動作を中心とする職務内容である。2 つ目は，言葉かけを通じて指導や行動の方向づけを行う職務内容である。3 つ目は，子どもの活動や言動の意味を理解し，それを表情や言葉で表現することである。4 つ目は，視診，食事や排便の状態のチェックなど，観察にもとづいて子どもの健康や生活状態を分析するために必要な情報を得る職務内容である。

表 11-4 に示される「遊び・文化活動」にかかわる職務内容も，保育士の活動内容という角度から見てみると，大きくいって上記の 4 つに分類することができる。「遊び・文化活動」にかかわる職務は，子どもに様々な知識や技能を身につけさせることが目的であるため，言葉かけを通じた指導や行動の方向づけを行う職務内容が主要なものである。その中には，子どもの感情を理解し，子どもの意識や感情を言語化し，表現できるように援助することも含まれる。さらに，保育教材の準備・整備，保育室や園庭などの保育環境を日常的に整えておく職務内容や，太鼓や民族舞踊の手本を見せるなど，身体的動作を中心と

うえで，保育士の多岐にわたる職務内容を整理するため，便宜的に区別を行った。「遊び・文化活動」にかかわる職務内容については保育所保育指針の「教育」にかかわる項目で規定されている 5 領域のそれぞれに関係する職務内容と，その環境を整える職務内容で構成することにした。

表11-4 子どもと接する場面で行われる保育士の職務②：遊び・文化活動に関わる職務項目と職務内容

職務項目		0歳児	1歳児	2歳児	3歳児	4歳児	5歳児
遊び・文化活動にかかわる職務	人間関係	・けんかの際には保育者が仲立ちし、子どもの気持ちを代弁する	・遊ぶ際のルールを伝える	・交通ルール、マナー等を伝える	・子ども同士の話し合いを促し、保育士は全体の調整役を行う	・日々の年下の子どもの世話や、活動をする機会を作る。係活動をする機会を作り、仲立ちをする	・子どもたちで話し合ってルールを決めさせ、守るよう指導する ・子ども同士で相談して、係活動をするよう促す
	言語認識	・紙芝居、絵本の読み聞かせ、エプロンシアター ・あいさつ、生活経験の中での言葉のやりとり ・表現が苦手な子どもには前後の文脈を察知し、代弁する ・言葉をかけてから行動するようにし、行動を言語化して声をかける ・散歩等で植物に直接触れて遊ぶ体験を設定し、付き添う		・わらべうた ・子どもの主張を代弁し、言語化して相手に伝える ・表情や身振りに共感し、言葉を添える ・みたて・つもり遊びを促す	・正しい言葉遣いを意識するよう、注意を喚起する ・子ども同士でこれからの行動の見通しを持てるよう、言葉を指示する ・ごっこ遊び・集団遊びをリードする		・朝の会などでこれからの行動の見通しを持つように、言葉をサポートする
	体験		・土・砂・水に直接触れる遊びを設定する	・季節ごとに直接触れる変化に着目できるよう声をかけ、課題を提起する	・感触遊び（泥やボディペインティング）を設定する ・栽培活動の作業の意味を説明したり、成長に着目させる	・自然の動植物について調べてみるように働きかけ、援助する	
	運動技能		・階段の上り下りに付き添う ・散歩での発達に見合った距離や、段差や傾斜などの歩行を経験させる ・追いかけっこなど、走る遊びを促す ・リズム体操の際には付き添い、励ます言葉かけをする ・乳児体操を行う ・箱車・三輪車などの遊びに付き添い、励ます言葉かけをする ・マット、平均台、跳び箱・固定遊具などの器具を使った	・遠足活動。登山や登山を計画し、付き添う	・民族舞踊等（荒馬、ソーラン節等）の指導をする ・縄跳び、竹馬等の指導をする ・腕や跳躍運動を使った運動や跳躍運動を指導する ・プールでの泳法を指導する ・食事時などの正しい姿勢を指導する	・追いかけっこや集団遊びなどの体を動かす運動の設定	
	表現活動 （造形、描画・劇、楽・劇）		・生活や遊びのなかでわらべうた、手遊び歌、季節の歌をうたう ・打楽器でのリズム遊びを促す	・オルガン・ピアノ等を演奏し、歌唱指導をする ・創作活動などには込み道具の使い方の指導 ・描画の指導 ・絵具・筆の使用、塗り絵の指導		・様々な創作活動（手編み、コースター織、木工作品等）の制作方法の指導 ・描画を促し、作品について子どもに語らせたものを文章化して絵に貼り、補う	・和太鼓の指導

（出所）観察記録により筆者作成。

した職務内容も存在している。ただし，「養護・生活」のときとは異なり，「遊び・文化活動」にかかわる職務内容では，観察にもとづいて子どもの状態を把握する職務内容は，保育士の動作を客観的に観察する限りではそれだけを単独で取り出すことはできないため，表中には明示されていない。しかし，そもそも「遊び・文化活動」にかかわる職務内容は個々の子どもの発達の度合いを常に把握すること抜きには遂行できないものである。保育士は，子どもの遊びに付き添い，指導を行いながら常に子どもの発達状況を観察している。

　以上のような「直接子どもと接する場面」において，保育士は，現実の生活の中では，一つひとつの活動を単独でこなしているのではなく，例えばシャワーをかけ，子どもの体を洗いながら，他の子どもの動きにも常に配慮するなど，常に同時に複数の職務を行っている。子どもの一日の生活の流れのなかで，集団の中の子ども一人ひとりの動きや様子を継続的・総合的に観察しながら，予測できない状況に瞬時に対応することも必要である。こういった意味で保育労働は極めて集中力を要する労働である。保育士は日々瞬時に問題を発見し，その都度判断し，子どもに対応している。保育士の行為には，判断をともなうものが多く存在するのである。

　(2)　「直接子どもと接しない」場面での職務内容

　保育士の仕事というと，子どもと直接的にかかわる職務内容のみと考えられがちだが，それだけではない。保育士たちは，子どもを観察しながら，発達状況や健康状態などの記録を行っている。そのような多様な情報を把握し，整理・分析する作業が必要である。また，様々な側面から把握された情報は，翌日以降の子どもへのかかわりに生かされなければならない。さらに，複数担任制のもとでスムーズに職務を遂行するためには，保育士たちは当面の課題を共有し，段取りや方針を決定するだけでなく，日常的にも情報交換や打ち合わせを行う必要がある。これらのことから，「直接子どもと接しない場面」での職務が必要なのである。

　表11-5は，2009年度の0歳児クラスの指導計画を食事と午睡に関わる部分

表 11-5　0歳児クラスの指導計画

		1節 4月1日〜5月2日	2節 5月7日〜5月31日	3節 6月1日〜7月18日	4節 7月21日〜8月31日	5節 9月1日〜10月11日	6節 10月13日〜11月15日	7節 11月16日〜12月28日	8節 1月4日〜2月6日	9節 2月8日〜3月31日
基底になる生活層	食事	**月齢の大きいグループ** ・大人に抱っこで安心して食べて気持ちよくする（イスに座って）→ テーブルで2人で一緒に食べる → ・手づかみ食べを十分にする 「モグモグ・カミカミ」「ゴックン」とよくかんで食べる → ・汁物などを器から飲む → 連続飲みができる → 器に両手をそえて飲む → 器を自分で持って飲む → スプーンを持って食べる →（もちろん持ってしっかり） 食品の幅が広がってくるのでしっかり食べる（移行食に向けて）→ 友だち同士で「おいしいね」「かんぱいね」など言葉を共有して楽しんで食べられるよう言葉かけをしていく スプーンの持ち方で3本指でもって食べている子には、持ち方を変えず、そのまま見守っていく → ・食品に注目させるよう促す ・そしゃくしようとすることができない、お口をもぐもぐせず無理強いをしないで励ましながら少しずつ促していく ・みそ汁など器に手をそえてあげて大人もいっしょに「ゴックン」「アーン」と飲む練習をしていく 友だち同士で「おいしいね」「かんぱいね」など言葉をかけ合う場を共有して楽しんで食べられるよう言葉かけをしていく → **月齢の小さいグループ** ・抱っこで食べて安心して気持ちよく食べる → イスに座って1対1で食べる（お座りができるようになったら）→ いろいろな食品の味に慣れてしっかりとかんで食べる → 「アーンモグモグゴックン」と口をあけて → 歯が生えてきたら「カミカミ」とよくかんで食べる → ・ミルクをしっかりと吸って飲む → ・手にもって食べる（キュウリやボウロなど） ・汁物などを器に添えて飲む → 手づかみ食べを十分にする → 連続飲みができる → 器に手をそえて飲む → ・母乳からミルクへと変わり、飲めない子が多いので乳首のサイズや形、温度などに気をつける ・授乳のときはおちついて飲めるよう環境を配慮する ・一人ひとりのリズムを大切にし、家庭と連携しながらすすめる → 離乳食が始まっていく時期なので「マンマ」「おいしいね」とやさしく言葉がけをしてゆったりとした気持ちでいろいろな味に慣れて、食べる意欲も育てていく → 手づかみ食べやスプーンから飲むなど、月齢や個人差に配慮しながら一人ひとりに見合った対応をしていく ・食事時間に差ができないよう、お腹がすいておいしく食べられるリズムを育てる（4月から全員） → 連続飲みができる → 器に手をそえて飲む →								
	睡眠	・抱っこでおんぶ、またはコンビラックで安心して眠る → 大グループ・布団でトントンされながら気持ちよく眠る → みんなでいっしょに布団で眠る → ・大グループ ・午睡・眠たいとき気持ちよく眠る ・あお向け寝に留意し15分間隔でチェックする → 午睡でたっぷり眠る → ・小グループ ・眠たいときよく眠る ・環境が変わって、また、人見知りから眠れない子が多いなか、抱っこやラックで揺すりうたを歌いながら、安心して眠れるよう静かな環境づくりに気を配り、一人ひとりのリズムを大切にし、気持ちよくすごせるよう家庭と連携しながらすすめる → 午睡 ・午前寝でたっぷり眠る ・夕と軽眠が必要なときはとる（朝・夕と軽眠が必要なときはとる） → 長時間保育の子どもが多く、夕方は疲れてくるので軽眠が必要なときはとったり（30分くらい）、静かな空間で体を休めてぐっすり眠れるようにする 月齢が低い子たちはまだまだリズムがとれない子もいるので、一人ひとりのリズムで眠る → 布団に入る前にみんなで絵本をみたり手あそびをして場を共有しあい"これから眠るんだな"と意識がもてるよう言葉がけをしていく ・「○○ちゃんの布団はどこかな？」と言葉をかけて「あったあった」と自分の布団がわかることを大切にする →								

（出所）2009年度 0歳児保育計画の一部を抜粋し、著者作成。

のみ抜粋したものである。Y保育園では，クラス担当全員が毎年5月に年間計画を立てることになっており[5]，保育士たちは子どもの発達を見越した長期的な計画（年，期，節[6]など）を立てた後，それをさらに具体的に落とし込んだ短期の計画（週，日など）を立てる。表11-5をみると，保育士は，月齢ごとの発達に応じた子どもの姿を念頭に置き，常にそのレベルにあわせた働きかけを意識していることがわかる。食事と睡眠以外の領域でも，たとえば，生活面のケア，家庭との連携事項，遊びへの配慮や環境づくり，創作活動・表現活動の内容，飼育・栽培活動や食育活動，その時期の発達や季節にふさわしい歌・紙芝居・絵本など，様々な領域に関する計画が作成される。さらに，Y保育園では，発達の個人差を認識し，個々の発達の段階にふさわしい援助を行うために，クラス集団全体の計画とともに個人別の計画も立てられる。クラス集団の発達の見取り図の中に，個人の発達が位置づけられているのである。

　Y保育園では，2009年度の1年間で正規職員全員が参加する会議が21回，クラス担当者の会議が多いクラスでは16回，少ないクラスでも11回実施されるなど，実に多くの会議が行われている。保育士たちは職員会議，クラス担任会議等の会議に参加し，当面の課題を共有し，方針を決定するだけでなく，日常的にも情報交換や打ち合わせを行っている。また，保育士間だけでなく，日常的に他クラスや調理師，看護師とのうち合わせ，指導・統括的役割の保育士たちとの打ち合わせや相談なども行っている。

　表11-6は，以上のような「子どもと接しない場面」における保育士の職務内容を示したものである。観察した結果によれば，これらの職務内容は7項目にまとめられるが，その中でも主要な職務項目は，上述した①指導計画の作成と反省，②会議・打ち合わせと，③家庭との連携である。

　これら「子どもと接しない場面」での職務の主たるものを保育士の行為に即

---

5)　Y保育園の年間指導計画では，「基底になる生活」と「手遊びと仕事」，「狭い意味での文化活動」という3つの大項目が設定され，これらをさらに「養護」と「教育」に関わるいくつかの小項目に分け，計画が立てられている。

6)　Y保育園は独自に1年を9つの節に分け，節ごとに保育計画を作成している。

表11-6 子どもと接しない場面における保育士の職務

職務項目		日常子どもと直接かかわる保育士の職務内容					
		0歳児	1歳児	2歳児	3歳児	4歳児	5歳児
保育準備	保育環境構成	・おもちゃ・遊具の選定、配置 ・壁面装飾 ・活動・運動会・発表会用の衣装・道具作成		・手作りおもちゃの製作			
	保育の計画作成	・長期指導計画（年間、後半期の2回）の作成 ・短期的指導計画（節の指導計画、週の指導計画、一日の指導計画）の作成			・個人別指導計画（年間、後半期の2回）の作成		
記録・保育計画および評価	保育の評価および評価・反省	・指導計画に基づく実践の総括文書作成					
	記録	・日誌の記入 ・健康カードの記入 ・児童票の記入 ・授乳、食事のチェック記録 ・保育士個人のための記録					
会議・研修	会議	・各クラスの保育計画を検討する会議参加 ・保育園の事業計画に関する会議参加 ・保育所の事業に関して総括する会議参加 ・クラス担任の会議に参加		・保育実践を総括する会議参加			
		・乳児（0，1，2歳）チーム会議に参加			・幼児（3，4，5歳）チーム会議に参加		
		・職員会議への参加 ・パート職員や調理・看護師との打ち合わせ ・行事やプロジェクトに関する会議					
	研修	・園内研修 ・園外部の職員研修参加					
家庭との連携		・送迎時の面談 ・連絡帳チェックと記入 ・電話連絡 ・貼り紙、クラス便り作成 ・保護者会の企画・運営 ・相談 ・家庭訪問 ・面談					
地域子育て支援		・行事参加 ・職場体験等受け入れ					
その他	事務	・体制表（土曜体制表）の記入 ・集金 ・教材選定と注文 ・資料印刷					
	その他	・行事の計画・準備 ・園庭・倉庫等園内の清掃 ・各種会議や出張 ・おもちゃ・遊具の修繕 ・家庭訪問 ・物品管理 ・実習生指導					

（出所）観察記録、保育園資料より筆者作成。

して分類すると，①保育準備，②情報把握と共有，③課題や方針の共有，④課題の設定と計画の作成という4つの内容にまとめることができる。

3-4 保育士の労働過程

以上のような内容で構成されている保育士の職務は，おおまかにいって以下のような手順で遂行される（図11-2）。

保育士は，まず，直接子どもと接し，子どもの日々の活動・生活にかかわりながら発達の援助を行うなかで，絶えず子どもの観察を同時に行っている。そして，「直接子どもと接しない場面」では，子どもと父母とのやりとりを行いながら情報を収集（言語化・非言語化問わず）し，それらの情報を分析することによって，個々の子どもやクラス全体の課題を発見している。そして，そのように把握された課題を解決するために，半期ごとや週ごとなど，一定期間の保育計画を立て，その計画をもとに子どもたちにかかわっている。それを受け

図11-2　保育者の労働過程

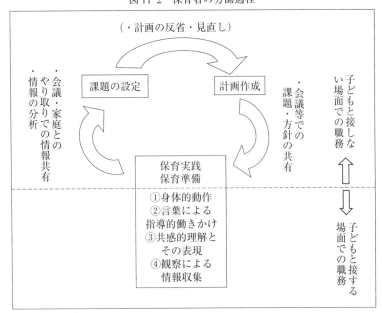

（出所）筆者作成。

第 11 章　職務内容からみる保育士の知識と技能　277

て，再び直接子どもと接し，介助や言葉による指導的働きかけなどの子どもとのかかわりをもちながら，保育実践の成果を観察する。さらにその結果をもとに計画を見直し，次なる実践にいかしていく。つまり，計画にもとづいた「保育実践」を行いながら，課題の発見をし，それをもとに計画を見直すことによって，新たに「計画作成」を行い，それを次なる「保育実践」にいかすというサイクルを成立させているのである。保育士の労働過程は「保育実践」「課題の設定」「計画の作成」という 3 つのプロセスの循環からなっている[7]。

4.　保育士に必要な知識と技能の特徴

これまで見てきたとおり，Y 保育園の保育士の職務内容は幅広いものである。表 11-3, 表 11-4 で示された「直接子どもと接する場面」での保育士の職務内容は 18 項目におよぶ。保育士には，これらの職務項目に表されるような種々の場面に対応できる知識と技能が必要である。保育士の知識と技能の深さを評価することは紙幅の都合と筆者の能力上難しいため，以下では保育士に求められる知識と技能の内容の主たるものを分類・整理して指摘する。

4-1 保育士に必要な知識

まず，保育士に必要とされる知識について考察する。保育士には，表 11-3, 表 11-4 に示された職務項目に表されるような，種々の場面に対応した，多様

---

7)　このプロセスに似通ったものとして，様々な事業活動における生産管理や品質管理などの手法として知られた PDCA サイクルが想起されるであろう。中坪（2009）は，PDCA サイクルの学校教育における有用性は認めつつも，それを保育現場に適用することについての問題性を指摘している。そして，その理由として，小学校以降の授業とは特徴を異にする保育においては，「計画（Plan）」よりも「幼児理解」を起点とすること，「改善（Action）」よりも「省察」を重視することが大切であると指摘する。筆者の理解も同様であり，保育所における目標達成プロセスは，まず実践における子どもの観察・情報収集から出発していると考えている。なぜならば，就学以前の，特に乳児期の子どもは，発達の順序やペースが個々で大きく異なるため，一人ひとりの子どもの個性を理解したうえで，適切な働きかけをしなければ，子どもの健全な心身の発達を保障するという保育の目標を達成することができないからである。中坪（2009），129-130 ページ。

な知識が必要である。とくに，子どもの発達に関する知識を持たなければ，その職務遂行はできない。子どもの食事に関して例をあげるならば，月齢・年齢ごとの消化能力や咀嚼能力の発達に関する知識や，道具を使うための手や指の筋力の発達に関する知識などが必要である。言語認識の発達に関する知識がなければ，子どもたちに理解できるような表現ができず，子どもの成長を効果的に促すことはかなわない。また，表11-5で示されたような保育計画は，子どもの年齢ごとの発達に関する知識や指導法に関する知識がなければ作成されえないものである。

　さらに，手遊びやわらべうた，見たて遊び，ごっこ遊び，集団遊びなどの保育内容や教材に関する知識も持たなければならない。玩具の種類や効果，虫や植物の名前に関する知識や栽培法に関する知識も必要である。保健に関することでも，保育士が応急手当を行うためには，病気の症状やけがの対処法に関する知識を持たなければならないし，子どもたちの健康管理や指導を行うためには，子どもの生活リズムや食事量，運動量のバランスについて基本的な知識を持たなければならない。また，より効果的に子どもの知識や技能の獲得を進めるためには，指導法・学習法に関する知識も必要である。

　これらの保育士たちの知識の基礎となるのは，保育士たちが保育士養成課程で学ぶか，資格取得の際に国が指定する受験科目（10科目[8]）を中心とした知識であり，初心者でも保育士資格を持つものなら共通して持っていると考えられるものである。これらの多くは，講義を受けたり書物を読んだりするなかで得られる，既存の認識を体系的にまとめた専門知識であろう。

　しかし，保育士には学習によって得られる体系化された知識だけではなく，経験によって蓄積されていくような知識も必要である。聞き取り調査において，Y保育園の保育士たちは以下のように語っている。

8）　指定科目は，社会福祉，児童福祉，発達心理，精神保健，小児保健，小児栄養，保育原理，教育原理，養護原理，保育実習理論である。

第 11 章　職務内容からみる保育士の知識と技能　279

　「はじめててんかん発作を起こした子どもを目の前で 3 年目で見たときに，私，アワアワしちゃって。本で処置方法は学んでいるはずなのに，急に泡ふいてバターン！って倒れちゃったときに，先輩がパッと来てくれて対応をする。私は何もできなくてアワアワ，涙もぽろぽろみたいなときに，その先輩はそういう経験があって。でも最初は同じだったっていっていた。そういうものが身になって，とっさに出てくるっていうのがあるのかもしれない。」
（50 代前半，経験年数 25〜29 年）

　ここから読み取れることは，初心者であっても，子どものてんかん発作の処置の手順は形式的な知識として学ぶことはできる。しかし，ひとたび実際の子どもを目の前にすると，初心者にとって精神的な動揺の中で冷静に対処することは困難な課題であるということである。しかし，目の前で処置が行われるという経験を経ることによって，経験的な知識として対処法を身に着けることができるということである。
　また，別の保育士は以下のように語っている。

　「保育士になりたてって本から学ぶっていうのもそうだけど，一番は子どもから学ぶってことが多いって思うな，私。昨日はこんな風にしてうまくいったのに，今日は同じことをしてもすごい憎たらしい言葉遣いされたりして。やっぱり［本で書かれていることと，現実の子どもとって違うんだ］，ってすごい思った。」「学校行ってるときって，［こういう時はこういう対応しましょう］っていうのもあったじゃない？その時は［ああ，そうなんだあ］って。でも実際現場に立ってみたらそんなの取ってつけたようなことで。あれ？って。」（40 代後半，経験年数 17〜24 年）

　ここからうかがえることは，子どもの生活の文脈に即してどのような情報をどのように判断することがよりふさわしいのかという知識は，経験を積まなければ得られないものだということである。形式的な知識として，年齢ごとにふ

さわしい遊びの目安は示されても，一人ひとりの子どもには個性があり，その発達にも個人差があるし，また，その時々の子どもの体調や心理状態も異なっているため，その判断がなければ適切な支援や指導を行うことができないのである。それゆえ，様々な状況で，様々な子どもに対して，様々なバリエーションの遊びを展開した経験がなければ，子どもに充実した遊びと発達の機会を提供することはままならないであろう。保育労働は，多様な個性と発達段階の子どもに対して指導や発達支援を行わなければならず，その遂行には，どのような方法で実施することがよりよい結果を生むのかということについて，様々な指導法や言葉かけの実践経験が必要である。このように，保育士は，子どもの個性や発達状況にあわせ，保育内容に即した文脈固有の知識を持たなければならないのである。保育士の熟達化について明らかにした高濱（2001）は，効果的に保育実践を行うために，利用者と自分が置かれた状況（コンテクスト）を理解し，これに対処するために自分の培ってきた豊富な経験知のレパートリーから最適なものを選び出すことができることが重要であるという[9]。これらの先行研究が明らかにしているように，保育士にとって必要な知識は，既存の認識が体系化された理論的な知識のみではなく，直感と経験と類推の積み重ねによって，保育士個人に蓄積されていくようなものも重要なのである。「直接子どもと接する場面」での職務には即興的な対応が求められるため，経験によって得られる知識が活用されやすいであろう。他方，記録の分析や保育計画を立てるなどの「直接子どもと接しない場面」では，体系化された理論的知識と経験的知識の両方を利用し，思考の往復を行いながら作業することが必要であるため，体系化された理論的知識と経験的知識を総合的に活用することが必要であろう。

4-2　保育士に必要な技能

　次に，技能についてみよう。保育士に必要であると認識されている技能も，

---

9)　高濱（2001），69-70 ページならびに 84-85 ページ参照。

第 11 章　職務内容からみる保育士の知識と技能　281

表 11-7　保育労働に必要な技能

①身体的技能		保育実践	課題設定	計画作成
様々な身体の使い方にかかわる技能。				
ⅰ）運動技能	手足や感覚の協調性や身のこなしなどの運動技能。午睡の際の触れ方，子どもへの声かけや読み聞かせなどの技能もここに含まれる。	○	×	×
ⅱ）道具の正しい操作に関する技能	楽器の演奏や，様々な製作を行うために必要な機器・道具を適切に使用する技能。	○	×	×
②コミュニケーションの技能		保育実践	課題設定	計画作成
子どもや保護者，同僚との円滑なコミュニケーションをはかり，良好な関係性を築くための技能。また，子どもの発達を促すための言葉かけや保護者や同僚に対する動機づけや説得などの技能。				
ⅰ）積極的傾聴と共感	子どもや保護者がどのような感情を持っているかについて理解し，共感する技能。	○	○	○
ⅱ）指導力と交渉力	子どもや保護者，同僚に対して，特定の行動を主体的に行ってもらえるように動機づけを行う能力。相手に理解されやすい言葉遣いや，働きかけの方法を選択する能力。	○	○	○
ⅲ）協調性	周りの保育士たちの行動を把握しながら調和的に職務を遂行し，同僚と積極的に情報交換を行いながら課題や目標を共有する能力。	○	○	○
ⅳ）言語表現の技能	複雑な情報を整理し，筋道立てて説明する能力や，他者に正確に情報を伝えられるように記録する能力。	○	○	○
③分析力と判断力		保育実践	課題設定	計画作成
必要な情報を日々の生活の中で収集する観察力や，観察した情報を整理し，理解するための分析力，そしてそこから得られた理解から次の実践にいかすための判断力。				
ⅰ）観察・監視力	実践の中で子どもの事を観察し，そこから情報を得る能力。幅広い視野で集団全体を把握することや，変化に気付くことができる。さらに，言語化・形式化されていないような情報を獲得することができる。	○	○	○
ⅱ）洞察力・分析力	状況や問題について，得た情報をもとにその性質や原因を見極めたり，推察したりする能力。その際，子どもや保護者の行動や言葉といった情報について，表面的に理解するのではなく，その背景にある感情を推察するなど，批判的に思考できる。	○	○	○
ⅲ）判断と意思決定力	問題や状況の改善策をまとめ，よりよい方法を講じて次の実践を行う能力。瞬時に行わなければならないものもあるが，判断までに時間的範囲が長くかかるものもある。	○	○	○
④マネジメント力		保育実践	課題設定	計画作成
組織運営や計画作成にかかわる技能。				
ⅰ）スケジュール管理に関する能力	一定の期間の保育計画や行事の運営計画を立てる際に，計画を実現するためにかかる時間の見通しをもち，また，実行の際の時間管理を行う能力。	○	○	○
ⅱ）組織力	同僚個人や集団に専門分化された役割を与え，その活動を統合・調整する能力。幼児期の子どもの役割分担や，活動の調整を行う能力。	○	○	○

（注）表右の○×は，労働過程の各要素に当該技能が必要かどうかを示したものである。なお，技能が発揮される対象は子どもだけでなく，保護者，同僚も含まれる。
（出所）筆者作成。

282

その職務内容の豊富さに対応するように，非常に多様である

　表11-7は，保育士の職務内容を踏まえて，筆者が保育士に必要とされる技能にはどのようなものがあるかを分類したものである。これまで保育者養成においては，子どもと接する場面での職務内容が基礎的技能として位置づけられてきた[10]。しかし，「直接子どもと接しない場面」での職務内容は，保育士が子どもの発達を保障するために基礎的な位置づけを持つものであるため，筆者は「直接子どもと接しない場面」での職務内容も検討の範囲に含めた。これらの職務内容を考慮すれば，保育士にとって必要な技能はさらに多様である。筆者は，保育士に必要とされる技能を，①身体的技能，②コミュニケーションの技能，③分析力と判断力，④マネジメント力の大きく４つに大別し，さらに細かい要素に分類した[11]。「直接子どもと接する場面」では，すべての技能が必要とされる。また，「直接子どもと接しない場面」では①身体的技能はほぼ必要なく，③分析力と判断力が主として必要となる。

　以下では，それぞれの項目について詳しく説明する。

　①　身体的技能

　大分類の１つ目は，身体的技能である。この技能は，保育士の身体的動作を中心とする職務内容の遂行に必要な技能である。その内容は，ⅰ）運動技能とⅱ）道具の正しい操作に関する技能とに分けられる。保育士には，リズム体操や民族舞踊など，手足や感覚の協調性や身のこなしなどの運動技能が必要となる。その際，子どもの手本となり，子どもに憧れを抱かせるような体のコントロールができることが重要である。また，午睡の際に子どもが脱力できるような触れ方，子どもを引き込み，注目させるような声かけや読み聞かせの仕方な

---

10)　雇児発0808第2号　平成25年8月8日　厚生労働省雇用均等・児童家庭局長「指定保育士養成施設の指定及び運営の基準について」参照。ここで示される基礎技能の内容は，音楽，造形，身体運動を中心とする「表現技術」である。

11)　技能の分類にあたって，UK. Department of Health（2004），ILO（2008），遠藤編（2013）を参考にした。

どの技能もここに含まれる。また，楽器（ピアノ，笛）の演奏や，衣装や小道具づくりなど様々な製作を行うために必要な機器・道具を適切に使用する技能も必要である。

②　コミュニケーションの技能

コミュニケーションの技能は，子どもへの言葉かけを通じた指導や，父母，同僚間との情報・方針共有を行う際に必要となる技能である。保育士にとって，子どもや保護者，同僚との円滑なコミュニケーションをはかり，良好な関係性を築くことが職務遂行上不可欠である。それは，子どもの発達段階や成育環境に関する情報を獲得し，理解するための前提となるものだからである。そのため，コミュニケーションと人間関係を構築する技能を身につけることはとくに重要である。

コミュニケーションの技能のうち，まず重要なのは，積極的傾聴と共感の技能である。保育士が子どもの発達を促し，保護者に対して援助を行うためには，子どもや保護者が自ら保育士の指導や助言を受け入れ，行動を変えるようにしなくてはならない。そのためには，子どもや保護者の言動を丁寧に受け止め，そのニーズを正確に受けとり，共感することによって信頼関係を構築することが重要である。また，子どもや保護者が表出する感情を受け止める際，保育士自身の感情も喚起されるため，保育士には感情をコントロールする技能も必要となる。

次に，子どもや保護者，同僚に対して，特定の行動を主体的に行ってもらえるように動機づけを行う能力も必要である。より具体的には，相手に理解されやすい言葉遣いや，働きかけの方法を選択する能力である。また，保育士は，たとえば，危険が生じるような遊びを子どもがやりたがった場合には，それを制止してやらないように説得や交渉を行わなければならない。そのように，子どもや保護者の意思に反して物事を進める必要がある場合に，相手が理解し，自ら納得して行動を変更するように適切な言葉を選択し，働きかける能力である。

また，これまで確認してきたように，保育士の職務遂行には，同僚間の協力が欠かせない。とくに乳幼児期の保育は，複数の保育士がチームで子どもに対応している。そのため，保育士同士の連携と情報共有を円滑に行うために，保育士個人には周りの保育士たちの行動を把握しながら調和的に職務を遂行する能力や，同僚と積極的に情報交換を行いながら課題や目標を共有することが非常に重要である。

さらに，保育士がチームで保育を行うためには，同僚間で子どもの行動や家庭環境等のプライバシーがかかわる複雑な情報を交換することが必要である。その際，複雑な情報を整理し，筋道立てて説明する能力や，他者に正確に情報を伝える記録を行う能力が必要である。また，保育計画などの文書を論理的な筋道を立てて作成することが必要である。さらに，クラス便りや連絡帳などで保護者に情報提供を行う場合にも，文章で子どもの姿が伝わるように表現する必要がある。

③　分析力と判断力

保育士は，日々の保育のなかで得た情報から課題を発見し，その後の保育実践にいかしている。保育士には，必要な情報を日々の生活のなかで収集する観察力や，観察した情報を整理し，理解するための分析力，そしてそこから得られた理解からつぎの実践にいかすための判断力が必要である。

まず，保育士は実践の中で子どもたちを観察し，そこから情報を得なければならない。それゆえ，より多くの，重要な情報を得るためには，幅広い視野で集団全体を把握することや，子どもや親の変化に気づくことができなければならない。とくに，言語表現が未熟な子どもたちを相手にする労働であるため，保育労働においては，文章や言語などによって形式化された情報よりも，言語化・形式化されていないような情報を獲得することが非常に重要である。

次に，得た情報を分析し，そこから課題を発見するためには，状況や問題についての性質や原因を見極めたり，推察したりする能力が必要である。その際，子どもや保護者の行動や言葉といった情報について，表面的に理解するの

ではなく，問題の推移や周りの環境などさまざまな状況を念頭に置きながら，その背景にある感情を推察するなど，批判的に思考することが必要である。

そして，問題や状況の改善策をまとめ，よりよい方法を講じて次の実践を行うためには，判断力と意思決定能力が必要であろう。この場合のタイムスケールは，日々のトラブルへの対応や，事故を防止するための言葉かけなど，瞬時に行わなければならないものもあるが，子どもたちの長期的な発達を見越した活動内容の設定など，判断までに時間的範囲が長くかかるものも必要である。

④　マネジメント力

保育士には一定の期間の保育計画や行事の運営計画を立てる際に，子どもの発達の見通しを持ち，適切なペース配分を考えることや，決められた期間内における適切な課題設定を行う能力が必要である。さらに，日々の保育や行事の運営を行う際に，同僚個人や集団に専門分化された役割を与え，その活動を統合・調整する能力もまた必要である。また，幼児期には子どもが集団で活動する機会が増えるため，子どもの役割分担や，活動の調整を行うこともある。

以上までが，筆者が保育士に必要な技能を分類，整理したものであるが，これらの技能は，当然上述したような知識の習得を前提として発揮されている。たとえば，②コミュニケーション技能の中のⅱ）指導力と交渉力は，子どもや保護者，同僚に対して，特定の行動を主体的に行ってもらえるように動機づけを行う能力である。危険が生じるような遊びを子どもがやりたがった場合には，保育士はそれを制止してやらないように説得や交渉を行わなければならない。そのように，子どもや保護者の意思に反して物事を進める必要がある場合に，相手が理解し，自ら納得して行動を変更するように適切な言葉を選択し，働きかける能力である。これには，相手に理解されやすい言葉遣いや，働きかけの方法に関する知識が前提として獲得されていなければならず，そのなかからよりふさわしいものを選び出す能力が求められているということなのである。

4-3　保育労働過程と保育士の知識・技能

　以下では，これまで明らかにしてきた，保育士に必要な知識と技能が，保育士の労働過程においてどのように獲得されるのかを述べていく。筆者は，アンケート調査において，「これまで年齢と勤続（経験）を重ねることでどんなことを学び，保育士に必要などんな能力を身につけてきたと思っていますか」という質問を行った。回答のあった 15 名のうち，9 名が子どもの発達の見極めや感情のとらえ方，さらにそれに応じた対応の仕方を学んだという。その一部を抜粋すると以下のとおりである。

　「子どもの見方（発達面や子どものとらえ方）子どもを惹きつけるには？どんなことをし，どんな声かけをすればいいのか（を身につけられた）」(20 代前半，経験年数 1〜3 年)

　「経験することで［この子にはこんな対応］など，子どもの状況や発達を見極めて接することができるようになってきた。子どもが何を思っているのかなど捉えられるようになってきた。」(20 代後半，経験年数 4〜10 年)

　「表情や態度で気持ちが感じ取れる。どこまでだったら見守っていよう，ここではやり取りに加わろう。子どもからの発信を待つ力。」(40 代後半，経験年数 11〜17 年)

　「各年齢の発達がわかり，それを踏まえて，また個人差があることを大事にする。思いを受け止め，返していく（受け止めるだけでなく，しっかりと自分の思いを返していく）。子どもの要求が，言葉だけではなくても，なんとなくわかるようになった。子どもの興味・関心。」(40 代前半，経験年数 18〜25 年)

　「子どもの持っている力は今も昔も変わらない。（子ども達に力がなくなったと言われているので）ひとりひとりの発達を見極めてどこのポイントで背中をおしていけるか。子どもを信じること。」(40 代後半，経験年数 18〜25 年)

　「子どもがあそんでいる姿などから発見・感動をたくさんもらったが，目の前にいる子どもを見る（捉える）ことはとても大切なことだと思う。その子どもたちの捉え方を今まで学んできたと思う。」(50 代後半，経験年数 30 年

以上）

　ここから読み取れるのは，保育士が自ら得た技能の重要なものとして認識しているのは，大分類の中の②コミュニケーション力と③分析力と判断力であり，そのなかでもとくに子どもに共感する力と観察する力（どういう視点で情報を得るか，ということも含む），そして子どもの発達課題や感情を理解するための分析力である。

　これらのことから示唆されるのは，保育士にとって，労働過程の中でもっとも重要なのは，「保育実践」から「課題の設定」までのプロセスだということである。むろん，「直接子どもと接する」保育実践の場で，保育士は子どもの発達を支援していくのであるから，ここでの行為の質は非常に重要である。しかしまた，子どもの発達は働きかければ1日や一瞬という単位で，成果が出るものでもなければ，どこかの時点でストップするものでもない。継続的なかかわりの中で，前進や後退を繰り返しながら実現するものである。そこで，子どもの発達支援について長期的な見通しを持つことが必要である。そのためには，保育士は常日頃子どもと接するなかで子どものことを観察し，そのなかでエピソードとして記憶された子どもや保育士自身の行為の意味について，深く思慮し，分析することによって課題の発見をしなければならない。このような行為は，「直接子どもと接する場面」かそうでないかにかかわらず行われるものである。このように思慮するという行為がなければ，「直接子どもと接する」保育実践の場での行為の質が向上することはありえないのである。したがって，「保育実践」から「課題の設定」までのプロセスのなかに，保育士に必要な知識と技能の核心があると考えられる。

5．おわりに

以上で明らかにしたことをまとめて，本章を締めくくることにする。

　これまでで保育士の職務内容は極めて多岐にわたるということが明らかになったが，それらは質的にはいくつかの要素に分類することができた。すなわ

ち，「直接子どもと接する場面」での職務と「直接子どもと接しない場面」である。このうち，「直接子どもと接する場面」での保育士の職務内容は大きくいって身体的動作，言葉かけを通じた指導や行動の方向づけ（共感的理解とその表現），観察にもとづく情報の獲得，という3つであった。また，「直接子どもと接しない場面」での職務内容の主要なものは，会議や家庭とのやり取りを通じた情報把握と共有，課題や方針の共有，課題の設定と各種計画の作成という3つに分けられることを確認した。そして，保育労働は「保育実践」「課題の発見」「計画の作成」という3つのプロセスの循環によって成り立っていることが明らかになった。

　次に，「直接子どもと接する場面」での職務と「直接子どもと接しない場面」での職務との2つの分類にしたがって，保育士に必要な知識と技能について整理していきたい。保育士に必要となる知識については，「直接子どもと接する場面」での職務には即興的な対応が求められるため，経験によって得られる知識が活用されやすいと考えられる。他方，「直接子どもと接しない場面」では，体系化された理論的知識と経験的知識の両方を利用し，どちらの知識も総合的に活用している。「直接子どもと接する場面」では，すべての技能が必要とされる。また，「直接子どもと接しない場面」では①身体的技能はほとんど必要なく，③分析力と判断力が主として必要となる。

　そして，保育士にとって，労働過程のなかで重要なのは，「保育実践」から「課題の設定」までのプロセスであることが明らかになった。子どもや保育士自身の行為の意味について，深く思慮し，分析することによって課題の発見をするという行為がなければ，「直接子どもと接する」保育実践の場での行為の質が向上することはありえないのである。ここから，保育士自身の行為の意味について，振り返る機会を保障することが保育士の知識・技能獲得にとって非常に重要であるという示唆が得られた。

　しかし，本章では保育士の知識と技能の内容や性質について明らかにしてきたが，その知識と技能はどのように習得されるのかという点については課題として扱ってこなかった。知識・技能はどのように習得されるのかという問題に

ついては，今後本格的に検討することとしたい。

　本章は，Y 保育園で観察した情報や，収集した資料にもとづいて素材を整理した段階であり，保育士の技能論としてはまだまだ基礎作業としての位置づけである。今後はさらに分析を深め，精緻化していくこと，対象を広げていくことが求められるだろう。さらに，本章では，非正規保育士については考察の対象外とした。非正規保育士は相対的に恵まれない労働条件であるために長期勤続ができず，キャリア形成の条件がないことや，職務遂行過程を通じた技能習得の機会を限定されているというのが筆者の仮説であるが，この点についても今後の検討課題としたい。本章を終えるにあたり，本調査の実施にあたって，各種の便宜供与および情報提供を頂いた Y 保育園のみなさまに，厚くお礼申し上げる。

参 考 文 献

秋田喜代美（1992）「教師の知識と思考に関する研究動向」（『東京大学教育学部紀要』第 32 巻）。

遠藤公嗣編（2013）「同一価値労働同一賃金をめざす職務評価―官製ワーキングプアの解消―」旬報社。

大豆生田啓友・三谷大紀・高嶋景子（2009）「保育の質を高める体制と研修に関する一考察」（『人間環境学会「紀要」』第 11 号）。

大宮勇雄（1996）「保育カリキュラムの「構造化」と子どもの生活経験の質―欧米における「保育の質」研究の到達点（1）」（『福島大学教育学部論集』第 60 号）91-109 ページ。

小笠原浩一（2002）「ホームヘルパーの職務遂行能力」（『日本労働研究雑誌』No.502）。

小田豊・中坪史典編（2009）『幼児理解からはじまる保育・幼児教育方法』，建帛社

金井壽宏・楠見孝（2012）『実践知　エキスパートの知性』有斐閣。

神田英雄・村山祐一編（2009）『保育とは何か　保育の理論と実践講座第一巻』新日本出版社。

厚生労働省（2009）『保育所保育指針解説書』フレーベル館。

河野利津子・成田朋子（2010）「保育士の主な職務内容の分析」（『比治山大学現代文化学部紀要』第 17 号）。

斎藤謙・手島信雄（1980）「保育者の職務内容」田中未来編『保育と専門性』全国社会福祉協議会。

佐藤紀子（2007）『看護師の臨床の「知」看護職生涯発達の視点から』医学書院。

杉山隆一（2002）「保育労働の現実と課題」植田章・垣内国光・加藤薗子編『社会

福祉労働の専門性と現実』かもがわ出版。

総務省統計局（2012）『グラフで見る我が国の人口・世帯　平成 22 年国勢調査』。

高濱裕子（2001）『保育者としての成長プロセス』風間書房。

西川真規子（2008）『ケアワーク・支える力をどう育むか　スキル習得の仕組みと
ワークライフバランス』日本経済新聞出版社。

UK. Department of Health (2004), *NHS Job Evaluation Handbook* (Second Edition).

European Commission (EU) directorate-General for Education and Culture (2011), *Compe-
tence Requirements in early Childhood Education and Care*, University of East London
ant Gent.

ILO (2008), Promoting Equality: Gender-neutral Job Evaluation for Equal Pay: A Step-by-
Step Guide, International Labor Office.

第 12 章

日本の労働時間制度と国民生活

1. はじめに

年末の恒例行事のひとつに「新語・流行語大賞」というのがある。昨年
(2013 年) は「今でしょ！」「お・も・て・な・し」「じぇじぇじぇ」「倍返し」
の 4 つのセリフが「大賞」をとった。しかし，ここで取り上げたいのはその
「大賞」ではなく，ノミネートされた 50 語のうち，3 つあった労働にかかわる
言葉である。それは「ブラック企業」,「限定正社員」,「追い出し部屋」の 3 つ
であった。「限定正社員」は範疇が少し異なるが,「ブラック企業」や「追い出
し部屋」というのは，まさに今日の労働の負の部分を象徴する言葉であろう。
とくに「ブラック企業」はトップテンに入る「健闘」ぶりであった。

実際，昨年は「ブラック企業」という言葉はメディアを賑わせ，ブラック企
業問題を取り上げた文献も多数出版された。出版物のなかでも今野晴貴『ブラ
ック企業』は「第 13 回大佛次郎論壇賞」を受賞するほどの高い評価を受けた。
今野によればブラック企業とは「違法な労働条件で若者を働かせる企業」であ
り，それは 2 つのタイプからなる。第 1 に，大量に採用して厳しい業務を与
え，使える人材だけ残してあとは辞めさせる「選別型」，第 2 に,「使い捨て
型」で，長時間低賃金労働で社員を縛るのが特徴という[1]。

「ブラック企業」という言葉は今日の一部の企業の異様な人事・労務管理の

問題性を社会的に明らかにすることに寄与した。「ブラック企業」という言葉が人口に膾炙するようになったのは 2007 年頃からであるが，その前にも，「DQN（ドキュン）企業」と呼ばれる長時間労働を強いる企業の存在が若者の間では広範に知られており，筆者も，そのことを論文に書いたことがある[2]。そのきっかけは，筆者のゼミに所属していた学生が，就職した企業で営業職についたが，日々 15〜16 時間の労働を強いられていると相談に来たことであった。

　ブラック企業にせよ，DQN 企業にせよ，もっとも大きな問題は長時間労働によって，肉体と精神を損なう労働者が存在していることである。そして，後に述べるように，通常ブラック企業と呼ばれる企業は IT 産業や外食産業等の新興企業であることが多く，もっぱら若年労働者がその被害者となることが多いのであるが，過労死や過労自殺の被災者の実態をみると，日常的にはブラック企業とは見なされていないような製造業や大企業にも多く存在し，「ブラック」化は実は大きなひろがりをみせているのである。

　本章では今日の労働時間をめぐる状況をトータルに明らかにする中で，問題解決の政策的展望を探ることとしたい。

2. 労働者の権利とは何か

　歴史を振り返ると，1911（明治 44）年，わが国で最初の本格的な社会政策として労働者保護を目指す工場法ができるまでは，労働条件・労働環境に関する規制がなかった時期で，長時間・低賃金・過酷労働を容認する，まさに労働者からの搾取・収奪，やりたい放題のいわばブラック企業全盛の時代だったといえる。

　しかし当然，歴史的な進歩によって，当初は非常に不十分な労働規制政策であったけれども，それなりに社会政策は進展を遂げ，戦後になって，新憲法のもとで「労働基準法」をはじめとする一連の労働に関する立法がなされ，さま

---

1)　今野（2012）。
2)　鷲谷（2007）。

第 12 章　日本の労働時間制度と国民生活　293

ざまな労働者の権利が確立された。したがって，「ブラック」な問題は歴史的な進展のもとで，ほとんど解消されたはずなのである。ところが，現実にはそうなってはいない。かつて明治期にあったような労働と死が直結する場面というものが，今日においてなお，しばしば出てきているのである。

そういう意味で，実際に，本来の労働者の権利は法制度においてどのように規定されているのか。かつ，現実はどのようになっているのか。そこにはどのような問題があるのか。それに対する対策は何なのかという観点から議論していきたい。

2-1　人権としての労働者の権利の枠組み

まず労働者の権利とは何かということである。人権としての労働者の権利の枠組みとして，筆者は4つの大枠，すなわち，労働者の保護，公正労働条件，労働三権，社会保障権を提示したい。

①　労働者の保護というのは，具体的には労働条件にかかわる権利であるが，1つ目は労働時間規制である。まず，労働基準法にもとづく長時間労働や深夜労働の規制（休息権，休日・休暇取得権）があげられる。また，最近では，育児・介護権といった概念から労働時間に関する権利を位置づける枠組みも注目されている。

2つ目は労働安全衛生である。法的には労働基準法から「分離独立」した「労働安全衛生法」[3]に根拠を有するが，有害労働の禁止や使用者の安全・健康配慮義務，あるいは快適労働権などが含まれている。

3つ目に雇用にかかわる権利である。憲法第 27 条第 1 項が規定する勤労権にもとづく雇用の機会の提供（職業安定行政等）といったん獲得した雇用の確

---

3)　1972 年に労働基準法第 5 章（第 42～55 条）から移行する形で成立・施行された。ただし，現在の労働基準法には第 5 章「安全及び衛生」は残存しており，かつ同章の唯一の条文である第 42 条には「労働者の安全及び衛生に関しては，労働安全衛生法の定めるところによる」という規定が残され，両法の関連が条文として明示されている。

保・安定にかかわる権利である。後者に関しては，雇用の安定を保障する法理のひとつとして，判例法としての解雇権濫用法理があるが，これは，2003年に労働基準法に明文規定として取り込まれ（第18条の2），その後，「労働契約法」成立（2007年）とともに，同法第16条に移行された。

4つ目は最低賃金である。これも，元々労働基準法第28〜31条に規定されていたが，1959年に最低賃金法として分離独立した。最低賃金法は2007年に改正され，「労働者が健康で文化的な最低限度の生活を営むことができるよう，生活保護に係る施策との整合性に配慮する」との文言が追加され，憲法第25条の生存権との関係が明記された。

②　第2に公正労働条件である。ここでは大きく2つの枠組みを考えている。ひとつは，労働者が自由かつ自発的に労働する権利にかかわることであり，逆に，身分的な資本家・使用者との従属関係にもとづく強制労働や拘束労働あるいは中間搾取を禁ずること，あるいは職業選択の自由等を想定している。いまひとつは労働者間の差別を禁止することである。具体的には，憲法第14条「法の下の平等」そして労働基準法第3条「均等待遇」，同第4条「男女同一賃金の原則」等に規定されているとおり，人種，国籍，信条，性別，社会的身分等によって労働者は差別されてはならないということである。

③　第3は労働三権である。労働者が資本家・使用者と対等に労働条件や雇用条件を決定できるよう，近代国家においては共通して，労働者の3つの権利すなわち，団結権，団体交渉権，団体行動権（争議権）が保障されているが，わが国では戦後になって労働組合法および憲法第28条によってようやく確立された。

④　最後は社会保障権である。これは法的には憲法第25条の「健康で文化的な最低限度の生活を営む権利」を具現化すべき国の社会保障義務によって規定されている。

以上あげた4つの枠組みのうち，本章で取り上げるテーマにかかわるのは，第1の労働者保護にかかわる枠組みである。やや詳しくみていこう。

まず，労働基準法においては，第1条で，労働条件の基準は「人たるに値す

る生活を営むための必要を充たすべき」と規定されている。当然これは賃金にも，労働時間にも，労働環境にもかかわってくる。しかし，後述のとおり，賃金，労働環境については，今日では他の法律に相当部分が移管されており，労働基準法のなかでも，実質的中核をなすのは第4章「労働時間，休憩，休日及び年次有給休暇」であるといっても過言ではない。そこでは，週40時間制，1日8時間制，週休1日制，休憩時間，年次有給休暇等の基本原則の外，時間外・休日労働，深夜労働等の規定を含む労働時間・休日・休暇に関するさまざまなヴァリエーションが規定されている。1日8時間・週40時間制の原則的規定は，法的には国際水準を満たしていると言えるが，いうまでもなく，今日大きな問題となっているのは後者のさまざまなヴァリエーション＝例外規定や弾力化規定であり，これは，1947年の労働基準法制定時から存在したものとその後，1987年の労働基準法の大幅な改定以降の一連の弾力化によって付加・改定されたものがあるが，いずれも長時間労働の規制を事実上困難にする内容が含まれており，この点は後に詳しく述べる。

　最低賃金法の目的は労働者の生活の安定にあるが，さらに，労働力の質的向上を目的に加えている点に注目する必要がある。

　同法第9条第3項は2007年に追加された項目で，かつて最低賃金法には，憲法との直接の関係が明記されていなかった。追加条文には憲法第25条の条文「健康で文化的な最低限度の生活を営むことができるように」という言葉が入り，かつ「生活保護に係る施策との整合性」という言葉も入った。その「整合性」には，生活保護水準よりも最低賃金が低い地域が少なくない現状を解消することが含意されている。

　労働安全衛生法第3条には，事業者，使用者の義務として「最低基準を守るだけでなく，快適な職場環境の実現と労働条件の改善を通じて」，「労働者の安全と健康を確保するようにしなければならない」と書かれている。「快適な職場環境」という言葉は使用者にとっては重い言葉であり，労働基準法第1条第2項の「この法律で定める労働条件の基準は最低のものであるから，労働関係の当事者は，この基準を理由として労働条件を低下させてはならないことはも

とより，その向上を図るように努めなければならない」とともに，最低基準法規の水準に甘んじることなく，それを上回る労働条件をめざすことを要求しているわけである。

「労働契約法」では，第5条で労働者の安全への配慮が求められている。つまり使用者の義務として，「労働者がその生命，身体等の安全を確保しつつ労働することができるよう」という言葉が入っている。また同法第16条は，前述した解雇権の濫用法理といわれるものであるが，「解雇は，客観的に合理的な理由を欠き，社会通念上相当であると認められない場合は，その権利を濫用したものとして，無効とする」ということである。つまり使用者側による恣意的な解雇や，差別的な解雇等不当な解雇は認められないのである。

ただ問題は，こうした権利が現実に確保されているのかどうかということであって，ここがいま非常に大きな問題なのであるが，その問題に移る前に労働者の権利の歴史性についてふれておきたい。

2-2　労働者の権利の歴史性

社会政策としての労働者の権利保護は，ある日突然できたのではなく，歴史的な変化をともなってできてきた。つまりレッセ・フェール＝自由放任主義の時代において，いったい労働条件がどういう具合になっていたかということからはじまる。産業革命期の「原生的労働関係」と呼ばれる時期においては，労働者に対する法的保護がない状態にあり，多くの労働者が非常な長時間労働と極端な低賃金，悪労働環境のもとで働かざるをえない状況にあった。

その結果，労働力の再生産は困難になる。低賃金のゆえに労働者自身，そして家族の生命と健康を維持するに足る生計費を得ることができず，また，長時間労働のゆえに肉体と精神を癒やすに充分な生活時間を確保しえず，個人および家族（世代間）の労働力の再生産は困難とならざるをえなかったのである。労働力の持続可能性，サスティナビリティーが阻害されていたという言い方もできるであろう。

たとえば1903年に農商務省商工局によって作成された，工場法策定を視野

に入れた，当時の工場労働者の状態に関する実態調査報告書である『職工事情』[4)]の中で，しばしば取り上げられるのが長時間労働と深夜労働である。綿糸紡績業で働く「女工」すなわち女性労働者の多くは深夜2交替制で働いていた。労働者を2つのグループに分け，それぞれ昼と夜の12時間労働を1週間交替でおこなう。1週間昼番で働くと，翌週は深夜労働に従事し，次の週には再び昼番に戻るわけである。

しかし，それに加えて，夜番の労働者が病気などで欠けてしまうと，同じ機械を担当していた昼番の労働者がそのまま継続して仕事をする。さらに，翌日の昼番の労働者が別にいるわけではないから，継続して次の昼番もつとめ，結局36時間連続で働かせるなどということがおこなわれた。その結果として，女工の中に，当時としてはきわめてシビアな疾患である肺結核が流行し，多くの女工たちが命を落とすことになったのである。

こういうまさしく労働力の再生産が困難な状況に対して社会的に何も規制のないなかで，当然労働者側からも工場法成立に向けてのさまざまな運動があり，また，社会政策の研究者たちの工場法促進の動きも起きるなかで，世論の高まりを受けて，工場法という最初の労働者保護政策が出てきたわけである。

2-3　労働者の権利の現状

ここでは2つに絞って紹介しておきたい。1つは，長時間労働の問題である。もう1つは，雇用不安，具体的には非正規化の問題である。

長時間労働の何が問題なのか。前述した繊維産業の女工の長時間・深夜労働の例にみるように，健康に対して非常に大きなマイナスの影響を与えることはよく知られている。長時間労働がなぜ健康に対して大きな影響を与えるのか。

まず，長時間労働そのものが労働者に大きな肉体的・精神的な負担を与える。当然長く働いていると疲れる。少し働くのと長く働くのでは疲れ方が違う。問題はその後である。1日24時間のうち，労働時間が8時間だと残りは

---

4)　農商務省商工局（1903）。

16 時間である。労働が 8 時間で終われば，体を休める時間のうち，もっとも重要な意味をもつ睡眠時間がそれなりに取れる。ところが労働時間が長くなると，24 時間から労働時間を引いた残余は当然少なくなる。労働時間と非労働時間はトレード・オフの関係なのである。労働時間が長くなると非労働時間は短くなり，当初は非弾力的な睡眠時間以外の生活時間，たとえば余暇活動等の時間が削られるが，余暇活動等での調整が限界に達すると，睡眠時間を削らざ

表 12-1　平日の男女，仕事時間階級別にみた行動の種類別総平均時間（15 歳以上）

（単位：時間：分）

「仕事」行動の時間階級		1次活動	(再掲) 睡眠	2次活動	(再掲)					3次活動	(再掲) テレビ・ラジオ・新聞・雑誌
					仕事	家事	介護・看護	育児	買い物		
男性	仕事をしない	11：18	8：19	2：50	—	0：38	0：04	0：04	0：24	9：52	3：50
	4時間未満	11：14	8：05	4：34	2：26	0：27	0：03	0：05	0：22	8：12	2：51
	4〜5時間台	10：52	7：58	6：54	4：51	0：17	0：01	0：03	0：12	6：13	2：13
	6時間台	10：42	7：42	7：47	6：22	0：10	0：01	0：04	0：08	5：31	2：12
	7時間台	10：19	7：26	8：58	7：25	0：08	0：01	0：04	0：06	4：44	1：59
	8時間台	10：06	7：20	9：53	8：21	0：07	0：01	0：04	0：04	4：01	1：45
	9時間台	9：45	7：11	10：46	9：19	0：05	0：01	0：03	0：04	3：29	1：30
	10時間台	9：29	7：04	11：40	10：20	0：03	0：01	0：03	0：03	2：52	1：11
	11時間台	9：14	6：55	12：32	11：18	0：03	0：01	0：02	0：02	2：15	0：54
	12〜13時間台	8：34	6：31	13：53	12：42	0：02	0：00	0：02	0：02	1：33	0：38
	14時間以上	7：22	5：39	15：57	15：06	0：01	0：00	0：00	0：00	0：41	0：14
女性	仕事をしない	11：00	7：44	5：29	—	3：17	0：07	0：34	0：40	7：30	2：55
	4時間未満	10：31	7：14	7：40	2：24	3：16	0：06	0：24	0：38	5：50	2：17
	4〜5時間台	10：09	7：02	9：25	4：53	2：51	0：04	0：15	0：29	4：25	1：57
	6時間台	10：08	7：03	10：13	6：19	2：24	0：03	0：16	0：20	3：40	1：39
	7時間台	10：03	6：59	10：36	7：23	1：46	0：02	0：09	0：17	3：21	1：28
	8時間台	9：57	6：56	10：57	8：19	1：14	0：01	0：06	0：13	3：05	1：18
	9時間台	9：38	6：50	11：37	9：19	1：04	0：01	0：04	0：10	2：45	1：07
	10時間台	9：27	6：40	12：12	10：17	0：43	0：01	0：02	0：08	2：21	0：54
	11時間台	9：05	6：29	13：10	11：19	0：36	0：01	0：03	0：07	1：45	0：41
	12〜13時間台	8：38	6：07	14：04	12：35	0：29	0：01	0：01	0：04	1：17	0：29
	14時間以上	7：08	5：18	16：15	15：12	0：13	—	0：02	0：01	0：38	0：12

（注）　1：睡眠，食事など生理的に必要な活動は「1 次活動」，仕事，家事など社会生活を営む上で義務的な性格の強い活動は「2 次活動」，これら以外の各人が自由に使える時間における活動は「3 次活動」に区分されている。
　　　　2：行動区分は主要なもののみ掲げた。
（出所）総務省「2011 年　社会生活基本調査」より作成。

第 12 章　日本の労働時間制度と国民生活　299

るをえなくなってくる（表 12-1）。

　長時間労働は労働者の疲労を深めるばかりでなく，睡眠時間の削減を通じて，疲労からの回復をも阻害する。長時間労働は二重の意味で健康に対して悪影響を与えるのである。

　労働時間の延長によるその他の生活時間の圧迫は，家族生活において，さまざまな問題を引き起こす。夫婦あるいは親子間で生活時間のズレがおき，コミュニケーション面や家事分担面で問題がおきるのである。最近ではワーク・ライフ・バランスという言い方がされているが，そこにはいろいろな問題が含まれている。男女の役割分担の問題とは，実は同根である。

　長時間労働は労働力そのものの質を低下させることになる。半分居眠りしながら仕事しても能率が上がるわけはない。まともな仕事ができるかというと非常に疑問である。ところが現実には，そういう状態で働いている人たちが少なくない状況にある。それはこの間頻発している長距離バスの重大事故のなかでとくに注目されているのが運転者の長時間労働→睡眠不足→疲労蓄積による事故であることをみても理解されよう。

　もうひとつ重要なのは，国際的な関係である。公正な国際競争を阻害する，いわゆるソーシャルダンピングの問題である。長時間労働によって低コストでつくったものは当然安くなるから，国際的な競争力は強まるかもしれない。しかし，そのような長時間労働が国際的にみて何が問題かというと，「底辺への競争」の引き金となるということである。輸出競争力を高めるために，それぞれの国が競い合って労働条件を下げることになりかねない。ある国が労働条件を引き下げると，ほかの国も労働条件を引き下げないと対抗できないことになる。まことに不毛な競争といわなければならない。社会とは本来進歩すべきであるけれども，しばしば底辺への競争という逆の方向での競争が，労働者たちのさまざまな権利を阻害する状況を産み出しかねないのである。

　とりわけ最近の日本ではグローバル競争という言葉で示されるように，このままでは日本は国際競争に負けてしまうという議論が非常に強まっている。そのなかでは，いま現実に進んでいる労働者の労働条件の切り下げが合理化され

300

てしまうという危惧をもたざるをえない。

　雇用不安・非正規化の問題に関していえば，総務省『労働力調査』[5]による
と，2013年の年間平均では，非正規労働者がすでに36.7%を占め3分の1を
超えている。非正規労働者比率を統計で追うことができるもっとも古い年次は
1984年で，そのときの割合は15.3%であったから，非正規化のテンポがいか
に速かったかよくわかる。

　非正規化の進行のひとつの大きな問題は雇用の不安定化ということで，とり
わけ非正規の場合は，有期雇用が多いから，いつ首になるかわからないという
意味で生活の不安定化がある。さらに，低い労働条件に甘んじざるをえない。

　また，非正規化の進展は，実は企業の経営にも暗い影を落としているのでは
ないか。つまり非正規化はコストダウンの方法として採用されているわけであ
るが，当面のコスト減と引き替えに，企業の将来を考えた場合，その企業で本
来育てるべき人材を育てられるのかという点に大きな問題がある。

　一方で過労死するほど長時間労働で働く人々と，パートタイマーを含む非正
規労働者との併存状況がある。たとえば，厚生労働省「毎月勤労統計調査」
で，最近20年間の労働時間の推移をみると，事業規模5人以上平均で，1994
年から2013年にかけて年間総実労働時間は1,910時間から1,746時間まで
164時間減少した。しかし，フルタイム労働者とパートタイム労働者に分けて
推移をみると，フルタイマーは2,036時間から2,018時間へ，パートタイマー
は1,172時間から1,093時間へとあまり大きな変化はない。とりわけフルタイ
マーに関してはほとんど変化はなかったといえる。全労働者の見かけの時間短
縮と，勤務形態別にみた時間短縮のギャップのからくりは簡単なものである。
すなわち，この20年間にパートタイマーの全労働者に対する比率が急速に上
昇したのであり，1994年には14.6%にすぎなかったのが，2013年には29.4%
に上昇した。その結果，もともと労働時間の短いパートタイマーの比率が高ま

---

　5)　2001年以前は「労働力調査特別調査」，2002年以降は「労働力調査詳細集計」に
　　よる。

ったことが全労働者平均の労働時間の見かけ上の大幅な短縮を演出したわけである。

ここで，日本の労働時間の現状についてやや詳しくみておこう。

図 12-1 には厚生労働省「毎月勤労統計調査」，総務省「労働力調査」，同「社会生活基本調査」の 3 つのデータをあわせて掲げている。このうち，「毎月勤労統計調査」の労働時間データは国の労働時間政策の前提となる基本データとして利用されてきた。しかし，労働時間調査としての「毎月勤労統計調査」には大きな問題点がある。同調査は事業所調査であり，わが国のように，事業所（企業）が必ずしも労働時間の正確な把握をおこなわない（「不払い残業」「サービス残業」の存在）場合には，労働時間は過小申告されることになる。そこで，「毎月勤労統計調査」に換えて個人（世帯）調査たる総務省（庁）「労働力調査」の就業時間データを利用すべきとの有力な主張が 1990 年前後から存在する。筆者は，「労働力調査」に加え，生活時間調査たる総務省（庁）「社会生

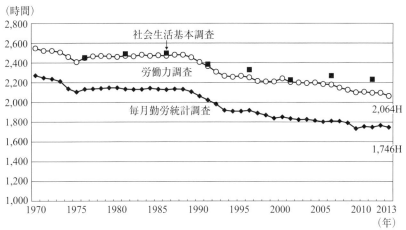

図 12-1 実労働時間の 3 統計間の比

(注) 1：「毎月勤労統計調査」は規模 5 人以上の事業所所属雇用者の平均実労働時間。ただし，1990 年に集計方法が変更されたので，時系列比較には留意が必要。
2：「労働力調査」は非農林水産業の雇用者の年間平均就業時間。
3：「社会生活基本調査」は雇用者の 1 日の平均「仕事」時間の年日数分乗算。
(出所) 厚生労働省「毎月勤労統計調査」，総務省「労働力調査」，同「社会生活基本調査」より作成。

活基本調査」によってもうひとつの実労働時間の算出を試みることとした（鷲谷 2005）。

　生活時間調査はその方法そのものが時間把握の精度の高さを自己証明する。なぜならば，この方法は「仕事」時間や「睡眠時間」，あるいは「食事」時間やテレビ等の視聴時間等，各種の生活時間量を把握することを可能にするのだが，調査対象者は「仕事」時間が何時間何分であったか，あるいは何時間何分睡眠を取ったかを調査票に書くわけではない。実際には与えられた予め行動区分（最新の 2011 年調査では 20 区分）ごとに 15 分刻みの升目が印刷されたタイムテーブルにそれぞれの時間帯ごとにおこなった行動をチェックしていく。同じ時間帯に重複行動は認められず，主な行動をひとつ選択することになっている。したがって，1 日ベースで考えるとすべての行動時間の合計は必ず 24 時間となる。このことは，ある特定の行動が誇大に記帳される可能性がきわめて薄いことを示す。すなわち，就業時間を単独で尋ねている労働力調査と比べても精度が高いといえるのである。

　図に戻ってみよう。「毎月勤労統計調査」による 2013 年の総実労働時間は1,746 時間，これに対し，「労働力調査」による同年の非農林水産業雇用者の年間就業時間は 2,064 時間，両者のギャップは 318 時間となる。わが国の労働者の実際の年間平均労働時間は政府の公式発表を 18％も上回っていることになる。「社会生活基本調査」のデータは「労働力調査」のそれに近似しているが，この 2 回ほどは，「労働力調査」をかなり上回っている。いずれにせよ，わが国においては，「不払い残業」「サービス残業」が相当程度にのぼることは明らかであろう[6]。

3．長時間労働は何をもたらすのか

　図 12-2 で示したのは，いわゆる「名ばかり」管理職問題[7]の発端となった，

6）　3 統計間の比較について，詳しくは鷲谷（2011）をみよ。
7）　「名ばかり管理職」とは，労働基準法第 41 条 2 号が「監督若しくは管理の地位にある者又は機密の事務を取り扱う者」は「労働時間，休憩及び休日に関する規定は，

第 12 章　日本の労働時間制度と国民生活　303

図 12-2　人を減らす一方で，仕事は増え続けた——マクドナルド高野店長の 1 日——

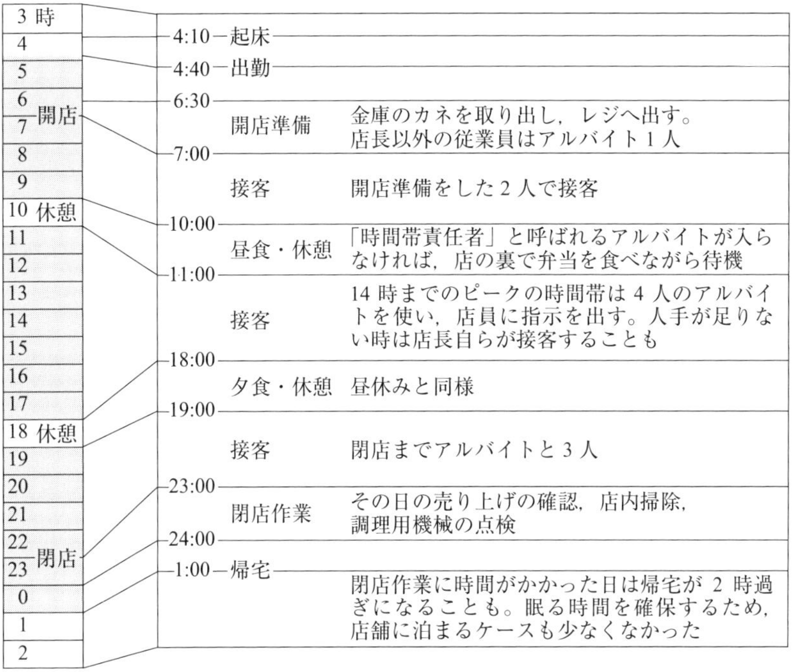

3 時		4:10—起床	
4		4:40—出勤	
5			
6		6:30	
7 開店		開店準備	金庫のカネを取り出し，レジへ出す。店長以外の従業員はアルバイト 1 人
8		7:00	
9		接客	開店準備をした 2 人で接客
10 休憩		10:00	
11		昼食・休憩	「時間帯責任者」と呼ばれるアルバイトが入らなければ，店の裏で弁当を食べながら待機
12		11:00	
13		接客	14 時までのピークの時間帯は 4 人のアルバイトを使い，店員に指示を出す。人手が足りない時は店長自らが接客することも
14			
15			
16		18:00	
17		夕食・休憩	昼休みと同様
18 休憩		19:00	
19		接客	閉店までアルバイトと 3 人
20			
21		23:00	
22		閉店作業	その日の売り上げの確認，店内掃除，調理用機械の点検
23 閉店		24:00	
0		1:00—帰宅	閉店作業に時間がかかった日は帰宅が 2 時過ぎになることも。眠る時間を確保するため，店舗に泊まるケースも少なくなかった
1			
2			

　(注)　昨年前から今年はじめのもっとも労働時間が長かった時期（前の店に在籍していた当時）の行動パターン。
（出所）『日経ビジネス』2005 年 10 月 24 日号より作成。

　日本マクドナルドの埼玉県の店舗の店長であった高野広志氏の 1 日の生活時間である。朝 4 時 10 分に起床，4 時 40 分に家を出て 6 時 30 分に店に着き，開店準備を経て接客をする。最後の閉店作業が終わるのは 24 時，家に帰るのは午前 1 時で，こうした状況が毎日繰り返される。家にいる時間は結局 3 時間 40 分しかない。まともな睡眠時間が取れるはずもなくせいぜい 2〜3 時間であったという。高野氏は体調を崩し，病院で「軽い脳梗塞」と診断された。高野

　　——……適用しない」としていることを根拠として，その実態が厚生労働省の通達が示す「経営者と一体的な立場」「出退勤の自由」「地位にふさわしい待遇」などの条件を満たしていないにもかかわらず，管理職として取り扱われ，長時間労働させられ，かつ時間外手当を支給されないような「管理職」を指す。

氏は東京管理職ユニオンを通じて，環境改善と残業代の支払いを求める交渉を始めた。残業代に関して，日本マクドナルドは「店長は一般社員ではなく，管理監督者。支給対象にはならない」と主張し，交渉が決裂したため，争いを法廷にもち込むことを決めた[8]。

裁判の結果，1審の東京地裁は，「店長」は労働基準法上の管理監督者とはいえないとして，残業代の支払いを命じる同社敗訴の判決を下した。

先述のとおり，「労働契約法」では，使用者の安全配慮義務が定められている。あるいは「労働安全衛生法」でも労働者の安全と健康確保が事業者の責務として定められているにもかかわらずこういう状況が生まれているのである。

厚労省の過労死および過労自殺の統計資料をみると，過労死を含む循環器系の脳・心疾患については，毎年千件近い請求があるが，労働災害として認定されるのは3分の1程度である。逆にいえば，3分の2は認定されていないということである。一方，過労自殺を含む精神障害にかかる労働災害はどんどん請求件数が増えて10年前の3倍近くになり，認定件数も増えている。2012年度は475件が認定され，そのうち自殺したケースは93件ということで，統計史上で最高件数を記録した[9]。

ただこれは氷山の一角にすぎないといえるであろう。まず，過労死および過労自殺の認定基準はきわめて厳しいものがある。たとえば過労死については労働時間にかかる認定基準は2つある。過労死，あるいは過労死に至る病気が発症した月の前1か月の時間外労働時間が100時間を超えている，あるいは2か月前から半年前の間の時間外労働が平均で80時間を超えている方が過労死と認定される可能性が高くなるということだが，実際にはいろいろなタイプの労働があるわけであるから，一律の基準で切ることはそもそも無理がある。そういう意味で過労死の認定基準が厳しいということである。したがって，労災認定を請求しても認定されないケースの方が多く，また，そうした壁を前にし

---

8) 『日経ビジネス』2005年10月24日号。
9) 厚生労働省「脳・心臓疾患と精神障害の労災補償状況」各年度報告。

て，そもそもはじめから認定請求しない人も実はたくさんいる。あるいは請求
したくてもできない人もたくさんいることも知っておく必要がある。

　日本の「過労死」は，今や国際問題となっている。2013 年 5 月には，国連
社会権規約委員会から日本の過労死に対する「懸念」が示され，長時間労働規
制に関する規制の勧告がなされた。やや具体的に示すならば，国連の「社会権
規約」（「経済的，社会的及び文化的権利に関する国際規約」）全 31 条の中で第 7 条
は労働条件にかかわるものである。同条は「この規約の締約国は，すべての者
が公正かつ良好な労働条件を享受する権利を有することを認める」とするが，
その権利のひとつに「休息，余暇，労働時間の合理的な制限及び定期的な有給
休暇並びに公の休日についての報酬」というものがある。

　日本はこの「社会権規約」を批准していて，これに縛られている。したがっ
て国内でこれに反するものがあると当然，国連から指摘がある。まさに 2013
年の 5 月に国連の社会権規約委員会から，日本に対する総括所見というものが
発表され，そこにはつぎのような記述がある。

　「委員会は，締約国による雇用主の自発的行動を促進する措置はとられてい
るものの，相当数の労働者が過度に長い時間労働を続けていることに懸念をも
って留意する。また，委員会は，過重労働による死及び職場における精神的嫌
がらせによる自殺が発生し続けていることに懸念を表明する。

　委員会は，安全かつ健康的な労働条件と労働時間の合理的な制限についての
労働者の権利を保護する本規約第 7 条の義務に沿った形で，締約国が長時間労
働を防止するための措置を強化し，労働時間の延長についての制限の不遵守に
対して制裁が確実に適用されるようにすることを勧告する。また，委員会は，
締約国に対して，必要な場合には，職場における全ての形態の嫌がらせを禁止
し，防止することを目的とした法令及び規則を採用することを勧告する[10]」。

　実はこれ以外に ILO からもいろいろな指摘が出されていて，わが国の労働

---

10)　外務省仮訳（http://www.mofa.go.jp/mofaj/gaiko/kiyaku/pdfs/kenkai_130517_jp.pdf；
　　2014 年 3 月 10 日閲覧）。

図12-3　就業の有無別有配偶女性の生活時間（週平均）

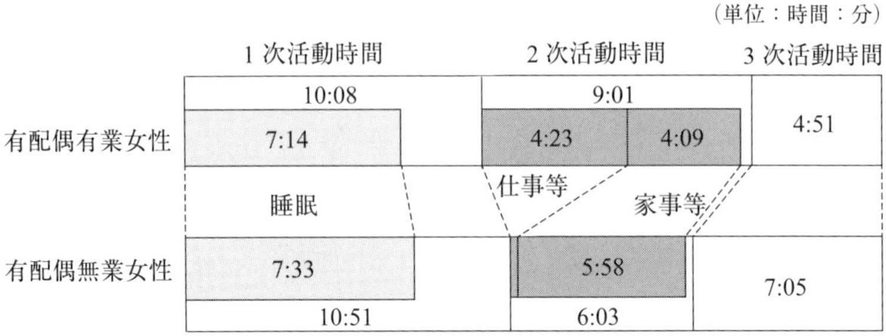

（単位：時間：分）

	1 次活動時間	2 次活動時間	3 次活動時間

有配偶有業女性　10:08　7:14　｜　9:01　4:23　4:09　｜　4:51

睡眠　　仕事等　　家事等

有配偶無業女性　7:33　｜　5:58　｜　7:05
10:51　　6:03

（出所）総務省統計局「2011 年　社会生活基本調査」より作成。

問題は国際的な注目の的となっている。あまり名誉なことではないが，2002年，オックスフォード英語辞典に「karoshi」（過労死）が新たに単語として採用され「(in Japan) death caused by overwork or job-related exhaustion」というように定義され，掲載されている状況になっている。

　さらにこの長時間労働は，ほかにもワーク・ライフ・バランスという観点でみると，女性労働についてもいろいろな問題を引き起こしている。総務省「2011 年　社会生活基本調査」でおこなわれた生活時間調査の結果から，有配偶女性（夫のいる女性）で仕事をもっている人と，そうではない人の 1 日の生活時間を比較したものを図 12-3 に掲げた。表 12-1 の注にも示したが，1 次活動時間とは睡眠や食事等の生理的な生活時間，2 次活動時間はまさに労働で，外で働く労働と家事（ドメスティックワーク）との合計時間，3 次活動時間というのは余暇活動である。

　仕事をもっている有配偶の女性は，専業主婦である有配偶無業の女性と比べ，仕事時間と家事時間等をあわせた 2 次活動時間は 3 時間近く長く，したがって，睡眠時間も 3 次活動時間も圧縮せざるをえない。この働く女性の家事と労働の二重負担が，実は女性の社会進出に対する大きな阻害要因となっている。背景にあるのは，日本の場合，家事はもっぱら女性が行っており，男女間での家事時間の比率は 1 対 6 ぐらいになっていることである。非常に大きなジェンダーギャップが存在している。逆にいうと，男性の長時間労働が男性の家

図 12-4　帰宅時刻別に見た夫の勤務日の夕食状況

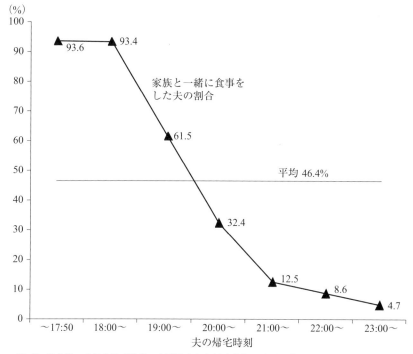

（出所）鷲谷徹・品部義博「就業・生活様式と食料消費構造（Ⅰ）」『労働科学』66 巻 7 号，1990 年 7 月。

事時間を抑圧してそれが女性の家事時間の増大につながり，女性の社会進出を妨げる結果になっている。

　もうひとつ，図 12-4 は「帰宅時刻別に見た夫の勤務日の夕食状況」という資料であるが，筆者自身がおこなった調査結果である。要するに，夫は何時に帰宅すると，家族と一緒に食事ができるかという調査である。18 時台に帰宅すると 90％以上，19 時台では 61.5％の夫が家族と一緒に食事をする。20 時台になると 32.4％だ。つまり夫が仕事で遅くなって家に帰ってくるまで，家族はそれなりに待ってはいるのだが，だんだんその割合が減ってくる。さらに 21 時台になると 12.5％ぐらいしか待ってくれない，それを超えると 1 割を切ってしまう。

　家族で一緒に夕食をとるかどうかというのは，ワークライフバランスの観点

から非常に重要なメルクマルである。ヨーロッパでは，男性の仕事が遅くなって家族と一緒に食事ができないことは，普通まず許されない。社会的にも，個人的にも許されない状況である。日本の場合は，前述の調査では，平均して家族と一緒に食事を取る男性の割合は 46.4% である。過半数の男性（夫）が家族と夕食を食べていない状況があるということである。

4．労働のブラック化の原因は何か

4-1　法的規制の弱点

ではなぜ 2 で述べたような労働者の権利が行使できないのか。現実問題として，なぜ本来のあるべき労働条件と懸け離れた状況が起きているのか，その原因を検討しよう。

ひとつは，法的規制の弱点である。わが国では，時間外・休日労働には，災害，緊急時等，特殊な事態において，行政官庁への事前・事後の届け出を条件として一般的に許されているもの（労働基準法第 33 条）と，労使協定を条件として，ごく日常的に許されるもの（労働基準法第 36 条）の二通りある。いうまでもなく，問題となるのは後者である。

労働基準法第 36 条によれば，「労働者の過半数で組織する労働組合がある場合においてはその労働組合，労働者の過半数で組織する労働組合がない場合においては労働者の過半数を代表する者と書面による協定をし，これを行政官庁に届け出た場合においては」，週 40 時間，1 日 8 時間，あるいは週 1 回の休日という本来の最低基準を超え，「労働時間を延長し，または休日に労働させることができる」ことになっているのである。

第 36 条にもとづいて労働者代表と協定（いわゆる「36 協定」）を結ぶことが時間外・休日労働の最低の前提である。逆に言えば，36 協定がなければ企業は労働者に対して時間外・休日労働を命じることはできない。だから 36 協定は本来，長時間労働の歯止めとなるはずなのである。つまり労働者の代表が，労働者の権利や健康を守るという観点でまともな 36 協定を結べば，ブラック化は阻めるはずなのである。

第12章　日本の労働時間制度と国民生活　309

表12-2　東証1部上位100社の36協定の残業上限時間（月間）

順位	社名	時間
1	大日本印刷	200
2	関西電力	193
3	日本たばこ産業（JT）	180
4	三菱自動車	160
5	NTT ソニー 丸紅 清水建設	150
9	NTTドコモ 昭和シェル石油	140
11	中部電力	135
12	東芝	130
13	日立製作所	3か月で384
14	NEC	3か月で360
	京セラ	120
16	住友金属工業	115
17	東レ	109
18	三菱電機	107
19	三井物産	104
20	ヤマト運輸	101
21	鹿島 豊田通商 三菱商事 富士通 新日本製鉄 伊藤忠商事 三井住友海上火災保険 三菱化学 コスモ石油 住友化学 スズケン 凸版印刷 アサヒビール 九州電力 三菱マテリアル ヤマハ発動機 川崎重工業	100

順位	社名	時間
38	住友電気工業	99
39	東京電力 JR東日本 日本郵船 JR東海 みずほ銀行 三井不動産	90
45	JFE商事	89
46	日野自動車	3か月で265
47	双日	84
48	富士フイルム	3か月で250
	三菱重工業 キリンビール 東京ガス 三井化学	3か月で240
50	トヨタ自動車 三井住友銀行 出光興産 住友商事 シャープ ソフトバンク 損害保険ジャパン スズキ アイシン精機 ヤマダ電機 大同生命保険 デンソー 旭化成 ダイハツ工業 商船三井 豊田自動織機 全日本空輸	80
71	富士重工業	79
	ホンダ	3か月で225
72	KDDI メディセオ 神戸製鉄所 電通	75

順位	社名	時間
77	野村証券	72
	東北電力	3か月で210
78	イオン コマツ 大和ハウス工業 武田薬品工業 阪和興業	70
84	JX日鉱日石エネルギー キヤノン リコー	69
87	いすゞ自動車	3か月で200
88	ブリヂストン	65
	日産自動車 三菱東京UFJ銀行 JFEスチール	3か月で180
89	東京海上日動火災保険 マツダ 日本通運 積水ハウス	60
96	東燃ゼネラル石油	56
97	第一生命保険	3か月で160
98	セブン-イレブン・ジャパン アルフレッサ 三越伊勢丹	45

（注）1：ゴシックは月80時間（いわゆる過労死ライン）を超える企業。
　　　2：持ち株会社は代表的な子会社の協定届を請求した。
　　　3：職種により異なる場合は、もっとも長い協定時間。
（出所）東京新聞2012年7月25日朝刊。

ところが，現実は真逆なのである。表 12-2 は，『東京新聞』がスクープした，東証 1 部上場上位 100 社の 36 協定における時間外労働の上限時間のランキングである。

トップは「大日本印刷」で 200 時間である。つまり時間外労働を毎月 200 時間やっても構わないと労働者代表が認めたということである。労働者「代表」が本当に労働者全体の意見を把握し，それにもとづいて認めたのかどうかは知るよしもないが，形式上そういうことになっていて，実際に労働基準監督署に届けられているのである。ランクの最下位は 45 時間とした，セブン―イレブン・ジャパン，アルフレッサ，三越伊勢丹の 3 社であった。実は，この 45 時間というのは，労働基準法第 36 条第 2 項にもとづき，「労働時間の延長を適正なものとするため」厚生労働大臣が定める「労働時間の延長の限度」として示されている一か月あたりの時間外労働時間の上限時間である。すなわち，東証 1 部上場上位 100 社のうち，厚生労働大臣が示した基準内の 36 協定を締結している企業は 3 社のみということになるわけである。

前節で示した国連の懸念というのはまさにここにあるわけである。わが国では，時間外・休日労働についての絶対的な法的上限が存在していない。それでは，前述した厚生労働大臣の定める「限度基準」の効力はいかほどなものであろうか。「労働基準法」第 36 条第 3 項に，36 協定は厚生労働大臣が示した基準に「適合したものとなるようにしなければならない」と書いてあるのであるが，適合したものとならなかった場合にも罰則規定はない。「適合したものとなるように」するための具体的方策として，同条第 4 項に「行政官庁は……必要な助言及び指導を行うことができる」とある。「助言」と「指導」に強制力がないことは明らかであろう。

4-2　低モラルの経営者

2 番目は低モラルの経営者の存在ということである。いわゆる「ブラック企業」といわれる会社の経営者たちの本音の発言を集めた書物が出版された。『ブラック語録大全』[11)]である。これをみると，あきれ返るようなせりふがた

くさん出てくる。

　ごく一部を紹介しておくと，ある IT ベンチャー会社の社長によれば，「『労働基準法は絶対に守られるべき』という考え方は，自分は『置き換え可能な人である！』と言っているのと同じなのである」。要するに労働基準法を守るべきだと考えるような労働者はクビにするぞという話である。

　すでに財界を去った某英会話学校の元社長は「労働基準法なんておかしい。今は 24 時間働かないといけない時代なのに」。「土曜休んで日曜も休む奴はいらない」は大手自動車会社の会長兼社長の発言である。彼はさらに「8 時間働けばそれでいいなど通用しない。成果で報酬が出るんだ」ともいっている。後述する日本型ホワイトカラー・エグゼンプション[12]制度の発想はここから生ずるのかもしれない。

　2013 年の「ブラック企業大賞」を取った企業の前会長は「365 日 24 時間死ぬまで働け」。きわめて率直な意見である。また同じ前会長は，外食チェーン店において「12 時間のうち，メシを食える店長は二流だと思っている。命がけでお客さんを見ていたら，モノなんか口に入るわけない，水くらいですよ」。先にあげたマクドナルドの高野氏のケースなどはこれにピタリと当てはまる。

4-3　労使関係の問題性

　3 番目に，労使関係の問題性について述べる。わが国では労働者間の競争が非常に激しい。日本的雇用慣行というと，あたかも，どの労働者も終身雇用と年功賃金を享受しているかの誤解が多くみられるが実態は大きく異なる。まず，日本的雇用慣行のもとで働く労働者は相対的に規模の大きな企業の正社員に限定される。さらに，しばしば，女性は日本的雇用慣行の埒外に置かれる。

---

11)　ブラック企業大賞実行委員会編著（2013）。

12)　アメリカ「公正労働基準法」（Fair Labor Standards Act）は，本来，週 40 時間を超える時間外労働について 50%以上の割増賃金の支払義務を課しているが，一定の要件を満たすホワイトカラーに関しては，この支払義務の適用を除外する（Exempt）という制度に由来する。

また，日本的雇用慣行のもとで働く労働者であっても，終身雇用も年功賃金も個別人事・労務管理のもとで，競争的・差別的に運用されている。終身雇用といっても，だれもが就職した会社に最後まで在籍しつづけるとは限らず，定年を前にして，関連会社へ出向するのは当たり前，リストラの結果，社外に去ることも日常的となっている。終身雇用＝定年まで在社すること自体が競争の目標となり，競争に勝利しなければ生き残っていけない。年功賃金についても同様であり，個人別査定によって，賃金上昇のテンポは千差万別，地位獲得と賃金上昇を得るためには，熾烈な競争を勝ち抜くことが求められる。そうした競争の結果として，長時間労働は存在する。表面的には会社の強制ということではなく，あたかも自発的に長時間労働に従事しているようにみえる状況こそが，熊沢誠のいう「強制された自発性」[13]なのである。

　もうひとつ，本来，労働者の雇用を守り，労働条件の引き上げのために奮闘すべき労働組合が本来の機能を果たしているのか否かという問題がある。前述のようなノーマルとはいえない36協定を結んでいる当事者としての労働組合が存在しているわけである。

　2013年6月3日付『東京新聞』朝刊は「過労社会〈上〉労組も守ってくれない　過重な残業「見ないふり」」という記事を掲載した。某大手外食産業の店長が過労死した問題を取り上げた記事であるが，彼は過労死する前に，労働組合に対してサービス残業の改善を訴えたが，結局それがかなわず，その会社の企業別労働組合とは異なる外部の個人加盟ユニオンに相談，訴訟準備の最中に過労死したのである。

　その後，被災者の妻が，夫の遺思を継ぎ，当該ユニオンの支援を受けつつ，夫の過労死認定を勝ち取り，会社側に職場の改善を約束させるにいたった。

　その過程で被災者の妻は企業別労働組合の委員長のインタビュー記事を業界専門誌上でみつける。組合委員長によれば「店長は忙しさも半端ではありません。しかし，本当にできる店長は，その中でも休みは取れるのです」。被災者

---

13)　熊沢（2010）。

第 12 章　日本の労働時間制度と国民生活　313

の妻は，これをみて当然憤ったのである。夫の過労死が自己責任だといいたいのか，ということで，企業別労働組合に対して，当該組合が「過重労働に見て見ぬふりをしてきた」ということで，過労死の責任があったことを認めるように求め，簡易裁判所に調停を申し立てた。しかし，企業別組合側は 36 協定の開示すら拒もうとし，協議は決裂し，調停は成立しなかった。

　過労死の責任を問う民事損害賠償請求訴訟では，会社側が被告になるのが普通であるが，労働組合も被告になっているケースがすでに複数ある。労働組合が過労死に対して何らの対応をしなかった，あるいは過労死の認定基準をはるかに上回るようは 36 協定を結んで平然としているのは許されないということで労働組合を訴えるケースがおこっているのである。まさに「名ばかり労働組合」というべきであろう。

5.　労働「再規制」から労働「再緩和」へ

5-1　安倍政権下の労働政策の特徴

　以上みてきたような長時間労働の改善に向けて，いかなる政策的対応がとられるべきか。五十嵐（2008）[14]は，小泉政権下で進められた新自由主義的労働政策の矛盾の深まり，破綻を経た労働政策の転換の方向性を指して「労働再規制」と評価した。小泉に代わって政権についた安倍首相（第一次安倍内閣2006.9.26～2007.8.27）のもとで，究極の労働時間規制緩和といえる日本版ホワイトカラー・エグゼンプション法案が世論の激しい反対の前に撤回をせざるをえず，大きな挫折を味わったのはその第一歩であろう。実際，小泉後の安倍，福田，麻生短命 3 政権のもとで自公勢力は急速に支持を失い，民主党政権誕生に至る。たとえば，政権交代を決めた 2009 年の衆院選においては，自公政権下の新自由主義的政策のもとで格差拡大が進み，非正規労働が拡大したことに対して歯止めをかけるべきとの政策や，長時間労働規制政策を掲げたことが民主党勝利の重要な背景にあったことは明らかである。したがって，民主党政権

---

14)　五十嵐（2008）。

下で，自公政権とは対照的に，労働「再規制」が進むであろうと予想されたわけである。しかし，現実には，民主党政権は労働者派遣法の若干の改正をおこなったのみで，政策転換はほとんどなされなかった。とりわけ，労働時間政策に関しては，選挙時の民主党の政策集には EU の労働時間規制の柱のひとつである"Rest"（休息時間）の導入が謳われていたにもかかわらず，実際には独自の政策が進められることはなかった。いわば政策転換の針は止まったままだったので，2012 年 12 月の衆院選で民主党が大敗し，自公政権が成立すると，再び 3 年前以前の政策動向が復活する。具体的には，規制緩和，民営化を柱とする新自由主義的政策の復活である。

　第二次安倍政権は発足時から，小泉時代以降の自公政権の政策立案手法である，「官邸主導」のもとで，新自由主義的色合いの濃い財界人や学者を集めた会議体経由で新政策を打ち出し，それを諸政策審議会に下ろし，法制化を進めるという方式を復活させた。なかでも主要な組織は 3 つあり，小泉時代から続く経済財政諮問会議，民主党政権時代は休止していた規制改革会議の復活に加え，新たに産業競争力会議を設置した。

5-2　日本版ホワイトカラー・エグゼンプション案の再登場

　本章執筆時点では，労働時間政策に関しては，前述のとおり，第一次安倍政権時代に挫折した日本版ホワイトカラー・エグゼンプションの復活導入が意図されている。具体的には 2013 年 3 月 15 日の第 4 回産業競争力会議で，同会議・雇用・人材分科会主査である長谷川閑史議員（武田薬品社長・当時）が「雇用維持型の解雇ルール」の「世界標準の労働移動型ルール」への転換等とあわせて，「多様な働き方を差別なく認める（画一的な正社員中心主義を改める）」として「裁量労働時間制から新たに自己管理型の業務や在宅勤務等働き方に応じて総労働時間規制等を緩和すると同時に，導入が容易（現行制度は，労使委員会の 4／ 5 以上決議＋個別同意＋労基署への 6 か月ごとの報告）な制度へ移行」，「育児・介護と仕事の両立が可能になるよう，類型的に労働負荷が低いテレワークでの就業は，深夜・休日とは異なる賃金とする」，「裁量労働対象者の総労働時

間規制（深夜・休日残業の割増賃金および36協定に基づく総労働時間の上限）の適用
除外化」を提起した。内容的にはきわめて粗雑で，「総労働時間規制の適用除
外化」など，法的にはほとんど意味不明の表現があるが，意図は明確であり，
現行の企画業務型裁量労働制は本人同意が要件である等使いにくいので，「裁
量労働対象者」と表現されるホワイトカラーの相当部分の労働時間規制からの
適用除外（エグゼンプション）を「多様な働き方」とか「自己管理型の業務」と
いう名目で導入しようとすることがその本質である。第一次安倍政権時に日本
型ホワイトカラーエグゼンプションを「新しい自律的な労働時間制度」と名づ
け，それが「仕事と生活を調和させて働く」ことにつながるとした論法と変わ
りはない。

　長谷川らの提起を受け，13年6月14日に閣議決定された「日本再興戦略」
で「企画業務型裁量労働制を始め，労働時間法制について……本年秋から労働
政策審議会で検討を開始する。ワーク・ライフ・バランスや労働生産性向上の
観点から，総合的に議論し，1年を目途に結論を得る」こととされた。同年秋
には「国家戦略特区」に「プロフェッショナル労働制」という名称のもと，ホ
ワイトカラー・エグゼンプションを導入することが議論されたが，これは最終
的には見送られた。

　同年12月5日の規制改革会議では，「労働時間規制の見直しに関する意見」
がまとめられ，そのなかで，「労働時間規制の三位一体改革（①労働時間の量的
上限規制，②休日・休暇取得に向けた強制的取り組み，③一律の労働時間管理がなじま
ない労働者に適合した労働時間制度の創設）」が主張され，具体的には，「労働時間
の新たな適用除外制度の創設」が提起された。より具体的には「適用除外の範
囲は，国が対象者の範囲の目安を示した上で，基本的には，企業レベルの集団
的な労使自治に委ねる（労使代表で労使協定を締結）。また，割増賃金制度は深夜
を含めて適用しないこととする」ということで，結局内容的にはホワイトカラ
ー・エグゼンプションにほかならない。

　さらに，産業競争力会議「雇用・人材分科会」（長谷川閑史主査）は13年12
月26日に，「中間整理～「世界でトップレベルの雇用環境・働き方」の実現を

目指して～」なる文書を提示，そのなかで，「時間で測れない創造的な働き方の実現」を掲げ，「IT 化やグローバル化が進展し，柔軟な発想が求められる今日，「時間に縛られる」働き方からの脱却が求められており，労働時間の長さで成果を測り，賃金を支払うことは，企業側にとっても，働く側にとっても，必ずしも現状や実態に見合わない状況が生じてきている。このため，一律の労働時間管理がなじまず，自ら時間配分等をおこなうことで創造的に働くことができる労働者（たとえば，職務の範囲が明確で，高い職業能力を持つ労働者）に適合した，弾力的な労働時間制度（時間で測れない創造的な働き方ができる世界トップレベルの労働時間制度）を構築する」こととした。

　長谷川はさらに，14 年 4 月 22 日の経済財政諮問会議・産業競争力会議合同会議にて「個人の意欲と能力を最大限に活用するための新たな労働時間制度」としてより具体化的な提案を提起した。基本的内容は前年 3 月のものとほとんど変わっていないが，ホワイトカラー・エグゼンプションに対する批判を意識した論理構成となっている。すなわち，ホワイトカラー・エグゼンプションが長時間労働を促進するとの批判を意識したためであろう，新しい労働時間制度に関する説明の前段に「「働き過ぎ」防止の総合対策」が謳われる。とはいっても，「長時間労働を強要するような企業が淘汰されるよう，問題のある企業を峻別して，労働基準監督署による監督指導を徹底する」としつつ，その「指導」の中身は「労働時間の実績に関わる情報開示の促進など」と限定される。一方，「経済成長に寄与する優良かつ真面目な個人・企業の活動を過度に抑制する制度は好ましくなく，労働法制においても，企業・行政からの情報開示を促したうえで，過度な事前規制型から事後監視型への転換していくべきである」とする。「事後監視型」とは，例として「ハローワークにおける企業からの求人の掲示に当っては，従業員の定着率や残業時間のデータ開示を要する」ことがあげられる。結局，前段で示された「問題のある企業」に対する「指導」とは「従業員の定着率や残業時間のデータ開示」にすぎず，労基署は直接的な規制はおこなわず，その企業を就職先として労働者が選ぶ場合の情報を示すから，あとは「淘汰」に委せるというわけである。自己責任で就職するかど

第 12 章　日本の労働時間制度と国民生活　317

うかを決めよという内容なのである。こうした発想自体そもそも労働基準法の
精神とはかけ離れたものであるといわなければならない。

　さて，肝心の「新たな労働時間制度」であるが，「個人の意欲と能力を最大
限に活用するための新たな労働時間制度」と謳われる。それは「一律の労働時
間管理がなじまない働き方に適応できる，多様で柔軟な新たな労働時間制度」
であり，「多様な個人の意思や価値観・ライフスタイル等に応じて柔軟に選択
できる，職務内容・達成度等の明確化とペイ・フォー・パーフォーマンスを基
本とする『創造性を発揮できるような弾力的な働き方が可能な労働時間制度』」
だという。

　その基本的考え方は「新たな労働時間制度は，業務遂行・健康管理を自律的
に行おうとする個人を対象に，法令に基づく一定の要件を前提に，労働時間ベ
ースではなく，成果ベースの労働管理を基本（労働時間と報酬のリンクを外す）
とする時間や場所が自由に選べる働き方であ」り，「職務内容（ジョブ・ディス
クリプション）の明確化を前提要件とする。（原文のママ）目標管理制度等の活用
により，職務内容・達成度，報酬などを明確にして労使双方の契約とし，業務
遂行等については個人の自由度を可能な限り拡大し，生産性向上と働き過ぎ防
止とワーク・ライフ・インテグレーションを実現する」。「また，成果ベース
で，一律の労働時間管理に囚われない柔軟な働き方が定着することにより，高
い専門性等を有するハイパフォーマー人材のみならず，子育て・親介護世代
（とくに，その主な担い手となることの多い女性）や定年退職後の高齢者，若者等の
活用も期待される」という。成果主義と労働時間制度とがどのように関連する
のか明確でないことがもっとも大きな問題点であるが，その点は後に論ずるこ
とにしよう。

　新たな労働時間制度の具体的「イメージ」は 2 タイプ示される。まず，「A
タイプ」は「労働時間上限要件型」とされ，対象者は，「国が示す対象者の範
囲の目安を踏まえ，労使合意を要するものとする。その際，国が示す対象者の
範囲の目安としては，職務経験が浅いなど，労働時間を自己の能力で管理でき
ない者や，随時の受注に応じて期日までに履行するなど，労働時間を自己の裁

量で管理することが困難な業務に従事する者は，対象とすることができないものとする」。この制度の「利用者は，上記対象者の範囲内で，本人の希望選択にもとづき決定されるものとし，本制度の選択または不選択は，昇進その他処遇に不利益にならないようにする」。

「対象者の労働条件の総枠決定は，法律に基づき，労使合意によって行う。一定の労働時間上限，年休取得下限等の量的規制を労使合意で選択する。この場合において，強制休業日数を定めることで，年間労働時間の量的上限等については，国が一定の基準を示す」。

「使用者は，新制度の利用者に対して，期初にその職務内容（ジョブ・ディスクリプション）及びその達成目標を提示する」。

「利用者は，期初に，使用者から示された職務内容（ジョブ・ディスクリプション）及びその達成目標等に基づき，目標達成のための業務計画や勤務日等の勤務計画を策定し，上長の承認を受けるものとする。期末等において，就労実績をチェックし，健康管理時間が守れない等の労使で合意した労働条件の総枠に対して不適合等の場合は，利用者当人を通常の労働時間管理等に戻すなど所要の見直しを講じる」。

「使用者は，健康管理時間を厳格に把握し，あらかじめ定めた条件に該当した場合には，問診票の提出，産業医の診察等の健康確保のための措置を講ずるものとする」。

「利用者に対する報酬は，労働時間とは峻別して，その職務内容や目標達成度等を反映して適切に行うものとし，創造的・効率的に業務を行うことに対し誘因となるような，ペイ・フォー・パフォーマンスの柔軟な対応を可能にする。新制度の対象者には，労働基準法の考え方を前提とし，これと同等の規律がある場合には，現行の労働時間規制等とは異なる選択肢を示し，労使協定に基づく柔軟な対応を可能にする」。

「導入には一定の試行期間を設け，当初は過半数組合のある企業に限定する。なお，労働基準の適切な監督のため，新制度を導入する企業は，労働基準監督署に届出を行うものとするほか，報告徴求，立入検査，改善命令，罰則等の履

行確保の措置を法律に規定するものとする」。

Ａタイプの中身はまことに理解しにくい。労働時間上限要件と銘打ってはいるものの，上限は労使合意で決定されるわけであり，現行の 36 協定とどこが異なるのかさっぱりわからない。今日の長時間労働の原因のもっとも大きなものが野放図な 36 協定にあるのだから，そこにメスを入れなければ問題解決にはならないことは明白であって，このＡタイプは何の問題解決にもならないことは明らかであろう。また，Ｂタイプは，「高収入・ハイパフォーマー型」と称され，「高度な職業能力を有し，自律的かつ創造的に働きたい社員（対象者の年収下限要件（例えば概ね 1 千万円以上））」を対象とし，「仕事の成果・達成度に応じて報酬に反映（完全なペイ・フォー・パフォーマンス）」するということで，労働時間の上限規制は当然ない，ホワイトカラー・エグゼンプションそのものである。問題の健康確保については，「就労状況を把握し，健康管理に活用」するというが，「労働時間配分は個人の裁量に委ねる」のに，どうやって「就労状況を把握」できるのか，説明はない。

この長谷川提案は世論の動向を見極めつつ，若干の改変を経て，本章執筆時点で，一応の成案をみつつある。その概要は以下の通りである。

まず，2014 年 6 月 11 日の関係閣僚合意で「少なくとも年収 1000 万円以上で，職務範囲が明確，高度な職業能力を有する」労働者対象に，「労働時間の長さと関係なく成果で賃金を決める」枠組みの導入が決定された。さらに同年 6 月 24 日には閣議決定で「日本再興戦略」が改訂され，そのなかで，「働き方改革の実現」として，「長時間労働是正」と「仕事と生活の調和の取れた働き方」を提唱する一方で，「時間ではなく成果で評価される働き方を希望する働き手のニーズに応えるため，一定の年収要件（例えば少なくとも年収 1000 万円以上）を満たし，職務の範囲が明確で高度な職業能力を有する労働者を対象として，健康確保や仕事と生活の調和をはかりつつ，労働時間の長さと賃金のリンクを切り離した「新たな労働時間制度」を創設する」との提起がなされた。

結局のところ，2007 年に導入が試みられた日本型ホワイトカラー・エグゼンプションに表現上も似かよった制度が再現された訳である。ここで，結果と

しては幻の法案となった 2007 年の「労働基準法の一部を改正する法律案要綱」の「自己管理型労働制」部分について紹介しておこう。

一　労使委員会が設置された事業場において，労使委員会が委員の五分の四以上の多数により四に掲げる事項について決議をし，かつ，使用者が当該決議を行政官庁に届け出た場合において，三のいずれにも該当する労働者を労働させたときは，当該労働者については，休日に関する規定は二のとおり適用し，労働時間，休憩，時間外及び休日の労働並びに時間外，休日及び深夜の割増賃金に関する規定は適用しないものとすること。

二　使用者は，一により労働する労働者（以下「対象労働者」という。）に対して，四週間を通じて四日以上かつ一年間を通じて週休二日分の日数（百四日）以上の休日を確実に確保しなければならないものとし，確保しなかった場合には刑罰を付するものとすること。

三　対象労働者は，次のいずれにも該当する労働者とするものとすること。

（一）労働時間では成果を適切に評価できない業務に従事する者

（二）業務上の重要な権限及び責任を相当程度伴う地位にある者

（三）業務遂行の手段及び時間配分の決定等に関し使用者が具体的な指示をしないこととする者

（四）年収が相当程度高い者

　　注　対象労働者としては管理監督者の一歩手前に位置する者が想定されることから，年収要件もそれにふさわしいものとすることとし，管理監督者一般の平均的な年収水準を勘案しつつ，かつ，社会的に見て当該労働者の保護に欠けるものとならないよう，適切な水準を検討した上で厚生労働省令で定めることととする。

四　労使委員会は，次に掲げる事項について決議しなければならないものとすること。

（一）対象労働者の範囲

（二）賃金の決定，計算及び支払い方法

第 12 章　日本の労働時間制度と国民生活　321

（三）週休二日相当以上の休日の確保及びあらかじめ休日を特定すること

（四）労働時間の状況の把握及びそれに応じた健康・福祉確保措置の実施

（五）苦情処理措置の実施

（六）対象労働者の同意を得ること及び不同意に対する不利益取り扱いをしないこと

（七）（一）から（六）までに掲げるもののほか，厚生労働省令で定める事項

五　対象労働者の適正な労働条件の確保を図るため，厚生労働大臣が指針を定めるものとすること。

六　行政官庁は，制度の適正な運営を確保するために必要があると認めるときは，使用者に対して改善命令を出すことができることとし，改善命令に従わなかった場合には罰則を付すものとすること[15]。

　要約するならば，労使委員会の 5 分の 4 以上の多数決議を前提として，労働時間では適切に評価できない業務，権限・責任が重い，業務配分・時間配分の裁量度が高い，年収が相当程度高いの 4 要件を満たす労働者（そのイメージは「管理職一歩手前」と注記されている）については，労働時間，休日の上限規定は適用せず，時間外，休日，深夜の割増賃金規定も適用しない。ただし，休日数については週休 2 日分の日数を確保することとする。

　法律の形式は労働基準法 41 条の除外規定と労働基準法 38 条の 4 の企画業務型裁量労働制のそれぞれを取り込み，新たに対象労働者の類型を追加したようなものである。たとえば，労使委員会の規定は労働基準法 38 条の 4 の第 1 項と同じであり，対象労働者の第 3 の要件も，第 38 条の 4 の第 1 項第 1 号に準じている。また，対象労働者の同意にかかわる規定も第 38 条第 1 項第 6 号を援用している。

---

15)　原文のうち「注」の一部を省略した。

5-3 日本版ホワイトカラー・エグゼンプションは何をもたらすか

以上のような検討のうえで，今回の「新たな労働時間制度」（さしあたり2014年改訂版「日本再興戦略」にもとづく）を評価するならば，肝心の対象労働者の要件はほぼ同じ，労働時間，休日の上限適用除外と割増賃金賃金適用除外も同一となるであろう。ただし，2007年法案では週休2日分の休日の確保を規定していたが，この点は不明である。また，年収要件は2007年法案では当初，日本経団連の主張する400万円が取り沙汰されたが，世論の反発が強く，最終的に，厚労省は「年収900万円」とした。今回は「年収1000万円」が基準として示されている。

最後に一連の日本型ホワイトカラー・エグゼンプション導入に対する総括的な批判をおこなっておこう。

① 長時間労働抑制とは逆方向の提案

一方で長時間労働抑制を唱えながら，「新たな労働時間制度」では，労働時間の上限等は明示されず，「健康確保や仕事と生活の調和を図」る方法は具体的に示されない。「労働時間の長さと賃金のリンクを切り離した」労働時間制度とは，結局，労働時間の制限をなくす制度にほかならず，健康を破壊し，仕事と生活の調和を根底的に損なう制度にほかならない。2014年6月には「過労死等防止対策推進法」が国会の全会一致で成立した。過労死防止と長時間労働抑制に向けた国民的コンセンサスが成立しているにもかかわらず，政府が推進しようとする方向は真逆としか言いようがない。

② 時代錯誤の「成果主義」

「時間ではなく成果で評価される制度」について，そもそも「労働時間で適切に評価できる」業務などあるのだろうか。もともと労働の成果と労働に費やす時間の間にはさまざまな媒介項があり，人事・労務管理とはその媒介項の評価の方法・テクニックの追求そのものである。評価基準は「成果」であったり，「能力」であったり，あるいは「能力」の代替指標である「年齢」や「勤続年数」，「経験年数」等であるが，「労働時間」が評価基準になることなどありえない。「労働時間」は定額賃金の場合において，総賃金額の算定要素とな

ることはあっても,「評価」の基準にはなりえない。2007 年法案では対象労働
者の 4 要件のトップに「労働時間では成果を適切に評価できない業務に従事す
る者」とあった。今回の「新たな労働時間制度」が法案された場合,同様の方
法をとることになると思われるが,その要件の実態が問われることになるであ
ろう。そもそも,「成果」とは何なのか,その判断基準は何なのかを明らかに
しなければならなくなるであろうし,それは困難であろう。逆に,実態が曖昧
であるがゆえに多くの労働者に適用可能なのだと穿った見方もできるかも知れ
ない。

　また,成果主義賃金そのものがすでに色あせた過去の産物となっていること
も指摘しておかなければならない。成果主義賃金の問題点としてすでに,(i)成
果の評価基準の曖昧さゆえの主観的・恣意的評価,(ii) i とも関連して評価技術
を有する人材そのものの不足,(iii)結果のみの評価がもたらす人事管理上のゆが
み,(iv)成果をめぐる労働者間競争の結果としてのチームまたは連帯の崩壊と働
き過ぎ,等々が問題点として指摘されてきた。こうした成果主義の問題点は労
働者のみならず管理者の間でも共有されつつあり,いくつかのアンケート調査
結果から,労働者の中でも管理者の中でも成果主義への評価が低まっているこ
とが明らかとなっている[16]。

　どだい,賃金基準をどのようにするかは労働法のかかわるところであるべき
はずがない。労使間での交渉によって決められるべきであり,労働法が賃金に
かかわるべきところは,賃金に関する歴史的に形成されてきた規範のみに絞ら
れるべきである。すなわち,最低賃金と差別禁止である。人事・労務管理手法
の選択に労働法がかかわるなどありうべきはずがない。

③　労働者保護の論理と異質な論理の導入

　第 4 回産業競争力会議課題別会合(2014 年 5 月 28 日開催)において長谷川閑
史主査が提出した資料によれば,「新しい労働時間制度の考え方」として「生
産性の向上を図り成果を出すための労働時間制度の新たな選択肢」が掲げられ

---

16)　2013 年版『労働経済白書』等参照。

ている。そもそも労働者保護立法であり，最低限労働条件を規定する労働基準法のなかに，資本の論理である「生産性向上」論を持ち込むことが異常かつ違法である。労働基準立法に資本の論理が侵入した時点で法律は変質し，労働者保護の精神は大きな後退を余儀なくされる。いささか妙なたとえかもしれないが，公害対策立法の自立的発展は経済整合性論との訣別を待たなければならなかったことと同様である。

④　労働者の反対の意向

朝日新聞読者（be モニター　回答数 2,207）アンケート「残業代ゼロ，賛成ですか？」の結果によれば，Yes 21％，No 79％であった。反対の理由としてもっとも多くあげられていたのは「サービス残業が合法化される」で，回答者の66.2％がそう考えている。次いで，「仕事量は減らないと思う」が 47.7％，「ブラック企業化が進む」45.1％，「実際には残業が増える」39.1％等の順となっている[17]。

実際，労働組合のナショナルセンターは連合，全労連ともに明確に反対している。

⑤　国際動向との乖離

また，新たな労働時間制度の手本たるホワイトカラー・エグゼンプションの「母国」アメリカでは，日本とは逆にホワイトカラー・エグゼンプションの否定的側面を重視し，その対象労働者の範囲を狭めようという動きが急である[18]。2014 年 3 月，オバマ大統領はホワイトカラー・エグゼンプションにかかる公正労働基準法（Fair Labor Standards Act）の見直しを労働省長官に指示した。そこで見直しが指示されたのは数百万人に上るコンビニエンスストアのマネジャーやファストフード店のシフト対応のスーパーヴァイザー，その他のオフィスワーカーで，ホワイトカラー・エグゼンプションが適用されているがゆ

---

17)　朝日新聞，2014 年 7 月 19 日付け朝刊。

18)　アメリカ合衆国ホワイトハウス HP（http://www.whitehouse.gov/the-press-office/2014/
03/13/fact-sheet-opportunity-all-rewarding-hard-work-strengthening-overtime-pr；2014 年 3
月 10 日閲覧）参照。

えに，時間あたりの賃金が最低賃金に達しない人もいる。現在，ホワイトカラー・エグゼンプションの限度額は週給 455 ドルで，日本円に直せば月給 20 万円程度の水準であり[19]，アメリカのホワイトカラー労働者の 88% がホワイトカラー・エグゼンプション対象となっている。これをいくらまで引き上げるか，あるいは，ホワイトカラー・エグゼンプションの対象範囲をどこまで狭めるかが焦点となってくるであろう。

6. ディーセント・ワークの展望

ILO（国際労働機関）の今日のいわばメインスローガンがディーセント・ワーク（decent work）である。1999 年，前事務局長のファン・ソマビアが最初に掲げたもので，事務局長に当選したときからのスローガンである。ILO 駐日事務所は「働きがいのある人間らしい仕事」と訳している。

ILO はディーセント・ワークへの戦略目標を 4 つあげている。

1. 仕事の創出──必要な技能を身につけ，働いて生計が立てられるように，国や企業が仕事をつくり出すことを支援
2. 社会的保護の拡充──安全で健康的に働ける職場を確保し，生産性も向上するような環境の整備。社会保障の充実。
3. 社会対話の推進──職場での問題や紛争を平和的に解決できるように，政・労・使の話し合いの促進。
4. 仕事における権利の保障──不利な立場に置かれて働く人々をなくすため，労働者の権利の保障，尊重[20]

これらは私たちにとっても大きな意味をもつスローガンであろう。

筆者は，ディーセントという意味を，労働者の人間的な尊厳を尊重する，あるいは確保するというふうにとらえている。つまり人間らしく働く，あるいは人間らしい取り扱いを受けるということである。

---

19) 執筆時点での為替レートは 1 ドル＝約 103 円であった。

20) ILO 駐日事務所 HP（http://www.ilo.org/tokyo/about-ilo/decent-work/lang--ja/index.htm：2014 年 7 月 1 日閲覧）。

人間らしく働くというのは，いろいろな意味があるが，単に悪い環境でなければよいというのではなく，快適な環境で働くことではなかろうか。わが国の「労働安全衛生法」のなかに「快適な職場環境の実現」という表現があることはすでに紹介した。ただ安全が確保されるだけではなく，より積極的に快適な労働条件のもとで働くことを目指す必要があるといっているのである。快適な労働条件で，快適な環境下で，やりがいのある仕事，あるいは社会的意義のある仕事につくというのがディーセントの意味に含まれるのではないかと考える。

労働は，社会的な意義をもち，かつそれを自らが感じ取れるものでなければならない。社会的な意義がある労働とは，たとえばつくり出したものが社会的に有意義であることを指し，それはディーセントな仕事といえるのではなかろうか。

さて，わが国でディーセント・ワークを実現するために，いったい何が必要であるのだろうか。これまでみてきたわが国の労働の実情に即していえば，第1に，労働時間の短縮が必要である。労働者の権利としての労働条件の前進であるという側面と，もう1つは経営にとってもメリットがあるという側面がある。

先に紹介した「ブラック企業」の経営者の発言とは違い，実は労働時間の短縮というのは，経営にとっていろいろな意味でメリットがある。イギリスの労働生理学者ヴァーノン（H.M.Vernon）は，第1次世界大戦中，イギリスの兵器工場においてある実験をおこなった。労働時間と疾病，あるいは労働時間と能率との関係に関する研究の一環で，具体的には，労働時間を2段階にわたり短縮して，その結果，労働者の状況や生産性がどうなるかという実験である。

労働時間が長いと，通常であれば生産量が増えるはずである。アウトプットというのは労働時間と労働者数の積で決まり，たくさんの労働者が長時間労働すれば多くの生産ができるはずだということになる。しかし，実験結果はこうした常識とは異なったものであった。

ヴァーノンの実験結果を表 12-3 に示した。女性の旋盤工の生産量の労働時

第 12 章　日本の労働時間制度と国民生活　327

表 12-3　Relationship between Output and Hours of Work

Operation	Actual Hours/W	Articles Produced/H	Production/W
Women turning fuse bodies	66.0	108	7,178
	54.4	131	7,126
	47.5	169	8,028
Men sizing fuse bodies	58.2	100	5,820
	51.0	120	6,120
	50.4	137	6,905

（出所）H. M. Vernon, Industrial Fatigue and Efficiency (1921).

間短縮前と後で比較をすると，1 週間の労働時間（Actual Hours/W）が 66 時間
だったときの平均生産個数（Production/W）は 7,178 個であった。労働時間を
54.4 時間に短縮すると，平均生産個数は 7,126 個で若干落ちるが，1 時間あた
りの生産数（Articles Produced/H）＝生産性は 20％以上増えた。さらに労働時間
を 47.5 時間まで短縮すると，平均生産個数は当初の 66 時間よりはるかに多い
8,028 個になった。1 時間あたりの生産量は 169 であるから，66 時間のときの
1.5 倍以上単位あたりの生産性が上がったということである。男性について
も，ほぼ同様で，労働時間が長いと平均生産個数は少なく，短いと多くなる。

　これは工場労働の例だが，工場労働に限らず，労働時間が極端に長いと労働
者の疲労に結びついて，労働の能率が落ちたり，ミスが増えたりすることでデ
メリットの方が多いということはよくある。労働時間の短縮というのは，実は
企業にとってもメリットがあることが 100 年前から主張されているのである。

　もう 1 つ，ワークシェアリングについて検討してみよう。筆者はマクロベー
スでワークシェアリングを考えている。前述のとおり，アウトプット（生産
量）＝労働時間×労働者数で，10 人の労働者が 8 時間かかる労働を 20 人で同
時間働いた場合，アウトプットは一応 2 倍になる。10 人の労働者が 8 時間働
いたときと，10 人の労働者が 16 時間働いたときを比較すると，16 時間の方が
倍になるかどうかといえば，先のヴァーノン実験のような問題が起こるかもし
れない。厳密には，疲労や労働生産性，労働強度の問題を考慮しなければなら
ないが，これらは一応無視して，最終的には，単純に労働時間×労働者数で考

えてみる。

まず，一般式は

$$生産量（O）＝（平均）労働時間（H）×労働者数（W）×労働生産性（P）$$
$$×労働強度（I）$$

ここで，生産量，労働生産性，労働強度一定のもとで「不払い残業」をなくすことによってx万人の雇用を拡大するためには，

生産量：O1 ＝ 2064 時間[21] × 5399 万人[22] × a（定数項）

ワークシェアリング後の生産量：O2 ＝ 1746 時間[23] ×（5399 ＋ x）万人 × a

O1 ＝ O2 であるためには

$$2064×5399×a ＝ 1746 ×（5399＋x）×a$$

上式を解くと

$$2064×5399 ＝ 1746 ×（5399＋x）$$
$$2064×5399 ＝ 1746×5399＋1746x$$
$$x ＝（5399×（2064－1746））/1746$$
$$x ＝（5399×318）/1746$$
$$x ＝ 983$$

不払い残業をなくすためには，983 万人の労働者が追加的に必要という結論になった。しかし，日本の完全失業者数は 2013 年平均で 265 万人，これでは足らない。日本の労働者の不払い労働も含めた総実労働時間は，まともな労働をしたら，日本の労働者数では，とてもカバーできないという結論であり，逆

---

21) 日本の非農林業雇用者の実際の年間実労働時間数（総務省・労働力調査：2013年）。

22) 日本の非農林業雇用者数（休業者を除く　総務省・労働力調査：2013 年）。

23) 日本のタテマエの年間実労働時間数（厚労省・毎月勤労統計：2013 年）。

にいうと，ワークシェアリングが，長時間労働と失業や不安定雇用が併存している状態を打破するのにもっとも重要な意味をもっていると考えている。これこそが，ディーセント・ワークへの王道ではないだろうか。

7. おわりに——問題解決の政策的展望

前章で述べた，ディーセント・ワークの実現に向けて，労働時間問題の解決の政策的展望について述べたい。もちろん，労働時間問題の本質は，制度的側面よりも労使関係，企業の労務体質にあるといえる。現実の労働の局面では，すでにみてきたように，欧米であれば，労働組合の規制力によって，まともな労働条件のコントロールがおこなわれるはずであるが，日本の労働組合にあっては，36協定を法の精神が求める方向性の範囲内で締結することさえ困難なところが少なくない。労働組合が過重労働の責任の一翼を担っているとして糾弾されるケースさえあることはすでに述べた。

こうした状況を踏まえるならば，労使関係の改善，とりわけまともな労働組合の復権が重要であり，また，ブラック企業等の社会的正義に反する労働条件の社会的告発が重要である。しかし，この道はそれほど平坦ではなく，長期的展望のもとに追求される方向性である。したがって，さしあたり，法制度による規制を重視せざるをえないことになる。そこで重視されるべきは，これ以上の労働基準法の改悪，とりわけ規制緩和・弾力化の方向性を阻止することであり，逆に，時間外労働の抑制を中心とする規制強化を重視すべきである。

まず，労働基準法の遵守が重視されるべきである。たとえば，36協定の締結は今日では，非正規労働者の増大のために，それほど容易ではなくなっている。組合員を正規労働者に限っていると，非正規労働者の数が正規労働者を上回ったときなど，労働組合が過半数を組織しえないことになり，非正規労働者を含めた全労働者から過半数代表者を選挙等により民主的に選出しなければ，36協定の締結は不可能となる。もし，正規労働者を組織する労働組合が十分な規制力をもたないとすると，過半数代表者の真に民主的な選出がおこなわれた場合，まともな36協定が成立する可能性もある。労働組合組織率が低落傾

向を続けていることを踏まえれば，過半数代表の選出方法に関するチェックは重要な意味をもつ[24]。

不払い残業に対する労働基準監督署のチェックもささやかではあるが定期的におこなわれている。2000 年 4 月の国会での共産党議員のサービス残業に関する追及を契機として，厚労省は 2001 年 4 月 6 日付け通達「労働時間の適正な把握のために使用者が講ずべき措置に関する基準について」(基発 339 号) によって不払い残業の解消に向けた行政としての取り組みの姿勢を示し，さらに，2003 年 5 月 23 日付け通達「賃金不払残業総合対策要綱について」(基発 0523003 号) で，「賃金不払残業解消キャンペーン月間」や「賃金不払残業重点監督月間」の設定を決め，賃金不払残業に係る重点監督の定期的な実施を決めた。実際，毎年発表されている「監督指導による賃金不払残業の是正結果」の最新の報告[25]をみると，「定期監督及び申告に基づく監督等を実施し，割増賃金の不払に係る指導を行った結果，1 企業で合計 100 万円以上の割増賃金の是正支払がなされたもの」は 1,277 社，10 万 2,379 人で，是正支払額は合計 104 億 5,693 万円に上った。ただし，定期監督および申告にもとづく監督等の結果なのであり，きわめて限定的な調査にすぎない。それは，労働基準監督官の絶対数はきわめて少なく，機動的に動くことを困難にしていることともかかわっている。

そのうえで，現状を抜本的に改善させるためには，労働基準法の改正が必要であり，とりわけ時間外労働の絶対的上限の設定と労働者が睡眠を中心とする非労働時間を十分に確保できるための措置が必要である。前者は，さしあたり，現行の 36 協定の上限告示の法的強制化によって可能となる。さらに，後者は，勤務間隔時間[26]の法定化によって可能となる。勤務間隔時間について

---

24) 過半数代表の選出方法については，日本労働政策研究・研修機構「労働条件決定システムの現状と方向性」(2007 年 2 月) によれば「会社側が指名した」28.2%，「社員会・親睦会等の代表者が自動的に労働者代表になった」11.2%などとなっている。

25) 厚生労働省「監督指導による賃金不払残業の是正結果（平成 24 年度)」，2013 年 12 月 26 日発表。

は，すでに EU 労働時間指令で「Rest」という名称で，最低 11 時間と規定している。すなわち，EU 加盟国では，勤務終了から翌日の勤務開始まで 11 時間の「休息」時間を設けなければならない。もし，残業により勤務終了時刻が遅くなったら，翌日の勤務開始時刻を遅くしなければならなくなるわけである。日本でもいくつかの産業別労働組合が「勤務時間インターバル制度」等の名称でこうした制度を取り入れており，連合も 2010 年から春闘方針のなかに取り込んでいる。この制度を労働基準法のなかに取り入れることは，大きな意義を有することになるであろう。

参 考 文 献

五十嵐仁（2008）『労働再規制』ちくま新書。

熊沢誠（2010）『働きすぎに斃れて』岩波書店。

越河六郎（1968）「生活行動の時間的類型に関する研究」（『労働科学』44（4））。

今野晴貴（2012）『ブラック企業』文春新書。

農商務省商工局（1903）『職工事情』全 5 巻：国立国会図書館近代デジタルライブラリーに原文掲載，たとえば『職工事情』第 1 巻にあたる『綿糸紡績職工事情』は URL：http://kindai.ndl.go.jp/info:ndljp/pid/801149。

ブラック企業大賞実行委員会（2013）『ブラック語録大全』合同出版。

労働時間問題研究会（1987）『労働時間短縮への提言』第一書林。

鷲谷徹（2007）「日本の労働時間〜現状と課題〜」（『労働の科学』62（2））。

鷲谷徹（2010）「日本の労働時間問題〜長時間労働と労働のサスティナビリティ」（『労務理論学会誌』19）。

鷲谷徹（2011）「労働時間の歴史と統計的評価」（『経済』195）。

26）勤務間隔時間については越河（1968），労働時間問題研究会（1987），鷲谷（2010）等をみよ。

執筆者紹介 （執筆順）

宮寺良光　客員研究員（岩手県立大学社会福祉学部専任講師）

荻原康一　客員研究員（日本福祉専門学校社会福祉士養成科学科長）

畠中亨　客員研究員（法政大学大原社会問題研究所兼任研究員）

宮本悟　研究員（中央大学経済学部教授）

焦培欣　客員研究員（天津財経大学教授）

朱珉　客員研究員（千葉商科大学商経学部専任講師）

中澤秀一　客員研究員（静岡県立大学短期大学部准教授）

坂田幸繁　研究員（中央大学経済学部教授）

大須眞治　客員研究員（中央大学名誉教授）

小澤薫　客員研究員（新潟県立大学人間生活学部専任講師）

柴田徹平　準研究員（中央大学大学院経済学研究科博士課程後期課程）

小尾晴美　準研究員（中央大学大学院経済学研究科博士課程後期課程）

鷲谷徹　研究員（中央大学経済学部教授）

変化の中の国民生活と社会政策の課題

中央大学経済研究所研究叢書　62

2015 年 3 月 31 日　発行

編　著　者　　鷲　谷　　　徹
発　行　者　　中央大学出版部
　　　　代表者　神　﨑　茂　治

東京都八王子市東中野 742-1

発行所　中　央　大　学　出　版　部

電話 042(674)2351　FAX 042(674)2354

© 2015　　　　　　　　　　　　　　　　　　藤原印刷

ISBN978-4-8057-2256-5

中央大学経済研究所研究叢書

6.	歴 史 研 究 と 国 際 的 契 機	中央大学経済研究所編 A 5 判 　　　　　1400 円
7.	戦 後 の 日 本 経 済——高度成長とその評価——	中央大学経済研究所編 A 5 判 　　　　　3000 円
8.	中 小 企 業 の 段 階 構 造 ——日立製作所下請企業構造の実態分析——	中央大学経済研究所編 A 5 判 　　　　　3200 円
9.	農 業 の 構 造 変 化 と 労 働 市 場	中央大学経済研究所編 A 5 判 　　　　　3200 円
10.	歴 史 研 究 と 階 級 的 契 機	中央大学経済研究所編 A 5 判 　　　　　2000 円
11.	構 造 変 動 下 の 日 本 経 済 ——産業構造の実態と政策——	中央大学経済研究所編 A 5 判 　　　　　2400 円
12.	兼 業 農 家 の 労 働 と 生 活・社 会 保 障 ——伊那地域の農業と電子機器工業実態分析——	中央大学経済研究所編 A 5 判 　　　　　4500 円 〈品　切〉
13.	ア ジ ア の 経 済 成 長 と 構 造 変 動	中央大学経済研究所編 A 5 判 　　　　　3000 円
14.	日 本 経 済 と 福 祉 の 計 量 的 分 析	中央大学経済研究所編 A 5 判 　　　　　2600 円
15.	社 会 主 義 経 済 の 現 状 分 析	中央大学研究所編 A 5 判 　　　　　3000 円
16.	低 成 長・構 造 変 動 下 の 日 本 経 済	中央大学経済研究所編 A 5 判 　　　　　3000 円
17.	ME 技 術 革 新 下 の 下 請 工 業 と 農 村 変 貌	中央大学経済研究所編 A 5 判 　　　　　3500 円
18.	日 本 資 本 主 義 の 歴 史 と 現 状	中央大学経済研究所編 A 5 判 　　　　　2800 円
19.	歴 史 に お け る 文 化 と 社 会	中央大学経済研究所編 A 5 判 　　　　　2000 円
20.	地 方 中 核 都 市 の 産 業 活 性 化——八戸	中央大学経済研究所編 A 5 判 　　　　　3000 円

中央大学経済研究所研究叢書

21.	自動車産業の国際化と生産システム	中央大学経済研究所編 A 5 判　　　2500 円
22.	ケインズ経済学の再検討	中央大学経済研究所編 A 5 判　　　2600 円
23.	AGING of THE JAPANESE ECONOMY	中央大学経済研究所編 菊判　　　　2800 円
24.	日本の国際経済政策	中央大学経済研究所編 A 5 判　　　2500 円
25.	体制転換——市場経済への道——	中央大学経済研究所編 A 5 判　　　2500 円
26.	「地域労働市場」の変容と農家生活保障 ——伊那農家 10 年の軌跡から——	中央大学経済研究所編 A 5 判　　　3600 円
27.	構造転換下のフランス自動車産業 ——管理方式の「ジャパナイゼーション」——	中央大学経済研究所編 A 5 判　　　2900 円
28.	環境の変化と会計情報 ——ミクロ会計とマクロ会計の連環——	中央大学経済研究所編 A 5 判　　　2800 円
29.	アジアの台頭と日本の役割	中央大学経済研究所編 A 5 判　　　2700 円
30.	社会保障と生活最低限 ——国際動向を踏まえて——	中央大学経済研究所編 A 5 判　　　2900 円 〈品　切〉
31.	市場経済移行政策と経済発展 ——現状と課題——	中央大学経済研究所編 A 5 判　　　2800 円 〈品　切〉
32.	戦後日本資本主義 ——展開過程と現況——	中央大学経済研究所編 A 5 判　　　4500 円
33.	現代財政危機と公信用	中央大学経済研究所編 A 5 判　　　3500 円
34.	現代資本主義と労働価値論	中央大学経済研究所編 A 5 判　　　2600 円
35.	APEC 地域主義と世界経済	今川・坂本・長谷川編著 A 5 判　　　3100 円

中央大学経済研究所研究叢書

36.	ミクロ環境会計とマクロ環境会計	A5判	小口好昭編著 3200円
37.	現代経営戦略の潮流と課題	A5判	林・高橋編著 3500円
38.	環境激変に立ち向かう日本自動車産業 ——グローバリゼーションさなかのカスタマー・ サプライヤー関係——	A5判	池田・中川編著 3200円
39.	フランス—経済・社会・文化の位相	A5判	佐藤　清編著 3500円
40.	アジア経済のゆくえ ——成長・環境・公正——	A5判	井村・深町・田村編 3400円
41.	現代経済システムと公共政策	A5判	中野　守編 4500円
42.	現代日本資本主義	A5判	一井・鳥居編著 4000円
43.	功利主義と社会改革の諸思想	A5判	音無通宏編著 6500円
44.	分権化財政の新展開	A5判	片岡・御船・横山編著 3900円
45.	非典型型労働と社会保障	A5判	古郡鞆子編著 2600円
46.	制度改革と経済政策	A5判	飯島・谷口・中野編著 4500円
47.	会計領域の拡大と会計概念フレームワーク	A5判	河野・小口編著 3400円
48.	グローバル化財政の新展開	A5判	片桐・御船・横山編著 4700円
49.	グローバル資本主義の構造分析	A5判	一井　昭編 3600円
50.	フランス—経済・社会・文化の諸相	A5判	佐藤　清編著 3800円
51.	功利主義と政策思想の展開	A5判	音無通宏編著 6900円
52.	東アジアの地域協力と経済・通貨統合	A5判	塩見・中條・田中編著 3800円

━━━━ 中央大学経済研究所研究叢書 ━━━━

53. 現 代 経 営 戦 略 の 展 開	A5判	高橋・林編著 3700円
54. Ａ Ｐ Ｅ Ｃ の 市 場 統 合	A5判	長谷川聰哲編著 2600円
55. 人口減少下の制度改革と地域政策	A5判	塩見・山﨑編著 4200円
56. 世 界 経 済 の 新 潮 流	A5判	田中・林編著 4300円

──グローバリゼーション，地域経済統合，
経済格差に注目して──

57. グローバリゼーションと日本資本主義	A5判	鳥居・佐藤編著 3800円
58. 高 齢 社 会 の 労 働 市 場 分 析	A5判	松浦　司編著 3500円
59. 現代リスク社会と3・11複合災害の経済分析	A5判	塩見・谷口編著 3900円
60. 金 融 危 機 後 の 世 界 経 済 の 課 題	A5判	中條・小森谷編著 4000円
61. 会 計 と 社 会	A5判	小口好昭編著 5200円

──ミクロ会計・メソ会計・マクロ会計の視点から──

＊価格は本体価格です．別途消費税が必要です．